Le voile de la douleur

SAMEEM ALI

Le voile de la douleur

Traduit de l'anglais par Mélanie Carpe

ÉDITIONS
FRANCE
LOISIRS

Titre original : *Belonging*
Publié par John Murray

Une édition du Club France Loisirs,
avec l'autorisation des Éditions de l'Archipel.

Éditions France Loisirs,
123, boulevard de Grenelle, Paris.
www.franceloisirs.com

ISBN : 978-2-298-03028-0

Je voudrais dédier ce livre à ma famille,
Osghar, Azmier et Asim

Ceci est une histoire vraie,
bien que certains noms aient été modifiés.

PROLOGUE

Il m'est difficile d'évoquer mon passé. Aujourd'hui encore, je pleure en repensant à ce qu'on m'a fait, à ce qu'on m'a dit. Mes souvenirs ne sont ni un réconfort ni un lieu de retraite ; ils sont une malédiction.

Ma mère représentait tout pour moi. Durant mon enfance, je me suis évertuée à ne lui donner aucune raison de ne pas me considérer comme sa fille la plus dévouée, la plus sage, la plus travailleuse. Une fille digne d'être sienne, une fille qu'elle pourrait chérir comme il se doit. Une fille qui mériterait son amour.

Il y a quelques années, lorsque j'ai révélé mon histoire, la personne à qui je me suis confiée a remarqué, sa stupéfaction passée : « Tu as dû être adoptée, ce n'est pas possible autrement. Aucune mère ne traiterait sa propre fille comme ça. Nous devrions rechercher ton dossier dans les archives des services sociaux pour trouver qui était ta vraie mère, voir ce que nous pouvons apprendre sur tes origines. »

Cela semblait si simple, si sensé. Voilà ce qui avait dû se passer ! Pourquoi n'y avais-je pas songé plus tôt ? L'adoption expliquerait beaucoup, elle apporterait une réponse à toutes mes questions. J'ai accueilli son idée avec enthousiasme, et c'est ainsi que nous nous sommes retrouvées toutes les deux dans un bureau, quelques semaines plus tard. Le visage ruisselant de larmes, j'ai parcouru le dossier que l'on venait de me remettre. Non, je n'avais pas été adoptée. J'avais été recueillie par les services sociaux à un moment où ma famille ne s'en sortait plus, puis rendue quelques années plus tard, lorsqu'elle avait de nouveau voulu de moi. Désirant plus que tout porter un regard heureux sur mon enfance, j'avais vu dans ces recherches un moyen de me réapproprier ces années. Au lieu de quoi je me suis sentie agressée par mon propre passé. C'étaient les miens qui m'avaient frappée, battue, fouettée, enlevée, mariée de force, terrifiée, ignorée, humiliée et, pis que tout, privée d'affection. Je pouvais me remettre de beaucoup de mauvais traitements, mais pas de cela. Je n'étais qu'une petite fille, une petite fille qui ne voulait rien d'autre que ce qu'on refusait de lui donner : l'amour.

1

J'avais six mois lorsqu'on m'a retirée de la garde de mon père pour me placer dans un foyer pour enfants. Ma mère, tombée malade après ma naissance, est retournée au Pakistan avec mes frères et sœurs. Pourquoi est-elle partie sans moi ? Pourquoi mon père ne l'a-t-il pas accompagnée ? Je l'ignore. M'entendant pleurer à longueur de journées et de nuits, les voisins ont prévenu les services sociaux. J'ai lu dans mon dossier que mon père, atteint d'une maladie mentale, n'avait pas été considéré apte à s'occuper seul d'un nourrisson. Lorsque ma mère est revenue avec toute la famille, les services sociaux ont pourtant continué à s'occuper de moi.

J'ai vécu au foyer les meilleurs moments de mon enfance. J'ai connu là-bas un bonheur que je ne devais plus éprouver jusqu'à l'âge adulte.

Mes souvenirs de cette période sont teintés d'une certaine frustration car, si je parviens à revoir vaguement mon quotidien, je ne me remémore pas grand-chose des personnes avec qui je le partageais ou de l'école maternelle. Les jours et les semaines se confondent. Je me rappelle les saisons, le froid et la neige en hiver, la chaleur et le ciel radieux en été, mais rien de plus. Cependant, le passé ressurgit parfois sans crier gare. Un soir, alors que je lisais une histoire, un flash-back m'a ramenée à une époque où quelqu'un me la racontait. J'entendais la voix de cette personne prononcer les mots juste avant que les miens ne se forment. Comme aucun membre de ma famille ne m'a jamais fait la lecture, il s'agissait probablement de la voix de Tatie Peggy, la dame qui s'occupait de moi au foyer.

Le souvenir le plus net que je garde du foyer pour enfants remonte au Noël de l'année de mes six ans, celui où j'ai reçu ma poupée Sindy. Avec les cinq ou six autres pensionnaires, nous attendions dans un état d'excitation croissante qu'on nous distribue les cadeaux empilés dans le grand salon. Tout en haut de cette montagne de présents, un paquet rouge scintillant m'était destiné. Un vif sentiment de joie m'a submergée lorsque je l'ai déballé. Même si j'adorais ma poupée mannequin, je ne l'ai pas emportée avec moi lorsque j'ai quitté le foyer pour aller vivre avec ma famille. Je l'ai regretté par la suite, ce qui explique sans doute que je me remémore si bien ce Noël.

Jamais je n'ai manqué d'amour au cours de cette période. Pour m'en donner, il y avait Tatie Peggy, une petite femme potelée au visage rond et aux yeux gentils qui sentait le savon, les fleurs et le pain chaud. L'hiver, elle coinçait ses cheveux courts sous son écharpe, d'où émergeait une petite frange qui s'agitait dans le vent frais soufflant de la lande de Cannock Chase.

Je me souviens aussi très distinctement de Cannock Chase, des promenades, ou plutôt des galopades, là-bas. Jet, le gros labrador noir du foyer, nous accompagnait sur la lande, où il courait çà et là à la poursuite de lapins, d'oiseaux ou simplement de courants d'air, avant de revenir vers nous à toute vitesse, nous arrachant des éclats de rire. J'adorais enfouir mon visage dans l'épais pelage de sa nuque et flatter sa tête lustrée.

Du foyer proprement dit, je ne me rappelle que la salle à manger, où nous prenions les repas, le grand salon, où nous regardions la télévision, ma chambre et la cuisine. Je m'asseyais sur le plan de travail, cuillère à la main, pour racler la casserole après avoir aidé à confectionner des gâteaux. Je portais toujours mon tablier dans cette pièce, pour ne pas me salir. De couleur bleue, il était pendu avec ceux des autres enfants à une patère près de la porte.

Les murs de ma chambre, qui comptait trois lits simples, étaient ornés de posters de David Cassidy et des Bay City Rollers, dont j'idolâtrais le chanteur, Les McKeown. Mon lit était flanqué d'un meuble de rangement dans lequel je plaçais mes trésors : Sindy, un petit dauphin en porcelaine acheté lors d'une excursion à la mer à Rhyl, un livre de la salle de jeux et des pommes de pin ramassées dans les bois voisins. Lorsque je posais la tête sur mon oreiller, je pouvais, si les rideaux étaient entrebâillés, voir tous ces objets avant de m'abandonner au sommeil.

L'un des deux autres lits accueillait Amanda. D'aussi loin que je me souvienne, Amanda, de six mois ma cadette, avait toujours vécu au foyer. Elle et moi étions inséparables. Nous faisions tout ensemble, comme les meilleures amies au monde. Nous étions dans la même classe à l'école et, lorsque nous nous amusions dans la salle de jeux du fond du couloir et que les deux garçons de la chambre voisine essayaient de nous chiper nos jouets, nous nous défendions mutuellement. Les deux garnements finissaient toujours par se faire pincer. Ils répondaient alors aux adultes et les insultaient, ce qui leur valait d'être privés de télé le samedi matin.

Nous adorions l'immense jardin de derrière, où nous jouions dès que l'occasion nous en était donnée. Même en hiver, quand nous avions besoin d'aide pour chausser et retirer nos bottes en caoutchouc, il restait notre endroit favori. Il recelait des toboggans, des balançoires, de l'herbe sur laquelle nous rouler, des buissons derrière lesquels nous tapir, des cachettes secrètes où jouer avec nos poupées dans l'après-midi. En été, c'était toute une affaire de nous faire rentrer.

Pendant la semaine, je portais, pour l'école, une jupe qui descendait aux genoux et un gilet de laine avec des petits boutons rouges. Lorsque j'étais toute petite, Tatie Peggy devait le boutonner pour moi. J'ai conscience aujourd'hui que ce n'était qu'une petite école, avec une minuscule cour de récréation, mais pour moi elle s'apparentait au monde entier.

Chaque matin d'école, Tatie Peggy nous réveillait à sept heures et demie. Nous nous lavions et nous habillions, ce que je pouvais alors faire sans aide, puis nous descendions prendre le petit déjeuner. Nous trouvions la table déjà dressée, avec des bols de céréales, des assiettes de toasts et un petit verre de jus de fruits pour chacun. Si Amanda avait du mal à lire l'heure, j'avais appris plus vite et, quand nous ouvrions l'œil le matin, je lui disais avec fierté dans combien de temps Tatie Peggy viendrait nous tirer du lit.

À l'école, mon bégaiement me valait d'être taquinée par les autres élèves. Je devais apprendre à parler plus lentement, laisser à mon esprit le temps de former tous les mots avant d'ouvrir la bouche. Tatie Peggy me faisait rire en disant que mon cerveau courait plus vite que moi. En gloussant, j'imaginais une cervelle en train de piquer un sprint. Avec le temps et beaucoup d'exercices, en apprenant à reprendre mon souffle aux bons moments et à chanter les sons difficiles, j'ai réussi à le maîtriser, jusqu'à ce qu'il ne me gêne plus du tout.

Les problèmes n'étaient toutefois pas terminés, car mes pieds ont pris la relève. Souffrant d'une malformation de naissance, j'ai subi plusieurs opérations au début de mon adolescence. Je ne m'en souviens que vaguement mais mon dossier l'explique : « Marche toujours avec les pieds écartés… si nécessaire attelles en plastique. Ses pieds se tordent au niveau de la cheville. »

Comme j'étais légèrement plus âgée qu'Amanda, j'étais autorisée à rester debout un peu plus tard le soir. Même si je tombais de sommeil, étendue sur le canapé devant *Crossroads*[1], je m'insurgeais dès que quelqu'un faisait mine de me dire d'aller au lit. Quand, enfin, je rejoignais notre chambre, je prenais garde à ne pas réveiller Amanda, fermant la porte bien comme il fallait, la poignée tournée pour éviter que le pêne ne cogne l'encadrement, comme me l'avait montré Tatie Peggy.

Le week-end, nous faisions la grasse matinée, ce qui ne nous empêchait pas d'être toujours prêts à descendre avant que le personnel ne soit paré à nous accueillir. Autorisés à rester en pyjama jusqu'au déjeuner, nous nous installions devant la télévision ou jouions avec Jet. L'après-midi, après nous avoir fait mettre bottes et manteau, un éducateur nous accompagnait au magasin de bonbons du coin de la rue, où nous dépensions notre argent de poche. Nous marchions ensuite jusqu'à Cannock Chase, où nous passions le restant de l'après-midi si le temps le permettait.

C'est à Cannock Chase que j'ai vécu les instants les plus heureux de mon enfance. Avec ses kilomètres de bois et de grands espaces, cet endroit nous paraissait, à Amanda et moi, magique. Nous avions l'impression qu'il s'étendait à l'infini. Il abritait des petits ruisseaux au bord desquels nous nous allongions pour plonger le regard dans leurs eaux boueuses, ainsi que de minuscules fossés où nous nous cachions et observions les nuages qui défilaient au-dessus de notre tête. Cannock Chase semblait posséder ses propres couleurs et sa propre odeur, que je n'ai retrou-

1. Feuilleton télévisé britannique.

vées nulle part ailleurs. C'était l'endroit idéal pour gambader et nous livrer à des jeux de poursuite, des parties de cache-cache et autres passe-temps de notre invention, comme la chasse au lutin des bois, pour laquelle, perchés dans les arbres, nous nous faisions un devoir de crier à tue-tête, excités comme des puces.

Jet appréciait lui aussi la lande. Il gambadait à nos côtés et, quand nous étions épuisés, s'asseyait près de nous, poussant des halètements qui rivalisaient avec les nôtres. Dès que nous lui lancions un bâton, il bondissait à sa poursuite, ne manquant jamais de nous le rapporter.

Au terme de ces longs après-midi, nous rentrions à la maison affamés. Après nous être lavé les mains, nous prenions place devant le délicieux dîner qui nous attendait sans faute le samedi soir, généralement composé de hamburgers et de frites avec, de temps en temps, de la glace en dessert. Il y avait parfois des sandwiches à la banane, mais comme j'en avais horreur, j'avais droit à des sandwiches au concombre. Les grands soirs, nous dégustions des sandwiches au bacon. Mais ce que j'aimais par-dessus tout, c'étaient les desserts et les gâteaux.

Le dimanche, nous mettions nos beaux habits pour aller au temple puis à l'école du dimanche que j'adorais : nous chantions des cantiques qui me restaient dans la tête. Je les entonnais souvent sur le chemin du retour, notamment *Morning Has Broken* et *All Things Bright and Beautiful*.

Je garde le souvenir d'un dimanche très particulier où nous avons été autorisés à aller sonner les cloches dans la tour qui se dressait derrière la vieille église. Les adultes nous ont guidés avec prudence dans l'escalier raide jusqu'aux cordes, qui filaient vers les cloches loin au-dessus de notre tête. Ils nous ont alors montré où attraper les cordes pour ne pas se brûler les mains et, attachant une ficelle à chacune, nous ont expliqué comment tirer pour les faire descendre, en prenant soin de laisser la ficelle filer entre nos doigts quand elle remontait pour ne pas nous faire mal. Au moment de sonner, nous n'avons pas fait grand-chose, plus qu'aidés par les adultes, mais lorsque les cloches ont retenti, elles ont produit un bruit tellement plus fort que celui que nous entendions d'en bas qu'Amanda et moi avons collé les mains sur nos oreilles avec des hurlements de joie.

Je me sentais en sécurité, bichonnée : les plats nous attendaient sur la table à l'heure du repas ; en classe, j'étais toujours assise à côté de ma meilleure amie ; et Jet, invariablement, rapportait le bâton que nous lui lancions. Chaque matin, Tatie Peggy me réveillait, chaque soir elle venait me voir après le bain, me bordait et me donnait un baiser de bonne nuit. Si je tombais, elle me relevait, si je m'égratignais le genou, elle nettoyait la blessure et me mettait un pansement. Elle était si gentille avec moi qu'aucun doute ne subsistait dans mon esprit : elle ne pouvait qu'être ma mère. Les mamans étaient toujours gentilles avec leurs enfants dans les histoires que nous lisions. La fois où je lui en ai fait la remarque, elle a ri : « Non, je suis ta tatie, Sam, comme pour tous les enfants ici. »

Un jour que je jouais à chat dans le jardin avec Amanda, courant aussi vite que mes jambes me le permettaient pour échapper à mon amie, je suis tombée et me suis écorché le genou. Éclatant en sanglots, je suis rentrée clopin-clopant à la maison pour montrer ma blessure à Tatie Peggy, qui a affirmé : « Les petites filles courageuses ne pleurent pas. Là, là, chut... Souffle sur ton genou, tu vas voir, la douleur va disparaître. » Prenant sur moi, j'ai obéi, ce qui m'a valu un compliment : « En voilà une petite fille courageuse ! Regarde, tu n'as plus mal maintenant. » J'ai gratifié Tatie Peggy d'un sourire rayonnant. J'aimais être une petite fille courageuse.

De temps à autre, mon père me rendait visite au foyer. Qu'il vienne pour repartir peu après ne me paraissait pas du tout bizarre. Après s'être entretenu avec le personnel, il ressortait du bureau, m'ébouriffait les cheveux et me donnait des bonbons cachés dans sa poche. Puis il disparaissait. Papa était plus grand que toutes les autres personnes du foyer. Il souriait tout le temps et ses dents blanches brillaient sur sa peau sombre. Je ne me souviens pas de ce qu'il me disait. En fait, je ne me souviens que des friandises, que je gardais précieusement afin de les partager avec Amanda. Papa passait son bras autour de moi et me parlait gentiment, riant avec moi lorsque je piochais des bonbons et des chocolats dans ses poches. Il discutait toujours un petit moment avec

Tatie Peggy ; je ne les écoutais pas, mais je sentais alors leur regard se poser sur moi. Malgré tout, mon père restait un personnage lointain, étranger à ma vie au foyer. C'était mon papa, c'est à peu près tout ce que je retiens de ses visites. Comme je ne savais jamais quand les prochaines se produiraient, je ne les attendais pas avec impatience, pas plus que je ne les redoutais ou qu'elles suscitaient en moi une autre émotion. C'était pour moi dans l'ordre des choses : comme il arrivait de tomber et de s'égratigner le genou, il arrivait que papa vienne, les poches remplies de bonbons.

Une seule personne apportait un peu de changement à mon train-train quotidien. Parfois, en revenant du jardin, je trouvais le lit près du mien fait. Je dévalais alors l'escalier pour frapper à la porte du bureau, où Tatie Peggy m'attendait avec ma sœur. La présence de Mena au foyer constituait l'événement le plus important de ma vie. Plus important encore que Noël ou les sorties à la mer. J'avais quelqu'un rien qu'à moi, or cela me donnait le sentiment d'être à part.

La première fois que Mena est venue, j'ai d'abord été déroutée par les changements dans ma chambre. Je me suis demandé qui était cette drôle de petite fille à côté de Tatie Peggy. Elle semblait si différente avec sa longue robe et son pantalon ample. Elle était plus petite que moi et ses cheveux, aussi noirs que les miens, étaient rassemblés en une longue natte. Ouvrant de grands yeux écarquillés, elle se cramponnait à Tatie Peggy comme si elle craignait d'être emportée au loin. J'étais très contente d'avoir une nouvelle compagne de jeux, même si elle semblait vraiment timide.

« Sam, voici ta sœur, Mena, a annoncé Tatie Peggy. Elle va rester avec nous pendant un petit moment. Viens lui dire bonjour. »

Ma *sœur* ? Bien sûr, je connaissais la signification de ce mot, mais je ne connaissais pas l'existence de ma sœur. Quand je lui ai souri, elle m'a répondu par un regard méfiant. J'ai alors pris sa main dans la mienne.

« Bonjour. »

Elle a continué à me fixer sans rien dire.

« Pourquoi ne montes-tu pas avec Mena pour lui montrer votre chambre ? a suggéré Tatie Peggy. Nous avons rangé des habits dans le dernier tiroir de ta commode, tu devrais l'aider à se changer. Elle aimerait peut-être jouer, or elle ne voudrait pas salir ses jolis vêtements de la maison. »

Que voulait dire Tatie Peggy ? Ses vêtements de la maison ? Mena était pourtant à la maison, non ? Il arrivait que les adultes disent de drôles de choses, je me suis donc retournée sans m'attarder sur la question et, la main de Mena fermement serrée dans la mienne, me suis dirigée vers l'escalier.

Ma sœur ! Ma sœur à moi ! J'étais tellement fière. Jamais la sœur d'un autre enfant n'était venue vivre au foyer. Quelle chance de l'avoir avec moi ! J'étais surexcitée. J'allais lui montrer ma chambre, puis la présenter à Amanda, et nous irions ensuite faire de la balançoire dans le jardin. Peut-être m'apprendrait-elle de nouveaux jeux à pratiquer dans les bois.

Dans la chambre, Mena s'est assise sur le lit et m'a regardée lui sortir des vêtements, m'indiquant ce qu'elle acceptait de porter ou pas. Nous avons opté pour un pantalon, car elle refusait de montrer ses jambes, et un haut de couleur vive avec des manches longues. À ce moment, Amanda est arrivée, s'immobilisant près de la porte à la vue de cette inconnue dans notre chambre. Je l'ai encouragée à venir dire bonjour à ma sœur et, Mena changée, nous avons déboulé l'escalier et couru au jardin. Le cœur gonflé d'exaltation et de fierté, je lui ai montré les balançoires. Elle a grimpé sur l'une d'entre elles avec précaution. Comme elle ne savait pas se balancer avec les jambes, je suis restée derrière elle pour la pousser. Elle a hurlé, effrayée par la vitesse et la hauteur : « Pas trop fort ! Pas trop fort ! » J'aurais voulu m'élancer dans les airs moi aussi, mais incapable de propulser la balançoire seule, Mena ne voulait personne d'autre que moi pour la pousser.

Au bout d'un moment, je me suis ruée vers la pelouse : « Venez, on va jouer à cache-cache. » Quand nous jouions à cache-cache, Amanda devait nous chercher ensemble car Mena ne voulait jamais se cacher sans moi. Même jouer à chat avec elle était compliqué parce qu'elle ne courait pas vite, je devais donc ralentir pour la laisser m'attraper lorsqu'elle était le chat. Mais peu m'importait, c'était ma sœur, je devais prendre soin d'elle au foyer, où elle se sentait un peu perdue.

Je n'ai jamais demandé ce qu'elle faisait là, d'où elle venait et si elle connaissait mon existence avant. C'était ma maison, mon monde, et elle venait passer du temps avec moi, voilà tout. Au même titre que papa me rendait visite et m'apportait des bonbons, elle venait partager ma vie.

Mena était plus âgée que moi de deux bonnes années, mais j'avais l'impression de devoir tout lui montrer et tout lui apprendre. Elle me paraissait réservée, et pas téméraire pour un sou. Amanda et moi adorions nous raconter des légendes sur les lutins de Cannock Chase avant de nous endormir, mais Mena prenait peur et insistait pour que nous fermions la fenêtre. Nous avons donc appris à ne pas raconter ces histoires devant elle. Mena venait peut-être deux fois par an. Je ne sais pas exactement combien de temps elle restait, ce pouvait aussi bien être quelques jours que tout l'été.

La vie au foyer m'avait rendue pleine d'assurance, pour la bonne raison que je ne connaissais rien qui puisse éveiller ma crainte. Je n'avais jamais froid, je n'avais jamais faim. Mes vêtements étaient toujours propres et l'accueil que je recevais à mon retour de l'école toujours chaleureux. Je coulais des jours heureux.

Jusqu'au jour où ma mère est entrée dans ma vie.

2

Ce devait être les vacances car je n'avais pas école et Mena était avec moi. Elle devait justement repartir en voiture avec papa ce jour-là et, quand l'heure est arrivée, nous sommes descendues le retrouver au bureau. Cette fois, cependant, il n'était pas seul. Au lieu de se pencher pour me tirer la joue et me donner un bonbon, comme il le faisait toujours, il m'a pris la main pour la presser contre la paume d'une femme que je n'avais jamais vue. Plus mince et un peu plus petite que lui, elle a semblé m'étudier attentivement, sans l'ombre d'un sourire. Elle portait les mêmes drôles de vêtements que Mena quand elle arrivait au foyer, avant qu'elle n'enfile un jean, et un foulard lui couvrait les cheveux. Elle paraissait très sérieuse et élégante.

« Sameem, voici ta mère, m'a annoncé mon père. Dis-lui bonjour. »

Ma mère n'a pas bougé, se contentant de refermer sa main autour de la mienne. J'ai obéi poliment en levant les yeux vers elle.

« Bonjour. »

Était-ce la bonne attitude ? Je n'en avais pas la moindre idée. Il y avait des mamans dans toutes les histoires qu'on nous racontait, mais elles vivaient avec leurs enfants, elles les câlinaient et les embrassaient pour leur dire bonne nuit, comme Tatie Peggy. Ma mère, elle, n'a pas esquissé un geste pour m'attirer dans ses bras ou déposer un baiser sur ma joue, elle m'a simplement examinée. Au bout d'un moment, elle s'est tournée vers mon père et a émis une série de bruits confus. Légèrement terrifiée par ces sons durs et étranges, j'ai reculé et heurté Mena, immobile derrière moi, comme si elle ne tenait pas plus que moi à s'approcher. L'étreinte s'est resserrée autour de ma main et la dame s'est retournée vers moi pour me parler d'une voix plus douce, me tendant son autre main. Mena m'a poussée dans le dos, me forçant à m'avancer pour placer ma main dans la paume de la femme, qui s'est de nouveau adressée à mon père. Celui-ci m'a souri : « Elle dit que tu as beaucoup changé depuis la dernière fois qu'elle t'a vue. Tu es une grande fille maintenant, tu as beaucoup poussé. » J'ai répondu par un sourire méfiant, dans l'expectative.

Le regard de ma mère a glissé par-dessus ma tête et elle a prononcé d'autres mots bizarres, à l'intention de Mena cette fois. Ma sœur s'est approchée pour lui répondre, puis a filé en direction de l'escalier. J'aurais voulu la suivre mais ma mère a gardé mes mains dans les siennes. C'est resté mon plus vif souvenir de cette visite. Envahie par une nouvelle sensation, j'ai eu l'impression, à ce moment précis, d'être différente. Pour la première fois de ma vie, je prenais conscience d'avoir une mère, une maman qui était venue me voir, moi. J'ai de nouveau levé les yeux sur cette dame. Elle m'a alors gratifiée d'un sourire, que je lui ai rendu. Au moment où elle a repris la parole, ses mots ne me semblaient plus durs ni étranges. C'était ma mère qui parlait ; comment auraient-ils pu l'être ? J'ai répondu : « D'accord. » Je n'avais rien compris de ce qu'elle disait, mais cela me semblait la bonne réponse. L'instant d'après, Mena était de retour à côté de moi, dans ses drôles de vêtements, et ils se sont envolés tous les trois, mon père, ma mère et Mena. Leur départ ne m'a pas dérangée outre mesure ; après tout, j'étais chez moi. Mais, à compter de ce jour, ma mère est devenue celle dont les visites comptaient le plus pour moi. La mère d'Amanda ne venait jamais, elle. Les visites de ma sœur me donnaient le sentiment d'être une princesse, celles de ma mère, une reine.

Je n'ai jamais trouvé bizarre que ma mère ne vienne que lorsque Mena repartait, mon père ayant, dans mon esprit, l'exclusivité des visites en solitaire. Pendant toutes ces années, il passait presque chaque semaine ; ma mère, elle, ne se déplaçait que lorsqu'il fallait venir chercher Mena.

Ses visites obéissaient à une routine précise : j'allais me poster près d'elle, elle me prenait la main, me regardait, penchait la tête vers moi et demandait : « Tu vas bien ? » Ce à quoi je répondais invariablement : « Oui. » Notre conversation se limitait à ces quelques mots. Près de nous, papa affichait un sourire encourageant. Dès que Mena s'était changée, ils disparaissaient tous les trois. Je ne me suis jamais demandé pourquoi ils partaient sans moi. Pour moi, ma place était au foyer.

Lorsque j'ai eu sept ans, ma mère a commencé à venir me voir plus souvent, en l'absence de Mena. Comme ces visites m'étaient réservées et me donnaient l'impression d'être différente des autres enfants du foyer, j'en suis venue à idéaliser ma mère. La drôle d'odeur d'épices que je décelais en me serrant contre elle ne me dérangeait pas, pas plus que le fait que nous ne pouvions rien nous dire d'autre que « Tu vas bien ? » et « Oui ». Assise sur le grand canapé, elle disait : « *Beja, beja.* » Je comprenais que cela signifiait « assieds-toi ici », alors je m'installais à côté d'elle et lui prenais la main en souriant. J'avais déjà décrété que je l'adorais, que je l'aimais de tout mon cœur, alors peu importait que tout en elle paraisse étrange. J'acceptais ses différences, simplement. Avoir une mère, et l'aimer, me semblait la chose la plus naturelle au monde.

Comme il m'a semblé naturel d'aller vivre avec elle quelques mois plus tard.

Tatie Peggy m'a tirée de mes activités dans la salle de jeux pour me conduire dans la chambre, où elle s'est assise à côté de moi sur mon lit : « Sam, j'ai quelque chose d'important à te dire. » Je ne l'avais encore jamais entendue parler ainsi, mais j'ignorais la cause du chevrotement dans sa voix.

« Tu vas rentrer chez toi.

— Chez moi ? Mais je suis chez moi.

— Je voulais dire dans ta famille, a-t-elle souri. Tu vas vivre avec ta famille.

— Ma famille ? ai-je répété, me demandant ce qu'elle entendait par là.

— Oui. Tu as trois frères et une sœur, en plus de Mena. »

Je l'ai regardée fixement. Une famille entière ! Mais, alors, j'allais partir ? J'ai cligné des paupières très vite, les yeux remplis de larmes.

« Mena sera là ? »

Elle a hoché la tête.

« Est-ce qu'on va tous venir ici ? Tu viendras me voir ? »

Elle a gloussé de rire.

« Non, bécasse. Tu rentres chez toi pour de bon. Moi, je dois rester ici, avec Amanda et les autres enfants. »

Je ne savais pas ce que « pour de bon » signifiait, mais avoir une famille – sans parler de vivre avec elle – était la chose la plus grisante qui me soit jamais arrivée. Un jour, une fille du foyer plus âgée était repartie dans sa famille, et je me souvenais parfaitement de la joie qu'elle avait éprouvée. Au cours des jours suivants, je me suis imaginée à sa place, aussi ravie qu'elle, en songeant à tout ce que je ferais avec ma famille.

Le soir, dans mon lit, je parlais à Amanda des jeux auxquels je jouerais avec mes frères et sœurs.

« J'espère que tes frères ne sont pas comme les garçons de la chambre d'à côté », a-t-elle remarqué un jour.

Je lui ai répondu que non, que nous formerions une famille, que l'entente régnerait entre nous et que nous serions heureux, comme dans les livres. Et dans toutes les images de nos jeux et de la grande et belle maison abritant mes nombreux frères et sœurs qui défilaient dans mon esprit, Amanda était là, parce que ma meilleure amie serait forcément invitée chez moi.

« Et je reviendrai dormir ici, parfois, lui ai-je dit. C'est pour ça que tu dois maintenir mon lit bien fait, tout prêt pour moi. »

Le jour du départ, j'étais au garde-à-vous, mes vêtements rangés dans une valise. J'ai pris un bain et enfilé ma plus belle robe, puis Tatie Peggy a mis un soin tout particulier à me coiffer. Je suis ensuite allée attendre mes parents au rez-de-chaussée.

Après ce qui m'a semblé une éternité, une voiture est arrivée, conduite par un adulte que je ne connaissais pas. Ma mère est descendue pour discuter quelques instants avec Tatie Peggy, puis m'a tendu la main en me parlant dans sa langue. Sans comprendre, j'ai glissé ma main dans la sienne et je me suis laissé guider jusqu'à la voiture.

L'adulte est sorti pour mettre ma petite valise dans le coffre. Il était mince, avec des cheveux longs jusqu'aux épaules et une épaisse moustache recourbée.

« Je m'appelle Manz, je suis ton frère, m'a-t-il dit. Monte. »

Il était tellement vieux, je me voyais mal jouer avec lui ! J'ai murmuré un bonjour timide, comme on me l'avait appris. Ce qui m'enthousiasmait la veille au soir me semblait à présent étrange et légèrement effrayant. Tout à coup, je me suis sentie minuscule. Une voix s'est alors élevée derrière moi : « Au revoir, Sam. » Tatie Peggy se tenait devant la porte d'entrée, flanquée d'Amanda.

Je me suis soustraite à l'étreinte de ma mère pour courir jusqu'à elles, désemparée. J'aurais dû être heureuse, mais j'avais l'estomac serré et les yeux brouillés de larmes. J'étais contente d'aller vivre avec ma famille, mais je n'avais pas imaginé combien je serais triste de quitter Amanda et mon foyer. Je me suis blottie dans les bras de Tatie Peggy.

« Je veux que tu sois sage, Sam, m'a-t-elle dit.

— Je le promets, ai-je murmuré. »

Je ne me doutais pas, alors, de ce que cette promesse allait me coûter.

J'ai enlacé Amanda, qui pleurait autant que moi.

« Ne pleure pas, je reviendrai te voir.

— Allez ! a lancé avec hargne l'homme qui avait rangé ma valise dans le coffre. On doit partir ! »

Ma mère m'a attrapée par les épaules pour me détacher d'Amanda. Avec un dernier regard triste, je l'ai suivie dans l'allée jusqu'à la voiture.

L'homme m'a tenu la portière arrière du côté du passager avec un geste d'impatience. D'abord hésitante, j'ai pris une grande inspiration et je suis montée, m'agenouillant sur la banquette pour fixer Tatie Peggy et Amanda par la lunette arrière. Quand la voiture a démarré, j'ai agité la main de toutes mes forces pour leur dire au revoir. Alors qu'elles avaient presque disparu, je faisais encore de grands signes quand nous avons tourné au coin de la route.

3

Ma famille vivait à Walsall. Je n'étais jamais allée aussi loin du foyer sans être accompagnée, mais je n'avais pas peur puisque ma mère était là, assise juste devant moi.

Nous avons roulé longtemps. Ma mère et mon frère, qui discutaient dans leur langue, ne m'ont presque pas adressé la parole durant tout le trajet. Trop troublée pour les questionner, je me suis bornée à regarder par la fenêtre. Parfois, je fredonnais une chanson tout bas, rien que pour moi. J'avais beau savoir que j'allais quitter le foyer, je ne m'attendais pas aux émotions que cela susciterait en moi. Le départ m'avait tant bouleversée que je ne demandais qu'à rester dans mon coin sans que l'on m'adresse la parole. Je me sentais dépassée par les événements.

La circulation s'est densifiée, obligeant mon frère à ralentir. Sans un regard vers moi, il a annoncé : « On est bientôt arrivés. » Les maisons sur le bord de la route ont changé, les gens aussi. Tout semblait plus petit, plus fouillis, plus haut en couleur. À bien y regarder, tout se trouvait multiplié, hormis l'herbe et les arbres. Entre les magasins, qui déversaient leurs marchandises sur le trottoir, les passants se frayaient un passage dans la cohue, traînant des enfants dans leur sillage. J'ai collé mon visage contre la vitre. Peut-être allaient-ils tous devenir mes amis.

La voiture s'est arrêtée devant la maison la plus petite et la plus mal entretenue de la rue. Une friche envahie de mauvaises herbes tenait lieu de jardin. Les rideaux, tirés à toutes les fenêtres, m'empêchaient de voir à l'intérieur. Je n'aurais pas dû, mais je n'ai pu m'empêcher de ressentir une pointe de déception en descendant de voiture pour me poster devant la maison. La peinture de la porte, d'un vert nauséeux, s'écaillait par endroits, révélant le bois. Tandis que Manz sortait ma valise du coffre, j'ai suivi ma mère dans la petite allée. Mena rôdait comme un spectre autour de la porte d'entrée, dans sa grande robe et son pantalon large. Elle m'a paru plus maigre que lors de notre dernière rencontre et, même si son sourire en disait long sur sa joie de me revoir, elle n'a pas couru à ma rencontre pour m'accueillir. Ce n'était pas chez moi, pas encore, mais je voulais tant que ça le devienne ; me laissant emporter par mes émotions et ma nervosité, j'ai tendu la main pour attraper celle de ma mère.

« *Ami...* »

Elle l'a balayée avec un grondement.

« *Chalander !* »

J'étais abasourdie. Pas par ce qu'elle venait de dire, puisque je n'avais pas la moindre idée de ce que cela signifiait, mais par le ton qu'elle avait employé. Personne ne m'avait jamais parlé de cette manière. En fait, aucun adulte du foyer ne se serait adressé à un enfant avec tant de rudesse. Mais une telle agitation régnait autour de moi, entre Manz qui me bousculait pour passer avec ma valise et ma mère qui franchissait déjà le seuil, que je me suis empressée de dire bonjour à Mena sans m'attarder sur ce brusque changement d'humeur.

Ma sœur s'est jetée à mon cou. Je l'ai serrée dans mes bras, soulagée de recevoir enfin une marque de gentillesse. Une douce chaleur s'est répandue en moi, desserrant le nœud qui s'était formé dans mon estomac. Nous nous sommes détachées l'une de l'autre, souriant jusqu'aux oreilles. J'allais ouvrir la bouche quand ma mère a prononcé d'une voix cassante des paroles incompréhensibles. S'écartant brusquement de moi, ma sœur m'a attirée à l'intérieur.

Ma mère a longé un couloir sombre avant de disparaître. Mena l'a suivie d'un pas lent et je l'ai imitée, m'étonnant de l'obscurité qui régnait dans la maison. Nous nous sommes retrouvées au salon, sans moquette et presque vide hormis un canapé bas défoncé au cuir râpé, poussé le long d'un mur, et une petite table en bois disposée près de la fenêtre, dont les rideaux bloquaient la lumière naturelle. Une fille plus âgée vêtue comme Mena et un petit garçon occupaient le sofa. J'étais complètement perdue : Pourquoi ne me témoignait-on d'aucune gentillesse ? Pourquoi cet endroit était-il si puant, sombre et sale ? Mue par le désir de m'intégrer, j'ai jugé sage de garder ces questions pour moi.

Ma mère s'est assise à côté du garçonnet sans s'inquiéter de savoir si j'avais suivi ni de me montrer ma chambre. Elle s'est ensuite adressée à la grande fille, qui s'est tournée vers moi. Elle était la première personne de la famille à me parler sans détourner les yeux, mais pour autant je n'ai pas compris un traître mot de ce qu'elle m'a dit. Surprenant mon coup d'œil interrogateur à Mena, elle s'est levée avec un long soupir et, s'approchant, m'a regardée de haut : « Je m'appelle Tara, je suis ta sœur aînée. Tu dois m'appeler *baji*. Maintenant, va te changer, on ne veut pas de ça chez nous. » Ce disant, elle a désigné d'un geste dédaigneux la robe dont j'étais si fière. Gagnée par la honte, j'ai baissé les yeux, tandis qu'elle ajoutait : « On ne montre pas nos jambes, ici. Il va falloir faire plus d'efforts pour t'adapter. »

Elle a tourné les talons et a repris sa place sur le canapé, d'où elle m'a dévisagée d'un regard glacial, finissant de me mettre mal à l'aise. Les joues brûlantes d'humiliation, j'ai tenté en vain de comprendre ce que j'avais fait de mal, partagée entre le désir de demander des explications et la peur de me voir de nouveau rabrouée.

Par bonheur, Mena est venue à ma rescousse en me tirant par le bras : « Viens, je t'accompagne là-haut pour te changer. »

Au même instant, une autre dame, un peu plus âgée que ma sœur aînée, est entrée dans la pièce. Après m'avoir jeté un coup d'œil, elle s'est adressée à Tara, ou plutôt *baji*, qui lui a répondu, avec un geste rempli d'indifférence dans ma direction. Me demandant ce qu'elle me voulait encore, j'ai simplement répondu à Mena : « D'accord. » La dame s'est approchée de moi. Je me suis comportée comme l'exigeait la politesse : je lui ai dit bonjour, en espérant que ma voix ne trahirait pas mon profond trouble. La nouvelle venue portait le même genre de tenue que les autres, à l'exception du foulard qui lui ceignait le visage, et ses cheveux étaient noués en une épaisse natte ramenée sur son épaule. Elle m'a adressé un sourire, le premier dont on me gratifiait depuis que Mena m'avait accueillie sur le pas de la porte, puis m'a parlé dans cette langue que je ne comprenais pas. Tara a repris la parole : « C'est Hanif, la femme de *paji*. Tu dois l'appeler *bhabhi*. »

Je me suis contentée de sourire à Hanif, aussi déconcertée qu'anxieuse. L'explication de Tara ne m'avait pas du tout éclairée. Qui était *paji* ? Hanif était-elle une autre sœur ? Aucun membre de ma famille ne correspondait à ce que j'avais imaginé. Non seulement ils étaient tous beaucoup plus âgés que moi, mais aucun n'avait remarqué la belle robe que je portais spécialement pour l'occasion et ne m'avait reçue avec un mot gentil, à part Mena.

Cette dernière m'a justement rappelée à la réalité :

« Viens, il est temps de te changer. »

J'allais lui faire part de ma joie de l'avoir auprès de moi alors que le courage me désertait, mais elle ne m'en a pas laissé le temps, filant hors du salon pour grimper à toute vitesse un escalier raide. Je l'ai suivie à l'étage, composé de trois pièces : une en face, une à gauche et une à droite. Comme toutes les portes étaient fermées et qu'aucune ouverture n'apportait de clarté, le palier était plongé dans le noir. Mena m'a précédée dans la chambre de gauche, dont la fenêtre ouverte atténuait l'odeur qui infestait toute la maison. Deux lits et une armoire meublaient la pièce, au sol recouvert d'une moquette élimée, de couleur sombre. Les murs étaient totalement dépouillés en dehors de taches verdâtres qui fleurissaient à la lisière du plafond.

« Qu'est-ce qui ne va pas ? Pourquoi sont-ils tous fâchés ? »

Ignorant ma question, Mena a pointé le doigt sur le lit le plus proche de la fenêtre.

« On partagera ce lit. L'autre, c'est celui de *baji*. »

Aucun drap n'habillait le matelas, seulement garni de vieilles couvertures entassées à son pied et d'un oreiller grisâtre maculé de taches. Je n'aurais pas osé m'asseoir sur ce lit, alors y dormir ! J'ai envisagé la possibilité de retourner au foyer pour y prendre des draps et ma jolie couverture. Peut-être pourrais-je également rapporter mes posters pour les accrocher aux murs et égayer la chambre.

L'excitation du voyage passée, j'ai ressenti une subite envie de pleurer. Tout était tellement différent de ce à quoi je m'attendais. Sans compter que je ne voulais pas partager la chambre de Tara, qui me terrorisait. Elle me semblait tellement vieille !

« Quel âge elle a, Tara ? Enfin... *baji* ? Qui est-ce qui dort dans les autres chambres ? ai-je demandé, avec l'espoir de trouver un lit plus engageant.

— *Baji* va avoir douze ans. Saber dort dans la pièce d'à côté, mais il ne faut surtout pas y aller, il déteste qu'on entre dans sa chambre. La dernière chambre, c'est celle de Hanif et *paji*. »

— Qui c'est, *paji* ? me suis-je enquise, intriguée d'entendre encore ce nom. Et où elle dort, *ami* ? Et le petit garçon en bas, qui c'est ?

— Doucement ! a ri Mena. Ne t'en fais pas, je vais tout t'expliquer. Mère ne monte pas parce qu'elle s'essouffle dans l'escalier. Elle dort en bas, dans le canapé, avec Salim. »

J'ai secoué la tête, complètement perdue. Mena s'est approchée pour passer le bras autour de mes épaules, prenant une voix qui se voulait réconfortante.

« Ne fais pas cette mine triste. Je suis contente que tu sois ici, ça me fait quelqu'un à qui parler. Je sais que tu ne comprends pas notre langue, mais je vais t'apprendre. Si tu es sage, tout ira bien. »

Les dernières paroles de Tatie Peggy ont résonné dans mon esprit : « Sois sage. » J'ai gratifié ma sœur d'un sourire hésitant.

« Viens, assieds-toi », m'a-t-elle invitée.

Avec toutes les précautions du monde, j'ai pris appui sur le lit repoussant tandis que ma sœur se lançait dans de plus amples explications.

« *Baji*, ça veut dire "sœur aînée", c'est pour ça qu'on appelle Tara comme ça. *Paji* signifie "frère aîné", c'est donc le surnom de Manz, celui qui est venu te chercher en voiture. Hanif est sa femme, notre belle-sœur, autrement dit notre *bhabhi*.

— Pourquoi personne n'aime mes habits ? Qu'est-ce qu'ils ont ? ai-je demandé en posant la main sur ma plus belle robe, qui me paraissait à présent minable.

— Parce qu'on est musulmans, Sam. Les musulmans s'habillent comme ça, comme moi. C'est vrai, j'ai oublié que tu ne sais pas tout ça, a-t-elle soupiré devant mon expression déboussolée. Les musulmans sont comme les chrétiens, ils croient en Dieu, mais ils ont des idées différentes sur certains points, comme la façon de s'habiller, par exemple. Pour le reste, tu verras plus tard. »

J'ai senti un poids me quitter en me rappelant nos récitations du catéchisme : « Je crois en un seul Dieu, une seule Église. » Enfin un repère familier !

« Mais moi, je suis chrétienne... »

Mena m'a interrompue avant que je n'aie le temps d'ajouter que cela m'autorisait à porter ma belle robe, m'attrapant par les épaules pour me secouer.

« Chut, Sam ! Ne dis surtout pas ça ! Pas si fort ! Si quelqu'un t'entend, tu seras battue.

— Quoi ? On te bat ? me suis-je exclamée, certaine qu'elle se moquait de moi. Pourquoi ? »

Elle a lancé un regard inquiet à la porte, puis s'est penchée sur moi.

« Un jour, je n'ai pas bien lavé le sol, alors mère m'a tapée, a-t-elle chuchoté. Et puis après, *baji*. Depuis, j'évite de les contrarier. »

Je l'ai dévisagée. J'avais été malmenée, une fois, à l'école. Un garçon m'avait tiré les cheveux, ce dont j'avais horreur, et j'avais riposté par une claque. Avant qu'un instituteur ne vienne nous séparer et nous priver de piscine pour la semaine, il avait eu le temps de m'envoyer un coup de poing. Mais il s'agissait d'un garçon de mon âge. Jamais je n'aurais imaginé qu'un adulte puisse lever la main sur un enfant. Je n'ai toutefois pas eu le temps de le faire remarquer à Mena, car Tara nous a appelées.

« Mena, amène Salim quand tu viendras manger.

— C'est qui Salim ?

— Notre petit frère. Il entre en maternelle à la fin des vacances. Il est sûrement à côté, a-t-elle ajouté en montrant du doigt la porte. On va d'abord te changer, puis on descendra avec lui.

— À côté ? Dans la chambre de Saber alors ? »

Mena a hoché la tête.

« Et Saber, il a quel âge ?

— Douze ans, deux de plus que moi, a-t-elle répondu en se levant pour ramasser des habits abandonnés au pied du lit. Allez viens, je vais t'aider à mettre ça. »

J'ai ôté ma robe, la pliant soigneusement pour la déposer sur le matelas, puis Mena m'a aidée à enfiler une longue tunique orangé vif et un pantalon assorti qui m'évoquaient un déguisement, avant de nouer un foulard sur ma tête. Je me sentais toute drôle dans cet accoutrement. Je ne me suis d'ailleurs pas reconnue en me regardant dans le miroir de l'armoire. Je ressemblais un peu plus à ma mère et mes sœurs, ce qui atténuait mon sentiment d'être une étrangère dans cette maison, mais le tissu rêche me piquait et je trouvais les manches et le pantalon longs peu commodes. Mena m'a adressé un sourire hésitant, comme si elle souhaitait me voir satisfaite de mes habits.

« Ça va ?

— Je crois que oui », ai-je répondu avec un sourire forcé.

Elle est ensuite allée chercher Salim dans la pièce d'à côté.

« C'est ta sœur, Sam », lui a-t-elle expliqué.

Le petit garçon m'a considérée sans un mot.

« Bonjour », ai-je dit en souriant.

Il m'a alors répondu par un vague sourire. Mena lui a ébouriffé les cheveux puis s'est engagée dans l'escalier, où je l'ai suivie à petits pas prudents de peur de me prendre les pieds dans ma longue tunique.

Dans la cuisine, je lui ai demandé où se trouvaient les toilettes. Elle m'a alors indiqué la porte qui ouvrait sur le jardin de derrière : « Dehors. » Je l'ai fixée avec horreur. Dans le jardin ? Où tout le monde pouvait voir ? Remarquant mon trouble, elle m'a accompagnée jusqu'à l'extérieur. Après avoir trébuché sur le seuil, j'ai vu avec soulagement son doigt se pointer sur une porte juste à côté de celle que nous venions d'emprunter : « C'est là. Dépêche-toi, le dîner est prêt. »

J'ai poussé d'un geste méfiant la porte, qui s'est ouverte avec un grincement à donner la chair de poule, avant de jeter un regard à l'intérieur. Il faisait si noir là-dedans que je n'ai d'abord distingué que l'odeur infecte, ne discernant qu'ensuite les contours d'une cuvette contre le mur du fond. Je suis entrée dans la pièce froide en cherchant à tâtons l'interrupteur sur le mur. J'ai aussitôt ramené ma main au contact de la paroi humide et collante. Mena s'est impatientée : « Allez, dépêche-toi ! » Un faible trait de lumière perçait à travers une petite lucarne. Je devrais m'en contenter, je n'avais pas le choix.

Mes petites affaires faites, j'ai refermé la porte derrière moi avec un frémissement qui ne s'expliquait pas seulement par la fraîcheur de l'air.

« Où est-ce que je me lave les mains ?

— À l'intérieur. »

De retour dans la chaleur de la cuisine, j'ai passé mes mains sous l'eau froide. Hanif, qui s'affairait autour d'assiettes et de couverts, m'a regardée des pieds à la tête avant de s'adresser à Mena, qui m'a traduit ses propos : « Elle dit que tu es jolie maintenant. » Toutes les deux ont souri à cette remarque.

Je ne partageais pas du tout cette impression. En l'absence de savon, je ne pouvais pas me débarrasser de la sensation poisseuse qui me collait aux doigts depuis que j'avais touché le mur des toilettes. En outre, mon pantalon était si lâche à la taille que je passais mon temps à le remonter. Je me sentais très mal à l'aise.

Mena en grande conversation avec Hanif, j'ai cherché en vain un torchon des yeux, avant de me résoudre à m'essuyer les mains sur ma tunique d'un geste rapide. J'ai ensuite observé plus attentivement la cuisine, dont le plan de travail disparaissait sous la farine, les pots et les jattes. De la vapeur s'échappait de grandes casseroles disposées sur la cuisinière, dont les plaques étaient couvertes d'une épaisse couche de nourriture brûlée.

Mena m'a tendu une assiette : « Bon, c'est l'heure de manger. Fais comme moi. » Elle a pris une galette sur une pile à côté de la cuisinière et l'a déposée dans son assiette, où Hanif a versé une louche d'une mixture puisée dans une des casseroles. Mena s'est tournée vers moi : « C'est du poulet. » Je l'ai imitée, mon « merci » poli arrachant un petit rire à ma belle-sœur quand elle m'a servie.

La cuisine étant dépourvue de table, nous nous sommes dirigées vers une pièce que je ne connaissais pas encore. Lorsque nous avons passé le seuil, une terrible puanteur m'a suffoquée. Bien qu'elle me rappelle un peu les relents qui se dégageaient de la fourrure de Jet les jours de pluie, ou des tas de feuilles mouillées dans lesquels nous courions sur la lande, je n'arrivais pas à déterminer son origine. Si mon premier réflexe m'aurait poussée à faire demi-tour *illico presto*, Mena a continué comme si de rien n'était et, comme je n'avais rien mangé à midi puisque nous étions sur la route et que je mourais de faim, je l'ai suivie à l'intérieur.

Il y faisait presque aussi froid que dans les toilettes, mais au moins y avait-il de la lumière. Après que Mena eut appuyé sur l'interrupteur, nous nous sommes assises sur l'unique meuble de la pièce, un canapé noir ramolli, posant notre assiette en équilibre sur nos genoux. Au foyer pour enfants, nous ne mangions jamais ailleurs qu'à table, j'ai donc jugé plus prudent d'attendre de voir comment Mena procédait pour ne pas faire de bêtise.

Ma sœur a rapproché son assiette et a arraché un bout de crêpe, qu'elle a plongé dans la viande en sauce avant de l'enfourner dans sa bouche.

« Qu'est-ce que tu attends ? a-t-elle marmotté, la bouche pleine.

— Comment est-ce qu'on fait ? Il n'y a pas de couteau et de fourchette ?

— Non, tu prends le *roti* avec tes doigts, tu en déchires un morceau et tu t'en sers comme d'une cuillère pour prendre la viande. Comme ça... »

Elle a soulevé un petit tas de nourriture à l'aide de la galette et a mangé le tout avec une exclamation de plaisir.

Je l'ai imitée, prenant un bout de *roti* pour le tremper dans le mélange de poulet puis l'engloutir. Sur le coup, j'ai cru que ma bouche prenait feu. Une chaleur intense s'est répandue sur tout mon visage et, sans ma promesse de me comporter en petite fille sage, j'aurais immédiatement recraché cette nourriture infecte. J'ai battu des mains comme une furie, attirant l'attention de Mena, qui a bondi sur ses pieds et s'est précipitée hors de la pièce.

« Je vais te chercher de l'eau. »

Je venais juste de réussir à avaler ma bouchée lorsqu'elle a réapparu avec un verre d'eau, que j'ai vidé d'un trait.

« Eurk ! Mais qu'est-ce que c'est ? Je ne peux pas manger ça. »

Des rires ont soudain retenti. Tara et Hanif, qui s'étaient engouffrées dans la pièce derrière Mena pour voir la cause de cette agitation, me dévisageaient avec des gloussements moqueurs.

« C'est du curry », m'a répondu Mena.

Je n'avais jamais rien goûté qui ressemble de près ou de loin au curry. J'étais habituée à la nourriture du foyer : aux saucisses, au ragoût, aux frites aussi, dont je raffolais.

Après avoir échangé quelques mots, Hanif et Tara sont reparties à la cuisine.

« Qu'est-ce qu'elles ont dit ? »

Je ne supportais pas de ne rien comprendre à ce que les autres racontaient, j'avais l'impression que toutes les conversations tournaient autour de moi. En l'occurrence, je ne me trompais pas.

« Qu'elles ne savent pas quoi d'autre te préparer et qu'il va falloir t'y faire, m'a rapporté Mena, tête baissée.

— Mais je n'aime pas ça ! Il n'y a rien d'autre ? ai-je insisté, tâtant doucement mes lèvres en feu.

— Non, il n'y a rien d'autre. Je sais que tu n'aimes pas ça, a-t-elle soupiré. Écoute, tu n'as qu'à manger que le *roti*, ne mets pas de curry dessus. »

J'ai pris un bout du *roti* et l'ai porté d'un geste prudent à ma bouche. Sans la viande, la galette avait un peu le goût d'un toast sans beurre.

« Ça peut aller comme ça.

— Il va falloir t'y habituer, tu sais, Sam. Mais ne t'inquiète pas, ce sera plus facile avec du riz, a-t-elle ajouté en me voyant grimacer. Ce soir, si tu veux, je vais manger ta part. »

De bon gré, je lui ai tendu mon assiette pour qu'elle la termine. Je ne comprenais pas qu'on ne me propose rien d'autre à manger. Au foyer, nous avions toujours des tranches de pain beurré à grignoter si le plat ne nous avait pas rempli l'estomac, sans oublier le dessert. Par politesse, je me suis retenue de demander s'il y en avait un. Ma sensation de froid accentuée par la faim, je rêvais de prendre ensuite un bon bain chaud, toutefois inquiète à la pensée que la salle de bains, que je n'avais vue nulle part, puisse elle aussi se trouver dehors dans le noir. Quand Mena a eu fini de manger, nous sommes allées déposer nos assiettes dans l'évier. La voix de Tara nous est alors parvenue de la pièce où elle se trouvait avec mère : « La vaisselle ! »

Tatie Peggy ne nous demandait jamais de faire la vaisselle, pas plus qu'elle ne nous autorisait à prendre un ton aussi autoritaire les uns envers les autres. C'était, selon elle, une question de politesse. Debout dans la cuisine, j'ai regardé Mena laver les assiettes et les placer sur l'égouttoir. Il fallait qu'elle m'explique le fonctionnement de cette maison afin que tout m'y paraisse moins intimidant. Pendant qu'elle frottait, j'ai bu de l'eau à petites gorgées jusqu'à ce que la brûlure dans ma bouche disparaisse. Sa tâche accomplie, ma sœur a secoué ses mains pleines d'eau avant de les essuyer sur sa tunique.

Au foyer, je savais toujours l'heure grâce aux horloges accrochées à l'étage et au rez-de-chaussée, qui m'aidaient à rythmer ma vie. Mais je n'en avais encore vu aucune dans la maison.

« Quelle heure il est ?

— Je ne sais pas, a répondu Mena avec un haussement d'épaules. Pas encore l'heure de se coucher en tout cas, Manz n'est pas rentré.

— Il n'y a pas d'horloge ?

— Pourquoi ? On n'a pas besoin de savoir l'heure. »

J'aurais voulu en connaître la raison, mais ce n'étaient pas les questions qui manquaient. Je n'avais pas encore vu mon frère Saber, par exemple. Je me demandais également où était passé Salim, et s'il avait mangé, étonnée que la famille ne se réunisse pas autour des repas. Tandis que nous regagnions le salon où nous avions dîné, Mena m'a éclairée davantage sur les habitudes de chacun, ne pouvant toutefois répondre qu'à quelques-unes de mes dizaines d'interrogations.

Plus que tout, le comportement de mère m'interloquait. Je ne comprenais pas qu'elle ne soit pas venue vérifier que nous avions mangé à notre faim, comme Tatie Peggy ne manquait jamais de le faire.

Manz n'a pas tardé à rentrer. Après lui avoir servi son repas, Hanif est venue nous informer que c'était l'heure d'aller au lit.

« Où est-ce qu'on se brosse les dents ? ai-je demandé à Mena, curieuse de découvrir si la salle de bains se trouvait elle aussi dans le jardin.

— Viens, suis-moi. »

Elle est allée dans la cuisine et s'est plantée devant l'évier, trempant le doigt dans un bol de sel avant de le frotter contre ses dents. Elle a ensuite recraché le sel dans l'évier, puis s'est rincé la bouche au robinet. J'ai suivi l'opération avec des yeux horrifiés.

« Tu n'as pas de brosse à dents ? Ni de dentifrice ?

— Non, il n'y a rien de tout ça ici. Tu n'as qu'à faire comme moi. »

Je l'ai imitée, réprimant difficilement un haut-le-cœur en sentant le goût du sel dans ma gorge. Nous sommes ensuite montées dans la chambre, où Tara était déjà couchée, dos à nous. Mena a grimpé sur le matelas, tirant les couvertures à elle.

« Je dois mettre mon pyjama avant d'aller au lit, ai-je murmuré pour ne pas réveiller Tara. Où est ma valise ?

— Je ne sais pas. Tu n'as qu'à dormir dans tes vêtements, comme moi.

— Non, je veux me mettre en pyjama. Où est passée ma valise ? »

Mena s'est rassise en ronchonnant.

« Couche-toi comme ça, on la trouvera demain. D'accord ? »

Puis elle s'est rallongée et a remonté les couvertures jusqu'à son menton.

Je tenais à me changer, comme je le faisais toujours avant d'aller au lit. Je savais que plus je garderais mes habitudes du foyer, mieux je me sentirais dans ce nouvel environnement. Peu m'importaient les conseils de Mena, je comptais bien mettre la main sur ma valise. Concluant que Manz devait l'avoir laissée au rez-de-chaussée, j'ai biaisé.

« Je dois aller aux toilettes. Tu veux bien m'accompagner ? »

Une fois en bas, je comptais me mettre à la recherche de mes affaires.

Mena a levé les yeux vers moi.

« Tu es folle ou quoi ? a-t-elle lâché dans un souffle. Il fait nuit ! Je n'irai pas dehors et tu ferais bien de ne pas y aller non plus. Le croque-mitaine va t'attraper. »

Je me suis souvenue de la facilité avec laquelle Mena prenait peur quand Amanda et moi nous racontions des histoires au lit.

« Le croque-mitaine n'existe pas.

— Mère va te gronder si tu fais du bruit, a-t-elle insisté après une courte hésitation.

— Elle dort en bas ?

— Je te l'ai dit, ça la fatigue trop de monter.

— Mena, s'il te plaît, viens avec moi. »

Comme rien n'y faisait, j'ai pris mon courage à deux mains et je suis sortie de la chambre seule. Toute la maison semblait endormie, mais quelques lumières restées allumées permettaient de se repérer dans la pénombre. J'ai descendu l'escalier sur la pointe des pieds et traversé la cuisine en silence sans trouver ma valise. J'ai donc ouvert la porte du jardin, prenant soin de ne pas la refermer derrière moi. Seul le bruit lointain de la circulation troublait le calme de la nuit sombre. Mon courage m'ayant abandonnée en chemin, j'ai laissé les toilettes ouvertes et fait aussi vite que possible, puis je suis rentrée à toute vitesse dans la maison, où j'ai fermé la porte à clé avec un frisson.

Mena était encore éveillée lorsque je l'ai rejointe au lit.

« On dirait que le croque-mitaine ne t'a pas attrapée. »

Je me réjouissais de ne pas dormir seule cette nuit, après une journée aussi étrange.

« Je t'ai bien dit qu'il n'existait pas », ai-je rétorqué d'une voix que j'espérais plus confiante.

Je me suis ensuite appliquée à garder une immobilité parfaite et ne surtout pas penser à l'aspect du matelas en pleine lumière, priant pour trouver le sommeil tandis que Mena se tournait et retournait à côté de moi. Mon premier jour en famille n'avait pas répondu à mes espérances, mais peut-être le lendemain me réservait-il de meilleures surprises. J'ai songé à Tatie Peggy, à ce qu'elle m'avait dit juste avant le départ. Je serais sage, oui, et les miens finiraient par m'aimer.

4

Cette nuit-là, j'ai fait un rêve. Un drôle de rêve dans lequel je me perdais sur la lande de Cannock Chase et me retrouvais au beau milieu d'un bois humide qui laissait à peine filtrer la lumière du jour. Incapable de retrouver mon chemin, je restais plantée sur place, une étrange odeur dans les narines. À ce moment, Mena a remué et je me suis réveillée en sursaut. L'odeur était toujours présente, mais au lieu d'ouvrir les yeux dans mon joli lit bien confortable, entourée des visages souriants de mes idoles, je me suis retrouvée dans la chambre crasseuse d'une maison inconnue. Je n'avais pas la moindre idée de l'heure, mais le jour était levé. Je suis restée étendue un moment, à sonder le silence, puis, ne décelant aucun signe de vie, j'ai fini par refermer les paupières et me rendormir.

Quand j'ai repris conscience, j'étais coincée entre le mur et Mena, qui dormait à poings fermés, pelotonnée contre moi. Dans la lumière qui traversait le fin voilage des rideaux, je ne pouvais plus ignorer le piteux état du lit et la saleté des murs. Bien qu'encore enthousiaste à l'idée de vivre avec ma famille, j'étais incapable d'étouffer la déception que me procurait ce logement miteux. J'avais imaginé une maison bien plus jolie, et l'écart entre mes rêves et la réalité me désolait encore plus que l'accueil que j'avais reçu la veille.

Soudain, je me suis souvenue que nous étions dimanche. Irions-nous au temple ? Tout semblait indiquer le contraire, car personne n'était encore debout. Peut-être dans la rue, ou les maisons d'en face… Enjambant Mena avec beaucoup de précautions, je me suis glissée hors du lit pour jeter un coup d'œil par la fenêtre. Dans le voisinage, tous les rideaux étaient encore tirés. À croire que personne n'assistait à la messe.

Brusquement, j'ai entendu le grincement d'une porte sur le palier. Je m'attendais à voir quelqu'un entrer dans la chambre pour nous dire de nous lever et de faire notre toilette, mais les pas se sont éloignés en direction de l'escalier. Je m'apprêtais à les suivre lorsque Mena a décollé la tête de l'oreiller.

« Où vas-tu ?

— En bas, j'ai envie d'aller aux toilettes.

— Ne descends pas tout de suite, a-t-elle gémi. Sinon, je vais devoir me lever moi aussi. »

Pourquoi ne voulait-elle pas sortir du lit ? C'était, pour moi, un autre mystère. Je suis retournée m'allonger auprès d'elle.

« Quelle heure est-il ?

— Aucune idée. Tôt. Tiens, je me lève si les rideaux d'en face sont ouverts, d'accord ? Alors ?

— Pas encore.

— Dans ce cas, rendors-toi.

— Je n'y arrive pas. »

Je me suis rassise. J'allais demander à Mena ce qui m'empêchait de descendre quand Tara a crié, la tête sous les couvertures.

« Vous allez vous taire, oui ou non ? J'essaye de dormir ! »

J'ai jeté un regard à Mena, qui a haussé les sourcils puis s'est retournée pour se rendormir. Je suis restée immobile, à moitié morte d'ennui, les yeux fixés sur la fente entre nos rideaux, jusqu'à ce que ceux d'en face soient tirés. J'ai bondi hors du lit.

« Les rideaux sont ouverts, c'est enfin l'heure ! »

Mena a émis un grognement.

« C'est quoi ton problème ? m'a rabrouée Tara. Rendors-toi. Pourquoi tu es tellement pressée de commencer la journée, d'abord ?

— J'ai envie d'aller aux toilettes, ai-je répondu en me dirigeant vers la porte d'un pas déterminé. Moi je descends, en tout cas. »

Au rez-de-chaussée, mère était assise sur le canapé avec Salim. Elle a redressé la tête en me voyant arriver, tout en ignorant mon salut enjoué. J'ai continué jusqu'à la porte du jardin et je suis entrée dans le petit cabinet de toilettes, frissonnant au contact du sol froid sur mes pieds nus. Assise sur la cuvette, j'ai observé ce qui m'entourait : quoique toujours très sombre, de jour, la pièce était encore plus crasseuse. Si j'arrivais à trouver ma valise, je pourrais au moins porter mes chaussons et éviter de piétiner ce sol dégoûtant.

Lorsque je suis sortie, j'ai croisé Tara, qui m'a donné un coup de coude.

« Il était temps !

— Mais je viens d'arriver... »

Sans me laisser finir, elle a claqué la porte. J'ai regagné la cuisine sur la pointe des pieds, m'appliquant à en essuyer la plante avant d'entrer dans la maison.

Aux fourneaux, Hanif préparait des crêpes rondes – les *roti* –, les mains couvertes de farine. Tandis que je l'observais tourner et retourner les galettes sur la flamme avec des gestes vifs pour ne pas se brûler les doigts, mon ventre s'est mis à gargouiller. Je ne savais pas comment lui demander si je pouvais en avoir une. Aucun bol ou paquet de céréales n'étant sorti, je ne pouvais rien lui montrer du doigt et je savais qu'elle ne comprendrait pas ma demande, même si je faisais preuve d'une très grande politesse. J'ai donc attendu le retour de Tara.

« Excuse-moi, est-ce que je pourrais prendre le petit déjeuner, s'il te plaît ? J'ai très faim.

— Quoi ?

— J'ai faim. »

Hanif a prononcé des paroles incompréhensibles, auxquelles Tara a répondu avant de se tourner vers moi.

« Tu veux des tartines ?

— Oui, s'il te plaît.

— Le pain est là, m'a-t-elle indiqué, le doigt pointé sur une étagère. Passe-le-moi. »

Je me suis exécutée.

« Oh, et puis tu n'as qu'à te débrouiller si tu as faim. Je ne vais pas tout te faire non plus. »

Jamais je n'avais été confrontée à un paquet de pain tranché fermé. Ignorant totalement la façon de l'ouvrir, j'ai enchaîné les tentatives maladroites, plantée au milieu de la cuisine, jusqu'à ce que Tara perde patience :

« Oh, tu ne sais vraiment rien faire, toi ! Donne-moi ça ! »

Alors qu'elle allait ôter l'emballage, Hanif est intervenue. Elle m'a alors rendu le paquet avec un sourire :

« Elle dit que tu dois apprendre à te débrouiller toute seule. Tant que tu n'arrives pas à l'ouvrir toi-même, tu ne mangeras pas. »

Je n'étais guère plus avancée sur la façon de procéder. Gagnée par la frustration et la faim, j'ai fini par éventrer l'emballage plastique pour en extirper quelques tranches d'un coup sec.

« Pourquoi tu as fait ça, imbécile ? s'est écriée Tara en m'arrachant le sachet des mains. Il va rassir maintenant !

— Je veux juste manger.

— Tu dois faire comme on te dit. Maintenant, ne compte pas sur moi pour t'aider. »

Je mourais de faim et toute cette histoire commençait à me porter sur les nerfs. Pourquoi fallait-il que cette fille complique tout ? Ne pouvais-je pas simplement avoir une tartine ? Tara a pointé l'index sur les tranches que je tenais encore dans la main : « Puisque c'est comme ça, rends-moi ce pain. »

Vite, j'ai fourré un morceau dans ma bouche. C'était toujours mieux que rien. Tara m'a alors empoignée brutalement : « Crache ça ! »

Sourde à son ordre, j'ai avalé tout rond ma bouchée. Avec des jurons, elle m'a alors envoyée dinguer contre le réfrigérateur. Je me suis effondrée sur le sol. Je versais mes premières larmes quand mère est entrée dans la cuisine.

« Mère, c'est sa faute... », ai-je tenté d'expliquer, de peur de m'attirer des ennuis.

Ma mère ne m'a même pas accordé un regard. Elle a parlé à Hanif, qui lui a tendu une assiette de restes de la veille, puis, avec un coup d'œil à Tara, est sortie de la pièce comme si je n'existais pas. Ma sœur aînée m'a lancé un regard brillant avant de s'adresser à Hanif, qui a rigolé. Après qu'elle a soigneusement replacé le pain sur l'étagère, toutes les deux se sont servi à manger puis ont quitté la pièce dans le sillage de mère. Je suis restée par terre, le visage baigné de pleurs. Je n'arrivais pas à croire que quelqu'un puisse être si méchant, surtout ma propre sœur.

Mena est entrée dans la cuisine et s'est agenouillée près de moi, séchant mes larmes avec les manches de sa tunique.

« Qu'est-ce que tu fabriques là ? m'a-t-elle demandé sur le ton que j'utilisais pour consoler Amanda, comme si je faisais l'idiote.

— Tara n'a pas voulu me donner de petit déjeuner, ai-je sangloté. Elle n'a pas voulu sortir le pain et, comme j'ai déchiré le sachet, elle me l'a pris des mains et m'a poussée. Mère est venue mais elle n'a rien dit.

— Je t'avais dit de rester dans la chambre. Il vaut mieux attendre que tout le monde soit sorti de la cuisine. C'est ce que je fais, moi. »

Tentée de répliquer qu'elle aurait pu me prévenir avant, je me suis mordu la langue et l'ai laissée m'aider à me relever.

« Tu veux qu'on fasse griller du pain ? a-t-elle proposé.

— Oui, s'il te plaît. »

Il y avait toujours du pain frais à la maison car Manz, qui travaillait dans une boulangerie, en ramenait tous les soirs. Tout en m'expliquant cela, Mena m'a montré comment dénouer le lien qui fermait le paquet, puis l'emplacement de la plaque à griller et la façon de l'utiliser. Assise sur un tabouret, j'ai suivi la leçon avec attention, réconfortée par ses regards et ses sourires encourageants. Heureusement qu'elle était là, car personne d'autre ne semblait se soucier de moi, dans cette maison. D'ailleurs, mère ne m'avait pas adressé une seule fois la parole depuis que nous avions quitté le foyer.

Les toasts prêts, Mena a sorti de la margarine du frigo et l'a étalée sur le pain avec le manche d'une cuillère : « On va manger dans la cuisine, parce que, si on rejoint les autres à côté, mère va nous donner du travail. »

Nous avons donc pris notre petit déjeuner dans la cuisine.

Mon estomac moins vide, ma curiosité est revenue : « Je me demande où est passée ma valise. Tu crois qu'elle est cachée là-derrière ? »

Un rideau masquait un pan du mur au fond de la pièce. Je me suis levée pour me faufiler derrière et, trouvant un interrupteur, ai appuyé dessus pour y voir plus clair.

« Tu l'as trouvée ? m'a demandé Mena.

— Non, pas de valise. Mais qu'est-ce que c'est que ça ? »

Le tissu cachait un coin laissé à l'état brut, sans rien pour couvrir le sol de béton ou les murs nus, hormis une chaudière. Un énorme seau en étain, qui évoquait davantage un abreuvoir de ferme, trônait au milieu, flanqué de deux tabourets bas.

« Ça ? C'est là où on se lave et on fait la lessive, m'a répondu Mena.

— C'est une blague ?

— Non, on prend un bain un soir par semaine. Les vêtements, c'est le dimanche qu'on les nettoie. »

Une toilette une fois par semaine ? Pas plus ? Au foyer, je prenais un bon bain moussant bien chaud un soir sur deux.

Après notre petit déjeuner frugal, nous sommes remontées dans notre chambre. Au bruit qui nous parvenait par la fenêtre ouverte, j'ai su que le quartier s'était éveillé et que des enfants jouaient dans la rue.

« Viens, on va jouer dehors, ai-je lancé à ma sœur.

— Non, a-t-elle répondu d'un ton abrupt.

— Pourquoi ?

— Je n'ai pas envie.

— Mais pourquoi ?

— Les garçons sont très méchants, ils me donnent des coups de pied. Et si jamais ils me tombent dessus quand je vais acheter des œufs ou n'importe quoi, ils me volent l'argent. Depuis, je ne fais plus les courses.

— Je vois, mais on peut toujours aller dans le jardin.

— D'accord, on va demander la permission », a accepté Mena après s'être accordé un instant de réflexion.

Nous sommes descendues au petit trot jusqu'à la cuisine, où se trouvait Hanif. Mena lui a adressé quelques mots, auxquels notre belle-sœur a répondu avant de s'éloigner vers le salon pour rejoindre mère. Mena s'est tournée vers moi : « C'est bon. Salim a le droit de venir aussi. »

C'était un beau matin d'été et un grand soleil réchauffait le jardin. À la lumière du jour, j'ai découvert un terrain aussi vaste que celui du foyer, mais beaucoup moins bien entretenu. Une pelouse épaisse, par endroits aussi haute que moi, s'étendait jusqu'au mur du fond et des mauvaises herbes jaillissaient entre les pavés d'une terrasse. Au milieu du jardin se dressait un grand arbre, dont une branche supportait une corde nouée autour d'un pneu.

« Une balançoire ! me suis-je écriée, heureuse de repérer un objet familier.

— C'est Saber qui l'a fabriquée », m'a expliqué Mena.

Je me suis mise à me balancer tandis que Salim tapait joyeusement du pied dans un ballon de football crevé, qui n'a pas tardé à atterrir dans les herbes hautes. Il s'apprêtait à s'enfoncer dans la végétation pour le récupérer quand Mena l'a arrêté.

« *Nahi Salim ider ow*. »

Notre petit frère s'est immobilisé pour la regarder s'engager dans l'herbe à sa place. Après lui avoir lancé le ballon, elle a ramené Salim vers le pavage.

« *Ider ow*, a-t-elle répété.

— Qu'est-ce que tu as dit ? ai-je demandé avec curiosité en cessant de me balancer.

— Quoi ?

— Là, tu as dit quelque chose comme "*ider ow*".

— Ah, ça ! Ça veut dire "viens ici". "*Ow*" veut dire "viens" et "*ider*", "ici".

— *Ider ow, Mena, ider ow !* ai-je seriné pour la faire rire. Comment est-ce que tu dis "non" ?

— *Nahi*.

— Et "oui" ?

— *Ji*.

— *Ji, nahi, ider ow, ji, nahi, ider ow* », ai-je scandé.

J'ai continué encore un peu en balançant mes jambes d'arrière en avant pour m'élancer le plus haut possible. Mena s'est approchée d'un pas prudent.

« Ne va pas trop haut, la corde peut casser. »

Elle commençait à m'agacer, à toujours s'inquiéter.

« Comment est-ce que tu dis : "Non, elle ne va pas casser" ? ai-je répliqué.

— Tu n'as qu'à dire "*nahi*".

— *Nahi, Mena, nahi !* » ai-je ri.

Consciente d'ennuyer ma sœur, j'ai vite arrêté. Plutôt que de faire de la balançoire, j'ai donc décidé de grimper à l'arbre. À Cannock Chase, j'arrivais à atteindre des branches très élevées. Mais Mena a paniqué :

« Sam, descends ! S'il te plaît. Tu vas tomber ! »

D'abord tentée de lui objecter que je ne courais aucun risque, j'ai jugé plus sage de l'écouter pour cette fois. Plus tard, j'aurais tout le temps de grimper aussi haut que je le désirais.

J'ai donc erré dans les herbes folles, si hautes qu'en me couchant sur la terre asséchée et réchauffée par le soleil je semblais disparaître de la surface de la terre. Comme j'écartais les bras et les jambes pour former une étoile dans la verdure, Salim est venu s'étendre près de moi et m'a imitée. Nous avons ri tous les deux, chatouillés par les brins d'herbe.

« On est restés assez longtemps comme ça, a lancé Mena, qui nous observait de la petite zone pavée. On doit rentrer, maintenant. »

L'anxiété permanente de ma sœur me portait sur les nerfs, mais je ne lui ai rien dit, me contentant d'attraper Salim pour le chatouiller, puis de le poursuivre jusqu'à la maison.

J'avais, lors de mes précédents passages aux toilettes, noté l'absence de papier hygiénique. Prise d'une envie pressante, je me suis renseignée auprès de Mena, qui m'a demandé avec curiosité pourquoi j'en avais besoin. Lorsque je le lui ai révélé, elle m'a expliqué : « Chez les musulmans, on n'utilise pas ça, on se lave. Il y a un *lota* dans les toilettes. » Voyant ma mine ahurie, elle m'a appris qu'il s'agissait d'un pot en plastique muni d'un bec : « Tu le remplis d'eau et tu le prends avec toi. » J'ai suivi ses instructions mais, ne sachant pas me laver à l'aide de la cruche, je me suis retrouvée à arracher des bandes de papier d'un journal abandonné sur le rebord de la fenêtre. Ce n'est que plusieurs semaines plus tard que j'ai appris à me servir du *lota*, lorsque, en me rendant aux cabinets, j'ai surpris mère en train de se nettoyer le postérieur, la porte grande ouverte.

De retour du jardin, je me suis lancée dans une inspection plus approfondie de ma nouvelle maison. Comme mère refusait, pour une raison que j'ignorais encore, d'ouvrir les rideaux, les pièces étaient plongées dans la pénombre. Il m'a fallu beaucoup de temps pour m'habituer à me déplacer à la lueur blafarde d'une ampoule pendue au plafond.

J'ai suivi Mena dans le salon où dormait mère. La veille, je n'avais pas remarqué un petit meuble qui, calé contre le mur en face du canapé, supportait une télévision et un magnétoscope. Du même côté, une porte s'ouvrait sur la pièce où Mena et moi avions dîné. Dans la semi-obscurité, je distinguais une peinture d'un brun visqueux sur les murs et un vinyle gris sale au sol. Le manque de propreté ne semblait toutefois pas gêner Salim, qui s'est aussitôt assis par terre pour faire rouler une petite voiture blanc et rouge.

J'ignore comment il pouvait jouer dans le boucan produit par mère et Hanif, qui s'affairaient autour d'une table en bois. Je me suis approchée d'un pas nonchalant pour voir ce qu'elles fabriquaient, avec le vague espoir de les trouver occupées à confectionner des jouets ou des jeux pour nous. Tara était assise par terre à côté d'elles.

Avec des gestes dans notre direction, mère s'est adressée à Mena, qui s'est tournée vers moi : « Assieds-toi à côté de moi. » Tara m'a lancé un regard agacé avant de détourner la tête. Je me suis coincée entre le mur et Mena, qui m'a expliqué : « On doit les aider. » Mes sœurs ont alors fouillé dans deux sacs placés devant elle, sortant des vis de l'un et, de l'autre, des pièces de métal longues comme mes doigts avec des bords en dents de scie à l'allure inquiétante. J'avais déjà vu des vis au foyer, un jour que Tatie Peggy avait posé une prise devant moi. J'avais été fascinée par la façon dont la tige disparaissait dans le trou pour fixer la prise, qu'il était ensuite impossible de détacher du mur. En revanche, je ne connaissais pas les autres pièces.

Mena a saisi deux pièces dentelées : « Regarde comment on fait. » Elle les a emboîtées à la base et a glissé une vis dans l'espace qui demeurait à la jointure afin de les maintenir ensemble. Elle a ensuite posé la pince ainsi formée sur l'« établi », comme j'apprendrais à appeler la table en bois, pour que Hanif y insère un ressort avant de la passer à mère. Après avoir posé l'objet sur une machine, cette dernière a abaissé un long manche, produisant un grincement métallique, puis l'a relevé. Elle a alors saisi la pince pour la ranger dans un sac à sa droite.

Tara m'a lorgnée : « À ton tour, maintenant. »

Elle ne m'a alors plus lâchée des yeux, comme si elle espérait que je fasse un faux pas pour se moquer de moi et le rapporter à mère. En effet...

« Mais non, ce n'est pas comme ça ! a-t-elle grondé. Tu es vraiment un cas désespéré ! Tu ne peux pas faire comme on t'a montré ?

— Je n'ai pas eu le temps de bien voir. Remontre-moi. »

Ses doigts se sont agités autour de nouvelles pièces à un rythme impossible à suivre. Mena m'a donné un petit coup de coude pour m'inviter à me concentrer sur ses gestes plutôt que ceux de Tara, travaillant avec des mouvements plus lents afin que rien ne m'échappe. Malgré le petit sifflement agacé de notre sœur aînée, j'ai réussi à assembler une pince qui n'a pas été repoussée vers moi. Je n'étais pas accoutumée à travailler de mes mains et j'avançais plus lentement que les autres, si bien que je n'avais monté que dix pinces quand mère s'est adressée à Mena, qui m'a traduit : « On finit celles qu'on est en train de faire et on va servir le dîner. »

Habituée à mettre les pieds sous la table au moment des repas, j'étais un peu surprise que cette tâche nous revienne, mais j'ai gardé ma réflexion pour moi. La faim m'ayant torturée tout l'après-midi, je me réjouissais à la perspective de manger.

« Tu dois toujours travailler ? ai-je demandé à Mena lorsque nous nous sommes retrouvées seules dans la cuisine. Et faire à manger ?

— Non, c'est Hanif et Tara qui cuisinent en général. Moi, je dois servir le repas. Je suis contente que tu sois là pour m'aider », a-t-elle souri.

Nous avons continué à bavarder tandis que Mena sortait les assiettes du placard, décryptant à mon intention chacun de ses gestes. Elle a pris une grande casserole de riz, dont elle a partagé le contenu entre les assiettes, versant sur chacune une louche de la mixture relevée que j'avais failli recracher la veille.

« Qu'est-ce qu'on faisait, tout à l'heure ?

— C'est pour des câbles de démarrage. Une voiture démarre grâce à une batterie, mais il arrive que la batterie ne marche pas. Pour que la voiture démarre, on y accroche ces pinces, que l'on branche aussi à la batterie d'une autre voiture. Enfin, je ne l'ai jamais vu faire en vrai. Nous, on n'assemble que les pinces, mais après des câbles sont ajoutés pour qu'elles fonctionnent. »

J'ai demandé à Mena pourquoi nous fabriquions les pinces à la maison. Elle m'a alors expliqué que mère recevait de l'argent pour chaque sac rempli et que nous devions toutes participer. Je n'ai pas pu cacher mon étonnement : « On va devoir faire ça tous les jours, alors ? » Ma sœur m'a rassurée : nous arrêterions dès la rentrée scolaire.

Elle m'a ensuite précisé que nous ne devions en parler à personne, m'expliquant que si les rideaux de la maison restaient fermés, c'était dans le but d'éviter les regards indiscrets. Mère continuait à réclamer des allocations alors qu'elle gagnait de l'argent pour les pinces. Non seulement elle craignait d'être découverte et de devoir rembourser les prestations sociales, mais elle s'inquiétait également pour son statut d'immigrée, redoutant d'être renvoyée au Pakistan.

À compter de ce jour, l'assemblage des pinces est devenu notre travail, à Mena et moi. Nous emboîtions les deux pièces dentelées, passions la vis pour les souder puis tendions la pince à mère, qui se chargeait avec Hanif de poser le ressort à l'aide de la machine et de déposer le produit fini dans un sac. Tous les deux jours, quelqu'un frappait à la porte pour récupérer un lot de pinces crocodiles. Bien qu'elle se joigne à Mena et moi, Tara ne travaillait pas, se bornant à souligner nos erreurs : « Fais comme ci, ne fais pas comme ça. » Nous l'écoutions sans moufter. Nous prenions plaisir à aider mère, il ne nous semblait donc pas étrange de travailler. Je n'y voyais, pour ma part, qu'une curiosité supplémentaire de cette étrange famille. Les pinces qui fonctionnaient mal restaient à la maison, où nous les utilisions pour pendre la lessive dans le jardin.

Une fois les assiettes remplies, et une grosse quantité de nourriture mise de côté pour Manz, j'ai aidé Mena à servir tout le monde avant de revenir avec elle manger dans la cuisine. J'ai de nouveau goûté le curry, si relevé et amer qu'il m'a fallu boire plusieurs verres d'eau pour me débarrasser de la sensation de brûlure dans ma bouche. Une fois de plus, je n'ai rien pu avaler d'autre qu'un *roti* sec pour le dîner.

Notre repas terminé, Mena et moi sommes retournées dans le salon, où nous nous sommes assises devant la télévision, à même le sol crasseux. Moi qui espérais naïvement regarder les programmes que j'aimais suivre au foyer, je me suis retrouvée devant un film entrecoupé de chants et danses dont je ne comprenais pas un traître mot. Lorsque j'ai eu le malheur de demander à Mena de me raconter l'histoire, Tara m'a aussitôt imposé le silence d'un hurlement. Je me suis donc contentée de regarder les images et d'écouter la musique, qui semblait plaire à tout le monde sauf à moi.

Soudain, j'ai été distraite par un raclement de gorge sépulcral. À l'inverse de Mena, qui n'a pas bronché, j'ai aussitôt pivoté sur moi-même pour déterminer l'origine de ce bruit. Mère s'éclaircissait la gorge, tournée vers le mur. Horrifiée, j'ai vu d'épaisses glaires d'une couleur verdâtre tirant sur le gris s'écraser sur la paroi à côté du canapé. Incapable de détourner le regard, j'ai suivi la trajectoire du mollard tandis qu'il s'amassait en une masse visqueuse sur la plinthe, ne comprenant qu'alors que celle-ci devait sa couleur aux précédents efforts de ma mère pour se nettoyer les bronches. Je me suis tournée vers les autres, mais personne ne semblait avoir remarqué ce qui s'était produit. J'allais demander à mère si tout allait bien quand elle a repris sa position devant le film, comme si de rien n'était. J'ai donc gardé le silence, certaine que je venais d'assister à un rituel ordinaire.

À la fin du film, mère s'est levée en s'adressant à Tara. Je n'ai pas compris ce qu'elle a dit, mais ma sœur a soulevé la banquette du canapé, d'où elle a sorti une couette et des oreillers, puis en a abaissé le dossier pour transformer le sofa en un lit sur lequel mère s'est étendue pour la nuit. La télévision avait beau se trouver dans cette pièce, c'était avant tout la chambre de mère et nous devions tous la quitter lorsque cette dernière avait sommeil. Il ne nous restait alors guère d'autre option que d'aller nous coucher à notre tour. Il n'y avait, dans cette maison, ni livre à feuilleter, ni pyjama à enfiler, ni sous-vêtement à changer, puisque nous n'en portions pas.

Le jour suivant s'est déroulé au même rythme. Nous ne sommes pas sorties de la maison, hormis pour jouer dans le jardin, ce qui ne nous a été permis qu'à condition d'emmener Salim avec nous. Nous avons ensuite aidé mère à monter les pinces crocodiles, puis servi le dîner préparé par Hanif et Tara. Tara a continué à me donner des ordres, Hanif à se taire, faute de parler anglais, et mère à m'ignorer. J'ai fini par croiser mon troisième frère, Saber. Je ne savais pas ce qu'il fabriquait, mais il passait toujours en courant d'air. Comme Manz partait au travail avant que nous ne nous levions et n'en rentrait que tard, je n'ai jamais eu l'occasion de lui parler. Durant le peu de temps qu'il passait à la maison, il ne fallait surtout pas le déranger: ne pas troubler son repos, ne pas troubler son repas... Sans Mena et Salim, je me serais sentie plus seule que jamais.

J'ai de nouveau rêvé de Cannock Chase, mais je reconnaissais à peine la lande, plus belle encore que dans mes souvenirs. Endormie dans l'herbe épaisse, à l'abri des arbres, j'ai soudain pris conscience que la déclivité au bord de laquelle j'étais étendue n'était pas une pente douce et herbeuse au bord d'une rivière mais une falaise, dont je menaçais de tomber. Un bras s'est alors tendu pour me secouer : c'était Tatie Peggy, qui me disait qu'il était trop dangereux de rester là. Au moment où j'essayais d'attraper sa main, j'ai senti une secousse et je me suis réveillée dans notre petite chambre de Walsall. À côté de moi, Mena s'agitait dans son sommeil, me martelant le dos de coups de pied.

Un beau jour, alors que je rapportais mon assiette à la cuisine, Tara m'a commandée sèchement : « Fais la vaisselle ! » C'est ainsi que je me suis, à mon tour, retrouvée assignée à cette corvée. Mena m'accordait son aide car je servais avec elle le dîner, un travail qui semblait lui revenir. Même si j'arrivais tout juste à attraper la brosse et le produit sur le bord de l'évier, j'ai très vite su laver et essuyer les assiettes, les couverts et les verres. Les lourdes marmites demeuraient cependant un cauchemar.

Je ne comprenais pas vraiment ce qui se passait autour de moi. Entre autres bizarreries, personne ne parlait de papa. Ne l'ayant encore jamais vu à la maison, je commençais à me poser des questions. Le jour où je l'ai évoqué devant Mena, elle s'est assurée d'un regard que personne ne risquait d'entendre avant de me conseiller de ne pas le mentionner devant le reste de la famille. Je gardais cependant espoir de le voir débarquer, les poches remplies de chocolat, une denrée que mère ne nous donnait jamais et qui me manquait cruellement. Comme j'étais habituée à ne voir mon père que de temps en temps au foyer, je n'étais pas tant troublée par le fait qu'il ne vive pas sous le même toit que par l'absence de visites. J'avais l'impression de ne pas l'avoir vu depuis une éternité. Mena a fini par m'éclairer sur la question : « Papa ne vient pas souvent parce que mère lui crie dessus. » Moi non plus je n'aimais pas les réprimandes et, comprenant sa réaction, j'ai cessé de m'interroger. Enfant, j'admettais des faits qui, adulte, ont fini par m'interloquer. Avec le recul, je me suis souvent demandé pourquoi je n'ai jamais remis en cause l'explication que l'on m'avait donnée. Le fait est que cela ne m'est pas venu à l'esprit.

Incapable de manger la plupart des aliments servis à la maison, je me nourrissais principalement du pain que Manz rapportait de son travail. En quelques semaines, j'ai beaucoup maigri et je me suis affaiblie. Par chance, la rentrée des classes, synonyme d'un vrai repas quotidien, approchait.

La veille du grand jour, j'allais me coucher quand Tara s'est mise à fouiller dans l'armoire de notre chambre : « Il va te falloir d'autres habits pour l'école. Attends, il y en a dont je n'ai plus besoin là-dedans. Tiens, tu pourras mettre ça, ils ne me vont plus. »

Je l'ai remerciée, regrettant secrètement de ne pas posséder de vêtements à moi toute seule, des tenues que je n'aurais à partager avec personne et que je n'hériterais pas d'une autre.

Ce soir-là, la nuit était tombée depuis longtemps lorsque j'ai enfin trouvé le sommeil. J'espérais de tout mon cœur que je me plairais dans ma nouvelle école et que je m'y ferais beaucoup d'amis. Je m'accoutumais lentement à ma nouvelle maison, régie par des règles que je ne comprenais pas et habitée par des gens qui, hormis Mena, ne faisaient preuve d'aucune gentillesse à mon égard. Couchée dans le noir, j'ai prié pour que ma promesse à Tatie Peggy porte ses fruits et que les autres – que ce soit mes nouveaux camarades, mes frères, mes sœurs ou ma mère – finissent par m'apprécier.

5

Au matin, Manz, qui quittait toujours la maison le premier, a tambouriné contre notre porte en passant : « C'est l'heure de se lever ! »

Pressée de commencer ma journée, j'ai bondi hors du lit tandis que Tara, enfouie sous sa couverture, rouspétait contre le bruit et le réveil matinal et que Mena s'asseyait sur le matelas avec des étirements et des bâillements interminables. Rien ne pouvait toutefois assombrir mon humeur. J'allais découvrir mon école, rencontrer d'autres enfants et me faire des amis. La chaude et douce brise qui m'a accueillie quand j'ai ouvert la porte du jardin m'a semblé remplie de promesses. En revenant des toilettes, j'ai traversé la cuisine à pas de loup pour ne pas attirer l'attention de mère, qui me tournait le dos.

Lorsque j'ai regagné la chambre, après avoir croisé Tara dans l'escalier, Mena sortait juste du lit. J'ai enfilé mon « nouveau » *shalwar kameez*, la tenue composée d'une tunique et d'un pantalon aux allures de culotte de pyjama que nous portions tous, pendant qu'elle allait à son tour aux toilettes.

« Quand est-ce qu'on y va ? l'ai-je interrogée à son retour.

— Est-ce que Tara et Saber sont partis ?

— Je ne sais pas. Pourquoi ? On doit attendre qu'ils s'en aillent ?

— Tiens, les voilà, a-t-elle remarqué en pointant du doigt la rue. Là, en train de marcher vers la boutique. »

Je me suis penchée vers la fenêtre. Ma sœur aînée et mon frère cadet remontaient la rue.

« Ça y est, je les vois.

— Maintenant, il ne reste plus qu'à attendre que le bus passe.

— Quoi ? me suis-je exclamée, perdue.

— Tu vois l'arrêt de bus dans la grande rue ? m'a précisé Mena en indiquant le coin où Saber et Tara venaient de disparaître. Et l'homme en costume, tu le vois ? Quand il prend le bus, c'est l'heure de partir à l'école. »

Mais qu'est-ce qui les empêchait d'accrocher des horloges dans cette maison, comme partout ailleurs ?

« Qu'est-ce qu'on fait en attendant ? On va prendre le petit déjeuner ?

— Ne compte pas sur moi pour descendre avant que ce soit l'heure de partir, a rétorqué Mena avec fougue. Si elle nous voit, mère va vouloir qu'on prépare son petit déjeuner et on sera en retard pour l'école. »

Nous sommes donc restées devant la fenêtre jusqu'au passage du bus de l'homme en costume. Ma sœur m'a alors poussée dans l'escalier et hors de la maison à toute vitesse, sans laisser à mère le temps de nous mettre le grappin dessus.

Je n'étais pas habituée à partir en classe sans un au revoir, encore moins à parcourir le chemin jusqu'à l'école sans adulte. Chaque fois que nous traversions une grande voie de circulation, je m'agrippais de toutes mes forces à Mena, qui m'est soudain apparue comme une vraie grande sœur.

La cour de récréation grouillait d'enfants de tous âges et de toutes tailles. Certains étaient accompagnés de leurs parents, d'autres non. Si, *a priori*, rien ne distinguait cette école des autres, une différence a immédiatement retenu mon attention : alors que la plupart des élèves de mon école de Cannock Chase étaient blancs, ceux d'ici avaient presque tous la peau foncée et les cheveux noirs, comme moi.

« Viens, on va jouer avec les autres, ai-je lancé à Mena, tout excitée.

— Non. On doit d'abord trouver ta maîtresse, pour que tu saches où aller aujourd'hui. »

Dans le bâtiment, nous avons longé un interminable couloir jalonné de portes pourvues d'une petite lucarne pour permettre aux grandes personnes de voir à l'intérieur des salles de classe. Celle devant laquelle nous nous sommes arrêtées portait l'inscription « Mme Young », au-dessus d'une peinture d'enfant représentant un groupe d'élèves à la peau brune et aux vêtements aussi colorés que les miens. Après que Mena eut frappé, nous avons entendu une voix de femme qui nous a dit : « Entrez. »

Nous avons poussé la porte, découvrant une dame vêtue avec élégance assise derrière un bureau. Elle a souri en nous voyant : « Bonjour Mena. As-tu passé de bonnes vacances ? » Elle a posé la question d'une voix très aimable, mais Mena ne lui a offert pour toute réponse qu'un hochement de tête, me tirant par le coude pour me placer devant elle. La dame m'a adressé un grand sourire : « Ah, tu dois être la petite sœur de Mena, Sameem. Je suis Madame Young, ta maîtresse. »

La cloche a soudain retenti, suivie de la rumeur de dizaines d'enfants se ruant dans le couloir. Tandis que ma classe se remplissait, Madame Young a attribué à chacun une place. Lorsque mon tour est venu, Mena a agité la main, m'indiquant d'un geste silencieux qu'elle me retrouverait près de la porte à la récréation.

Sortant un grand livre du tiroir de son bureau, l'institutrice nous a expliqué qu'elle allait nous appeler par notre nom l'un après l'autre et que nous devions répondre poliment : « Présent, madame Young » ou « Présente, madame Young ». Aucun de mes camarades, qui se connaissaient presque tous, ne m'a adressé la parole. Quand la maîtresse a prononcé mon nom, tous les regards ont convergé vers moi mais je n'ai vu aucun sourire. Avant de reprendre l'appel, Madame Young s'est voulue rassurante : « Je suis certaine que tu vas te faire des amis très vite. »

Nous avons ensuite commencé la journée par une leçon de lecture : « Tiens, Sameem, tu n'as qu'à commencer, puisque tu es nouvelle. Viens par ici afin que tout le monde te voie pendant que tu lis. »

Je me suis avancée lentement, en veillant à ne pas me prendre les pieds dans mon pantalon ou commettre une quelconque maladresse susceptible de me ridiculiser devant la classe, et me suis immobilisée à côté de la maîtresse, qui s'est assise en me tendant un livre. Je ne me souviens plus duquel il s'agissait, mais j'ai tout de suite su que je ne rencontrerais aucune difficulté à le lire. J'ai déchiffré les premières pages avec aisance, jusqu'à ce que Madame Young m'arrête : « Ça suffit, Sameem. Essayons quelque chose de plus ardu puisque celui-ci ne te pose pas de problème. » Elle a sélectionné un autre livre dans la pile sur son bureau et me l'a tendu. L'exercice s'est en effet révélé plus compliqué car, tout en m'en sortant plutôt bien, j'ai buté sur quelques mots. Mme Young semblait malgré tout satisfaite : « Très bien, tu peux t'arrêter là. Retourne à ta place et prends le livre avec toi. »

J'ai traversé la classe en sens inverse, observant les visages autour de moi sans détecter le moindre regard de sympathie. Tout bien réfléchi, il me faudrait sans doute plus longtemps que prévu pour me faire des amis.

La matinée s'est déroulée au rythme des leçons, jusqu'à ce que sonne la cloche de la récréation.

« Mettez-vous en rang », a ordonné madame Young.

Nous nous sommes alignés deux par deux. Comme j'étais assise dans le fond de la classe, je me suis retrouvée en bout de file. De là où j'étais, je pouvais voir Mena en train de m'attendre à l'extérieur de la classe. Quand je l'ai retrouvée, elle ne m'a pas demandé comment s'était passée ma matinée. En fait, elle n'a pas prononcé un seul mot, se contentant de me précéder dans la cour.

Dehors, les enfants pullulaient autour de la cage à poules, sautaient à la corde et gambadaient avec des cris de joie. Je mourais d'envie de me joindre à leurs jeux mais, alors que je m'apprêtais à m'élancer vers eux, Mena m'a retenue par le bras: « Par là. » Nous sommes donc restées plantées à côté des portes, près des surveillants, pendant toute la récréation. Mena n'avait visiblement ni amis ni envie de courir dans tous les sens. Nous sommes demeurées dans notre coin, à regarder les autres s'amuser.

J'ai adoré la nourriture servie au déjeuner, à l'inverse de tous mes camarades, du moins à les entendre. Je n'avais pas mangé de vrai repas depuis des semaines, j'ai donc dévoré tout ce qui se trouvait devant moi. J'ai même redemandé de la semoule au lait pour le dessert, suscitant un commentaire dégoûté d'un enfant assis à ma table: « Berk, je ne sais pas comment tu peux avaler ça ! »

Comme le matin, personne ne m'a parlé de tout l'après-midi et Mena m'attendait dans le couloir à la sonnerie. Mme Young m'a regardée partir en souriant: « À demain, Sameem. »

Mena n'a presque pas ouvert la bouche de tout le chemin du retour. J'avais toujours aimé l'école à Cannock Chase, mais il m'a paru évident que ma sœur n'y prenait pas autant de plaisir, je n'ai donc pas pris la peine de lui raconter ma journée.

« Demain, Salim entre à la maternelle, m'a-t-elle annoncé. Il partira avec nous.

— D'accord. »

Ce furent les seuls mots échangés jusqu'à la maison. Lorsque nous sommes arrivées, j'ai été surprise de ne pas trouver mère sur le pas de la porte, prête à nous bombarder de questions sur la rentrée, mais étendue sur le canapé.

« Vous voilà enfin, vous ! a-t-elle râlé. Apportez-moi du thé. »

Les plats du petit déjeuner et du déjeuner attendaient d'être lavés, empilés dans l'évier. Curieusement, la perspective des tâches ménagères a semblé égayer un peu Mena. Nous avons donc toutes les deux retroussé nos manches pour mettre de l'ordre dans la cuisine.

Pour le dîner, Hanif a cuisiné du riz et du *dahl*, une mixture qui, si elle avait l'aspect de la soupe, n'en avait pas du tout le goût. C'était peut-être même pis que le curry, si bien que mon repas s'est composé d'une assiette de riz blanc. Lorsque je me suis couchée, ce soir-là, j'avais encore faim.

Le lendemain matin, Salim est parti avec nous à l'école. En voyant le beau pantalon et le tee-shirt que mère lui avait spécialement achetés pour l'occasion, je l'ai envié avec un pincement au cœur. J'aurais tant aimé avoir des vêtements neufs pour la rentrée. Salim, surexcité, jacassait tant qu'il ne m'a pas laissé ressasser ces idées sombres.

Je m'en suis encore bien sortie en classe et j'aurais vécu une journée idéale si Mena avait accepté de quitter son mur pour se joindre aux enfants qu'elle regardait jouer pendant la récréation.

« Mena, et Salim ? » me suis-je écriée alors que nous quittions l'école.

Nous avions oublié notre petit frère ! Dans un éclat de rire, nous avons couru à toutes jambes jusqu'à la maternelle, où il nous attendait avec sa maîtresse, enchanté de sa rentrée.

Au bout de quelques jours, j'ai découvert que je n'étais pas condamnée à passer les récréations dans un coin de la cour avec Mena. Les enfants qui ne souhaitaient pas jouer dehors étaient autorisés à lire à la bibliothèque, un lieu qui est très vite devenu mon refuge. Je ne m'y suis pas fait plus d'amis, mais cela m'importait peu, tant que j'avais un livre entre les mains. La première fois que je m'y suis rendue, Mena est venue m'y trouver pour me proposer de venir jouer avec elle. J'ai refusé : « Non, je vais rester ici. J'aime bien ce livre. »

Je n'ai pas mis longtemps à comprendre les raisons pour lesquelles Mena n'avait pas d'amis et pourquoi je n'attirais pas la sympathie de mes camarades. Nos vêtements de récupération nous valaient les railleries de tous. En outre, j'étais restée la petite fille qui courait seule en toute liberté sur la lande et n'étais d'aucune utilité dans les jeux où primait l'esprit d'équipe. Pis encore, mon bégaiement, qui avait toujours fait de moi la cible des moqueries, était revenu.

Mon trouble était réapparu sans crier gare, un soir de semaine. J'avais fait toute la vaisselle de la journée à mon retour de l'école et nous nous apprêtions à dîner. Mère se trouvait à sa place habituelle, sur le canapé, auquel Mena et moi étions adossées, les fesses par terre. Hanif avait rempli nos assiettes dans la cuisine et Mena s'était chargée de les apporter au salon. D'habitude, je me débrouillais toujours pour ne manger que le *roti* et laisser le curry à Mena, mais, cette fois, Hanif avait versé le ragoût épicé sur la galette. Même en y mettant la meilleure volonté du monde, je ne pouvais rien avaler. La moindre petite bouchée m'arrachait des larmes et me mettait le feu à la bouche.

J'ai posé mon assiette par terre: « Mena, je ne peux pas avaler ça, il va falloir que tu le manges à ma place. » Après m'avoir jeté un regard, Tara s'est adressée à mère. Soudain, un terrible coup s'est écrasé dans mon dos. J'ai basculé en avant avec un hurlement aussi surpris que terrifié.

Lorsque je me suis retournée, ma mère me fusillait du regard, vociférant des mots inintelligibles. Ma mère, ma propre mère, venait de me frapper. Incapable de comprendre ce qui m'avait valu ce traitement, j'ai éclaté en pleurs, cherchant une explication autour de moi. Mais Hanif me scrutait avec des yeux sévères, Tara affichait un petit sourire narquois et Mena gardait les yeux rivés sur son assiette.

« Mena... Qu'est-ce que... ? ai-je articulé d'une voix rauque.

— Mange, c'est tout. Ne gaspille pas la nourriture », m'a-t-elle répondu en évitant mon regard.

J'ai pivoté. Derrière moi, mère avait recommencé à manger, comme si de rien n'était. J'ai voulu implorer son indulgence, lui expliquer que je ne pouvais pas avaler un plat aussi relevé, mais au moment de parler, rien d'autre n'est sorti qu'un balbutiement : « M… m… m… m… m… »

Elle m'a considérée, surprise, sous les éclats de rire de Tara. Ni l'une ni l'autre ne savait que je bégayais, pour la bonne raison que j'avais appris à gérer le débit de mes paroles et mon souffle. C'était sans compter avec le choc provoqué par ce coup, qui a réveillé mon trouble.

Dès qu'elles ont quitté la pièce, j'ai donné mon assiette à finir à Mena. Cependant, le mal était fait : en leur présence, je me suis mise à buter sur les mots, ainsi que, bien sûr, à l'école, aux moments les plus inopportuns. Rien de ce que j'avais appris au foyer pour contrôler mon bégaiement ne fonctionnait plus. Il n'y avait qu'avec Mena que les mots coulaient. Le reste du temps, parler se révélait une véritable torture.

Un jour, mère a décidé de guérir mon bégaiement en sectionnant le filet de peau qui, sous ma langue, la tirait, selon elle, dans le mauvais sens. Avec des cris furieux, elle a demandé à Hanif de l'aider à m'étendre sur le sol de la cuisine, où elle m'a ordonné d'ouvrir la bouche. Désemparée, j'ai obéi, jusqu'à ce que je voie, épouvantée, une lame comme celles des vieux rasoirs briller dans sa main.

« Mère, mais… »

J'ai tenté de me relever, aussitôt ramenée au sol par l'intervention de Hanif.

« Maintenant, ne bouge plus, Sameem », a dit mère, donnant à Tara le soin de traduire.

Au-dessus de moi, Hanif me maintenait les bras avec ses genoux et m'écartait les mâchoires avec ses mains. Mère s'est alors penchée sur moi. À la vue de la lame qui se rapprochait, j'ai voulu serrer les lèvres et fermer les paupières, mais j'étais paralysée. J'ai eu beau tenter de ramper en arrière, les doigts crasseux de mère se sont enfoncés dans ma bouche. J'essayais de me retenir de vomir lorsque j'ai senti un douloureux déchirement sous la langue. D'un petit coup de rasoir d'arrière en avant, elle venait de trancher le filet de peau qui reliait ma langue à ma cavité buccale. J'aurais voulu hurler et m'arracher à ses mains. Pourquoi m'infligeait-elle une telle souffrance ?

« Ne bouge pas, petite, a-t-elle répété pendant toute l'opération. Lorsque ce sera coupé, le bégaiement disparaîtra et tu pourras parler correctement. Mais si tu gigotes, je risque de te couper la langue avec. »

Je me suis efforcée de ne pas remuer mais, après le coup de rasoir, la douleur et le goût répugnant du sang dans ma bouche m'ont convulsé les jambes. Après m'avoir pincée pour me calmer, mère s'est enfin écartée, satisfaite de m'avoir rendu ce service.

« Voilà, c'est fini. »

Dès que Hanif m'a lâché la tête, je me suis tournée pour cracher le sang dans un bol.

« Maintenant, tu vas pouvoir bouger la langue comme il faut et tu ne bégaieras plus », a déclaré mère, visiblement contente de son travail.

Je suis restée sur le sol de la cuisine, secouée de sanglots, moins bouleversée par les élancements de douleur que par l'indifférence de ma mère et son manque de considération, comme si elle ne voyait en moi qu'un objet à commander, ridiculiser et blesser. Qu'étais-je donc pour elle ? Pas sa fille, apparemment. Mais comme je désirais plus que tout au monde qu'elle m'aime, je me sentais prête à tout pour gagner son amour. Y compris à me coucher par terre et la laisser me mutiler.

Bien entendu, mon bégaiement ne s'est pas atténué. À ce jour, le frein de ma langue n'a pas repoussé et je porte encore la cicatrice que ma mère y a laissée.

Mon père étant la seule figure adulte que j'associais à la sécurité, je cherchais du réconfort auprès de lui lors de ses rares visites. Lorsqu'il venait, il nous emmenait souvent au parc, Mena et moi, mais à force d'endurer les hurlements de mère pour un oui ou pour un non dès que nous repassions le seuil de la maison, il a coupé court aux sorties. Au début, je ne comprenais pas la cause de ces cris, mais dès que j'ai commencé à maîtriser un peu la langue, tout s'est éclairé : mère réclamait de l'argent à papa et, lorsqu'il lui répondait qu'il n'en avait pas, elle lui ordonnait de ficher le camp, ce qu'il faisait sans un mot.

Une question me hantait au sujet de papa, en particulier les nuits qui succédaient à de très mauvaises journées : pourquoi ne m'emmenait-il pas vivre avec lui ? Il devait bien se douter que mère criait autant contre moi que contre lui, alors pourquoi me laissait-il dans cette maison ?

Ses visites n'étaient pas accueillies avec le même enthousiasme par tout le monde. Pour commencer, papa fumait, ce que mère ne supportait pas en raison de son asthme. D'ailleurs, cela semblait gêner toute la maisonnée sauf moi. En outre, il se distinguait de tout le reste de la famille. D'un grand calme, il ne semblait s'inquiéter de rien, à l'inverse de mère, qui avait toujours l'air de ruminer ses problèmes. Jamais les commissures des lèvres de mère ne frémissaient, alors que papa, même s'il ne me disait rien, me réservait toujours un sourire chaleureux, destiné à moi seule.

Il m'a fallu, petit à petit, me familiariser avec la langue dont mère et Tara se servaient. Mena m'a aidée dans mon apprentissage en m'enseignant quelques mots. Pendant que nous exécutions nos corvées dans la cuisine, elle soulevait une casserole, une assiette ou une cuillère et me demandait : « Qu'est-ce que c'est ? » Je devais alors nommer l'objet en question en panjabi.

Ce sont toutefois les films qui m'ont le mieux permis de l'apprendre. Nous ne regardions jamais vraiment la télévision et la plupart de nos soirées se déroulaient au rythme de cassettes que Tara insérait dans le magnétoscope, des vidéos intitulées *Chansons de films indiens* ou autre. Couchée à même le sol, le menton planté dans le creux de mes mains, je regardais avec envie ces joyeuses familles qui passaient leur temps ensemble, à rire, chanter et danser, si ridicules que ces deux dernières activités me parussent. Comme chez moi, la fille que le fils prenait pour épouse intégrait sa belle-famille, mais les similarités s'arrêtaient là. Hanif ne s'occupait pas de sa belle-mère comme le faisaient les brus des films. C'était mon travail à moi de cuisiner, de faire le ménage et d'aider à la lessive. Pourquoi Hanif aurait-elle dû se charger de telles besognes quand elle possédait une esclave pour les effectuer à sa place ?

Dès que mère n'était pas là, je me glissais en cachette dans la pièce où se trouvait le magnétoscope pour me repasser les cassettes en boucle. J'essayais ensuite d'employer les termes utilisés par les personnages, jusqu'à comprendre ce qui se disait autour de moi et être en mesure d'y répondre. Je n'ai toutefois jamais trouvé dans les vidéos les mots monstrueux avec lesquels mère s'adressait à moi, les films étant bien trop convenables pour contenir de tels jurons.

Hanif était la seule personne de la maison à ne pas parler l'anglais. Mère utilisait cette langue quand elle n'avait pas le choix, mais Hanif, elle, refusait de l'apprendre. Si elle voulait mon aide, elle le disait à Mena, qui me traduisait. Lorsque j'ai commencé à comprendre le panjabi, il arrivait qu'elle me dise des paroles gentilles lorsque j'avais été battue par mère, même si celles-ci se résumaient souvent à : « Essaie de ne pas tant l'agacer, Sameem, tu sais combien elle déteste ça. » Comme si les petites contrariétés de ma mère comptaient plus que les entailles et les ecchymoses sur ma peau.

Ce n'est que bien plus tard que j'ai découvert la raison pour laquelle Hanif faisait preuve de tant de gentillesse à mon égard : elle espérait me voir épouser un de ses cousins afin de le faire venir en Angleterre. Une telle union m'aurait condamnée à vivre avec elle et travailler pour elle à jamais. Mère a décidé de s'opposer à ces plans à la suite d'un litige autour de terres au Pakistan, qui l'a d'ailleurs amenée à bouder sa bru pendant un certain temps.

Hanif était la personne chargée de la préparation de la majorité des repas à mon arrivée, un an avant ma première leçon de cuisine. Je ne demandais qu'à aider, bien sûr, d'autant que je nourrissais l'espoir de pouvoir, en cuisinant, me remplir l'estomac et m'accoutumer au curry, que je n'aimais toujours pas. Jamais il ne m'est venu à l'esprit que ni Tara ni Mena n'étaient encouragées à apprendre autant que moi auprès de notre belle-sœur.

Aux fourneaux, Hanif faisait preuve d'une patience extraordinaire, peut-être parce qu'elle n'avait pas mère sur le dos. Entre les murs de la cuisine, je pouvais l'interroger sans risque de me faire houspiller pour avoir trop parlé, dit quelque chose qu'il ne fallait pas ou posé une question idiote.

Je l'avais déjà vue peler des oignons, elle m'en a donc donné un, un jour, pour que je m'essaye à l'exercice. J'ai commencé par décortiquer la peau. Elle s'est alors approchée avec un soupir pour m'aider : « Pose-le et tranche-le. Tiens, prends un couteau. »

Je voyais souvent Hanif hacher des aliments, faire glisser la lame dans la chair des légumes sur la planche à découper, mais jamais je n'aurais imaginé la tâche aussi ardue. Lorsque j'ai appuyé la lame sur l'oignon, elle a refusé de s'y enfoncer. Ma belle-sœur, qui suivait mes efforts, m'a pris la main pour la placer sur le bord du bulbe :

« Essaye de le trancher petit à petit. Ensuite, tourne-le sur la partie que tu viens de couper et continue. »

J'ai essuyé les larmes qui m'embuaient les yeux et me suis remise au travail, un peu plus à l'aise à chaque coup de couteau.

« Maintenant, coupe les gros morceaux en petits bouts et mets-les dans la casserole. »

Une fois l'oignon haché, j'ai levé les yeux vers Hanif, qui me souriait :

« Tu vois, tu sais émincer un oignon. C'est bien. »

Je voulais couper un autre oignon, mijoter un curry, voir un autre sourire sur les lèvres de ma belle-sœur, la sentir contente de moi. Je prenais plaisir à apprendre à cuisiner car je recevais de l'attention et des compliments. Hanif m'a appris à confectionner les *roti* et les cuire à même la flamme, ce qui m'a valu une brûlure aux doigts. Elle m'a également familiarisée avec la friture des oignons et le dosage du piment en poudre et des épices.

Après une semaine ou deux de leçons de cuisine, j'en savais assez pour me charger seule de la préparation du curry. Six mois plus tard, je concoctais tous les repas servis à la maison. J'éprouvais un bonheur mêlé de fierté à préparer à manger pour ma famille, j'acceptais donc de bon gré de cuisiner pour tout le monde au retour de l'école. Il faut croire que je ne remarquais même pas l'absence totale de remerciements. Au fil des semaines et des mois, Hanif m'a enseigné la préparation des plats épicés que tout le reste de la famille mangeait. J'ai également appris à servir les autres en premier et à toujours laisser une généreuse ration pour Manz, si bien que, contrairement à mes espérances, je n'ai jamais mangé à ma faim.

Mena m'aidait lorsque j'avais un trou de mémoire. Dès que j'oubliais combien de cuillères de piment mettre dans un curry de légumes ou quelle quantité d'eau ajouter au riz, je l'appelais à la rescousse. Même si elle ne cuisinait jamais, elle connaissait toujours la réponse à mes questions. Je ne sais pas comment je m'en serais sortie sans elle, car nous faisions presque tout ensemble : quand je cuisinais, elle me tenait compagnie ; quand je lavais la vaisselle, elle la rangeait dans le placard ; quand je balayais par terre, elle me présentait la pelle pour que j'y glisse la poussière ; quand j'étendais les vêtements, elle maintenait le fil à linge.

Pendant que nous faisions la vaisselle ou la cuisine, nous jouions souvent à des jeux de lettres, notamment un qui consistait à inciter son partenaire à utiliser un mot interdit, « oui » par exemple.

« Il faut répondre vite, me rappelait Mena.

— Entendu.

— Tu cuisines quoi ?

— Des légumes.
— Tu aimes les légumes ?
— Non.
— Et moi, tu m'aimes ? »
Je hochai la tête.
« Non ! s'exclamait-elle, ravie. Tu n'as pas le droit de répondre par des gestes, tu as dit "oui" !
— Non, je ne l'ai pas dit. »
Si amusants que je trouve ces passe-temps, je regrettais de ne pas posséder de crayons de couleur, de livres de coloriage ou de puzzles.
Un jour, en rentrant de l'école, Mena a voulu m'apprendre à siffler, mais j'ai eu beau essayer et réessayer, rien n'y faisait. Lorsque je soufflais en pinçant les lèvres, aucun son ne sortait de ma bouche.
Je me suis exercée pendant notre marche de vingt minutes jusqu'à la maison, en cuisinant le dîner, puis sous ma couverture, le soir. Le lendemain matin, sur le chemin de l'école, j'ai renouvelé l'expérience, expirant tout doucement. Alors que je commençais à manquer de souffle, un faible sifflement s'est fait entendre.
« Tu y es arrivée ! » s'est écriée Mena avec enthousiasme.
J'ai retenté ma chance, sans succès.
« Je ne peux pas siffler si je souris. »
Je me suis concentrée pour garder un visage calme et sérieux, puis j'ai exhalé. Cette fois, une longue note aiguë s'est échappée de ma bouche. J'étais si heureuse que j'ai sautillé jusqu'à l'école en chantant : « Je sais siffler, je sais siffler ! » Ce jour-là, je n'ai pas perdu une seule occasion de siffler.

Au retour de l'école, je lavais donc la vaisselle en sifflotant quand, alertée par un bruit dans mon dos, j'ai découvert Hanif qui me fixait, plantée au milieu de la cuisine. Mena s'était absentée pour aller aux toilettes.

« Où as-tu appris ça ? m'a demandé ma belle-sœur.

— Nulle part.

— À l'école ?

— Non, j'ai juste appris.

— Ce sont les hommes qui sifflent les filles. Si je t'entends encore siffler, j'en toucherai un mot à ton frère, c'est compris ? »

J'ai hoché la tête en la regardant quitter la pièce. Quand Mena est revenue, je lui ai répété la menace de Hanif. Ma sœur a souri : « Elle est jalouse parce qu'elle ne sait pas siffler. »

À partir de ce jour, je n'ai plus jamais sifflé à la maison ou à portée d'oreille de Hanif et Manz. Cependant, dès que nous nous éloignions, je m'en donnais à cœur joie.

De toutes mes besognes, le ménage était celle que j'exécrais le plus. La maison était toujours poussiéreuse et je ne disposais pas d'aspirateur pour me faciliter la tâche. Je devais donc passer partout le balai-brosse, puis le balai à franges pour éviter que les moutons ne volent. Il n'y avait cependant pire corvée que de nettoyer la paroi qui flanquait la place de mère sur le canapé. Comme si cela ne suffisait pas de la voir cracher ses glaires sur le mur, il fallait maintenant que ce soit moi qui frotte avec un torchon les traînées gluantes qu'elles y laissaient et m'évertue à détacher du sol l'épaisse matière visqueuse qui s'y agglutinait. Je finissais toujours par m'en coller aux doigts et je devais alors me retenir à tout prix de vomir, car exprimer ainsi mon dégoût devant mère, alors que j'étais supposée l'aider, m'aurait à coup sûr valu une claque sur la tête. Cela n'en restait pas moins écœurant. Elle mettait ses crachats sur le compte de son asthme, une excuse crédible étant donné la quantité de poussière dans la maison, mais je ne la croyais pas vraiment. Pourquoi se libérer sur le mur ? Pourquoi pas dans un seau ou un récipient facile à nettoyer ? Si le petit Salim recevait l'ordre de se tenir à distance de ces sécrétions répugnantes, j'avais, pour ma part, l'obligation de les nettoyer. Quant à Mena, elle ne pouvait – ou ne voulait – pas s'en approcher, alléguant que leur seule vue la rendait malade.

S'il n'y avait eu que cela, mais bien pis m'attendait quand une envie pressante prenait mère. Sous prétexte que son état ne lui permettait pas d'atteindre les toilettes à temps, il fallait encore qu'elle fasse ses petites affaires dans le salon. À cet effet, elle gardait, sous le canapé, un pot qu'elle n'hésitait pas à sortir devant nous. Lorsque je dis « nous », je parle des filles et du petit Salim, car jamais elle n'aurait agi ainsi en présence de Saber et Manz. Soudain, alors que nous regardions tranquillement la télévision, elle empoignait son pot et s'y accroupissait, une couverture tirée sur son entrejambe. Étendus sur le sol, nous faisions la sourde oreille jusqu'à ce qu'elle m'appelle : « Sameem ! Sameem ! » Il m'incombait alors d'aller vider le récipient plein dans la cuvette des toilettes. Comme Mena menaçait de vomir si mère avait le malheur de lui assigner cette tâche, elle me revenait toujours, n'en déplaise à mon estomac.

Au fil du temps, Tara s'est affirmée dans son rôle de tyran, faisant de moi son esclave : je lui apportais à boire, je lui servais son dîner, je faisais son lit, je décrochais ses vêtements du fil à linge, je rapportais son assiette sale à la cuisine. De son côté, elle ne levait pas le petit doigt. Je me demandais comment elle s'en sortait avant mon arrivée. Pour couronner le tout, elle prenait un malin plaisir à faire de moi la risée générale. Comme elle m'attaquait en panjabi, je ne comprenais rien d'autre que mon nom, mais je pouvais deviner la teneur de ses propos à la façon dont les adultes éclataient de rire en me dévisageant.

J'ai fini par la considérer comme une princesse pourrie gâtée. Une fois, j'ai pris une infime revanche en déposant ses vêtements sur sa chaise, comme elle me l'avait ordonné, sans prendre le soin d'en retirer son livre de classe. Incapable de mettre la main dessus, elle s'est fait une belle frayeur.

Un jour, elle m'a appelée : « Sam, va acheter du lait. » Mena ayant décidé de m'accompagner, nous descendions toutes les deux la rue quand Carl et Luke, les deux garçons qui lui avaient déjà extorqué l'argent des courses, nous ont accostées. Ils se sont tant approchés que j'ai été forcée de reculer vers le mur. Mena s'est glissée derrière moi.

« Qu'est-ce que vous faites là ? a grogné Carl.

— Vous avez de l'argent ? » a ajouté Luke.

Ils se tenaient si près que je sentais leur souffle sur mon visage. Dans mon dos, Mena tremblait comme une feuille, ce qui ne me rassurait guère.

« Laissez-nous tranquilles !

— Donnez-nous d'abord votre argent, a répondu Carl avec un ricanement.

— Pourquoi ? ai-je demandé en essayant de dissimuler ma peur.

— Parce que, sinon, on va vous tabasser, a-t-il répliqué, provoquant un sourire narquois chez son complice.

— Donne-lui l'argent, Sam », m'a implorée Mena.

Ce garçon n'avait rien de plus menaçant que celui qui occupait la chambre voisine de la mienne au foyer, et je ne comptais pas céder à ses menaces. J'en avais assez d'être persécutée par tout le monde.

« Non ! » ai-je rétorqué.

Sa main s'est levée pour s'abattre sur moi. Profitant de ce mouvement qui l'obligeait à tourner légèrement la tête, je lui ai empoigné les cheveux au-dessus de l'oreille puis ai tiré de toutes mes forces. J'avais déjà essayé cette tactique, qui n'avait pas perdu son efficacité. Carl s'est mis à hurler.

« Ouille ! Ouille ! »

Je ne voyais pas ce qui autorisait ces deux petites brutes à croire qu'elles pouvaient me maltraiter comme les membres de ma famille. J'ai tiré un peu plus fort, lui arrachant des cris plus stridents. Luke a reculé, le visage tordu par la peur, tandis que Mena se penchait par-dessus mon épaule avec un enthousiasme non contenu.

« Vas-y, tire plus fort ! Encore plus fort ! m'a-t-elle encouragée.

— Non, pitié, non ! a supplié Carl, les joues ruisselantes de larmes.

— À partir de maintenant, tu vas nous laisser tranquilles, Mena et moi, d'accord ? ai-je grondé en me rapprochant de lui, la main toujours serrée sur ses cheveux. C'est compris ?

— Oui, oui, on vous laissera tranquilles, mais lâche-moi. »

En guise de mise en garde, je lui ai tiré une dernière fois les cheveux d'un coup sec, auquel il a répondu par de nouveaux sanglots, puis je l'ai repoussé. Il a déguerpi à toute vitesse, le poing serré sur son oreille, avec Luke sur ses talons. À côté de moi, Mena bondissait d'excitation.

« Tu aurais dû tirer plus fort !

— Non, ça suffisait comme ça. Viens, on va chercher le lait. »

J'avais l'impression d'avoir accompli un exploit en rendant la monnaie de la pièce à cette brute. En outre, je m'étais prouvé que je savais encore me défendre.

À compter de ce jour, Carl et Luke ne nous ont plus jamais cherché d'ennuis. Si d'aventure ils nous croisaient dans la rue, ils nous adressaient même un sourire.

Peu après la rentrée, Tara a déménagé au rez-de-chaussée, transformant en chambre individuelle le renfoncement sous l'escalier, où il y avait tout juste assez d'espace pour un lit simple. Héritant de son matelas, j'ai de nouveau goûté au bonheur absolu de dormir seule. Sans Tara pour nous rabrouer, Mena et moi pouvions papoter à notre guise. Aussi notre chambre devint-elle, une fois mes corvées quotidiennes terminées, un petit refuge à l'écart du monde. Seulement par temps clément, cependant, car nous n'avions pas le chauffage à l'étage. Comme mère ne montait jamais, nous ne courions, la plupart du temps, aucun danger. Il arrivait toutefois que Tara regagne la chambre lorsque Salim se soulageait sur son lit. Après avoir crié sur notre petit frère, qui avait interdiction formelle de jouer sur son matelas, elle grimpait l'escalier et me chassait de son ancien lit, me contraignant à retrouver la couche de Mena.

La lecture représentait tout pour moi. Comme je restais dans mon coin, je ne me suis fait aucun ami à l'école. Au lieu de jouer, je me terrais dans la bibliothèque pour lire les histoires palpitantes d'enfants qui unissaient leurs forces pour prouver que les adultes avaient tort. Le Club des Cinq, Nancy Drew, les frères Hardy et le Clan des Sept étaient mes personnages favoris. Il n'y a pas une de leurs aventures proposées sur les rayonnages de la bibliothèque que je n'aie lue. Lorsque je découvrais la solution de l'énigme avant la fin du roman, je me murmurais : *Je le savais !* Ces livres me permettaient de m'évader du monde terrible dans lequel je vivais. Un monde où je ne trouvais ma place nulle part, ni à la maison ni à l'école. Un monde où personne ne faisait d'effort pour m'accueillir, où personne ne m'aidait à m'intégrer. Pour tenir, j'ai appris à ne rien attendre de la vie, mais j'ignore comment j'aurais survécu à ma nouvelle existence sans les livres.

6

Lorsque nous avons repris l'école, Mena m'a annoncé que nous allions commencer à fréquenter la mosquée locale pour étudier un livre religieux. Apparentant ces leçons au catéchisme, j'attendais avec impatience leur début, sans me douter qu'elles ressembleraient davantage à mon quotidien à la maison qu'à mes dimanches au foyer pour enfants.

Le jour venu, nous sommes directement montées dans notre chambre après l'école pour y prendre nos voiles, pendus au portemanteau derrière la porte. Mena m'a montré comment serrer le mien autour de mon visage pour qu'il tienne bien, puis nous sommes parties, avec ordre exprès de mère de rentrer sans traîner après le cours.

La mosquée se trouvait à plus ou moins la même distance de chez nous que l'école, mais dans la direction opposée. Tandis que nous cheminions, mon regard s'est arrêté sur de vastes prés ondulant au gré de petites collines.

« Ce sont les collines des singes, m'a dit Mena.

— Pourquoi les appelles-tu comme ça ?

— Je ne sais pas, c'est comme ça que les appelle Saber, a-t-elle répondu en se renfrognant. Il devrait venir à la mosquée avec nous mais à la place il va jouer dans les collines avec ses copains. »

J'ai passé le restant du trajet à jeter des coups d'œil par-dessus mon épaule, dans le vain espoir d'apercevoir mon frère.

La mosquée était en réalité une grande maison où une trentaine d'enfants venait apprendre le Coran. Les filles, qui se ressemblaient toutes sous leur foulard blanc, étaient reçues dans une vaste pièce donnant sur la rue, à l'écart des garçons. Assises sur le sol froid, nous avons attendu le professeur – le *molvi* –, certaines profitant de ce laps de temps pour rajuster leur voile, replaçant le moindre petit cheveu sous le tissu avec une application qui me dépassait.

À peine arrivé, le *molvi* a arpenté les rangs silencieux, marquant une pause au moment où il passait derrière moi. Soudain, un coup brutal s'est écrasé sur mon épaule, m'arrachant un cri de douleur surpris. J'ai levé la tête vers le professeur, qui, sans un mot, a pointé le doigt sur mes cheveux. Se penchant vers moi, Mena s'est empressée de ranger sous mon foulard les quelques mèches qui s'en étaient échappées. Incapable de comprendre pourquoi le *molvi* m'avait frappée plutôt que de me demander tout simplement de me recoiffer, je me suis mise à pleurer, autant de rage contre cette injustice que de douleur. Tout autour de moi, les fillettes se sont plongées dans leur Coran pour éviter de croiser mon regard.

Quand, à la fin du cours, j'ai demandé à Mena s'il nous faudrait retourner souvent dans cet endroit épouvantable, elle m'a informée que nous irions désormais tous les jours, après la classe, pour apprendre l'islam à travers la lecture du Coran, comme le faisaient la plupart des musulmans. Notre apprentissage a débuté par la *Qaida*, un livret de trente pages qui s'ouvrait sur l'alphabet arabe. Chaque jour, nous apprenions une des six lignes de lettres d'une page. À la fin de l'alphabet, le *molvi* nous a enseigné la prononciation de chaque lettre couronnée ou soulignée d'un point ou d'un symbole, puis de plusieurs lettres jointes, avec des mots de quatre signes d'abord, puis de six, et ainsi de suite.

Pendant tout l'apprentissage de la *Qaida*, notre professeur ne cessait de nous répéter : « Dépêchez-vous ! Bientôt, vous pourrez lire le Coran. » Toutes les petites filles qui découvraient tout juste l'alphabet souriaient jusqu'aux oreilles en entendant ces mots qui, dans sa bouche, prenaient une dimension magique et mystérieuse. Comme toutes les autres, j'avais hâte de commencer à lire le livre sacré, même si, en réalité, nous apprenions simplement à déchiffrer les mots, sans comprendre leur signification. Nous récitions en boucle la leçon du jour pour la retenir et si nous avions le malheur de ne pas nous en souvenir le lendemain, nous nous faisions chapitrer, voire battre.

Lorsque j'ai été capable de lire neuf lettres d'affilée, au bout d'environ un an, le *molvi* a décrété que j'étais prête à passer au Coran. À partir du moment où j'ai pu lire le livre sacré, à neuf ans, j'ai été dispensée des cours à la mosquée, qui étaient simplement supposés nous apprendre à lire l'arabe, pas à l'écrire. Une fois que nous étions capables de déchiffrer le Coran, nous savions tout ce que nous devions savoir sur l'islam.

L'été s'est mué en automne. Chaque fois que nous passions devant les collines des singes, je les contemplais avec envie, rêvant de m'y perdre.

« Je ne vais pas à la mosquée, ai-je annoncé à Mena un beau jour. Je pars retrouver Saber.

— Mais, Sam, qu'est-ce qui te prend ? »

Comme d'habitude, ma sœur s'inquiétait de ce que mère dirait – et ferait – si elle venait à découvrir que nous avions séché notre cours. Ignorant sa remarque, j'ai quitté la route.

« Mère n'en saura rien. C'est juste une fois en passant. »

Après un instant d'hésitation, Mena m'a suivie.

Je me suis gardée de lui révéler mes véritables motivations. Si j'étais bien sûr curieuse d'explorer ce coin de campagne, je voulais surtout découvrir ce que tramait Saber. Mon frère cadet demeurait à mes yeux un mystère, non seulement parce qu'il passait le plus clair de son temps dehors, mais aussi parce qu'il parvenait, lorsqu'il était à la maison, à échapper à tout travail domestique. Il n'était pas méchant avec moi, comme Tara et Manz, mais je ne pouvais pas non plus voir en lui un allié, comme Mena. En bref, il représentait une véritable énigme. En outre, j'espérais tout au fond de moi que Saber deviendrait ce merveilleux grand frère évoqué dans les livres que j'aimais tant et avoir enfin quelqu'un pour prendre soin de moi.

Au sommet de la première colline, nous avons repéré un groupe de garçons en contrebas.

« C'est Saber ? a demandé Mena tandis que j'essayais de distinguer les visages. Je n'arrive pas à voir.

— Il n'y a qu'un moyen de le savoir. Saber ! Saber ! » me suis-je mise à hurler.

L'un des garçons a levé la tête, puis s'est détaché du petit groupe pour avancer dans notre direction. Je me suis engagée sur la pente.

« Ce doit être lui. Viens, on y va. »

Notre frère n'a pas eu l'air très heureux de nous voir.

« Qu'est-ce que vous faites ici ? Pourquoi vous n'êtes pas à la mosquée ?

— On a le droit de venir si on veut. Et toi, pourquoi tu n'es pas à la mosquée, d'abord ? »

Après m'avoir jeté un regard mécontent, il a baissé la tête d'un mouvement vif, nous regardant avec un petit sourire de culpabilité.

« D'accord, tu m'as eu. Je n'aime pas la mosquée. Comme je n'apprends pas les leçons, je reçois toujours des coups.

— Moi aussi, j'en ai reçu, ai-je remarqué, espérant à tort un brin de compassion.

— Mais vous, vous devez y allez, a-t-il continué. Sinon mère finira par l'apprendre et nous aurons tous de gros ennuis. »

J'ai failli lui demander pourquoi il n'y allait pas à notre place, pourquoi Mena et moi nous sacrifierions pour lui, mais je commençais à raisonner comme le reste de ma famille, c'est-à-dire à penser que les hommes pouvaient faire ce qui leur chantait.

« D'accord, mais pas ce soir, tu veux bien ? ai-je négocié. Puisqu'on est déjà ici, on ira demain. Laisse-nous juste rester ce soir, d'accord ?

— Entendu, a-t-il accepté après un moment de réflexion. Venez, on répare un vélo. Mais ne traînez pas dans nos pattes et ne dites pas de bêtises, compris ? »

Nous nous sommes donc assises près des garçons pendant qu'ils bricolaient la chaîne et les vitesses du vélo. Si aucun d'eux ne semblait se soucier de se barbouiller de cambouis, je me demandais comment Saber allait se nettoyer avant de rentrer à la maison.

Bientôt lasse de les regarder s'affairer autour du vélo, j'ai laissé mon regard courir vers la plus proche colline.

« Je me demande ce qu'il y a là-derrière ?

— Je ne sais pas, je n'y suis jamais allée », a répondu Mena, qui avait gardé le silence pendant tout ce temps, comme si elle voulait faire oublier son existence.

En me voyant me lever, Saber s'est redressé.

« Où vas-tu ?

— Grimper cette colline pour voir ce qu'il y a derrière. Mena, tu viens ?

— Oh oui ! » a-t-elle répondu en se mettant debout.

Saber a jeté un regard à ses copains.

« N'allez pas trop loin, nous a-t-il lancé. Vous devez être à la maison dans une demi-heure, autrement mère va avoir des soupçons. »

Comme nous montions la pente, l'enthousiasme de Mena m'a surprise.

« Je ne suis jamais allée aussi loin. Tu crois que ça va jusqu'où, Sam ?

— Je ne sais pas, on verra bien quand on sera en haut. »

Lorsque nous avons atteint le sommet du coteau, haletantes, nous avons contemplé la succession de collines dans le lointain. Sous le soleil de fin de journée, notre poste en altitude nous offrait également une vue imprenable sur les rues alentour.

« Je ne veux plus jamais rentrer à la maison, ai-je remarqué.

— Moi non plus, a soupiré Mena. Mais il le faut bien, et mieux vaut ne pas tarder. Si on n'est pas revenues à l'heure habituelle, ça va barder.

— On n'a qu'à rester juste un tout petit peu. »

Nous nous sommes donc assises dos contre dos dans l'herbe pour savourer pendant quelques minutes la paix et le calme de cette belle soirée. Je me serais presque crue à Cannock Chase. Au-dessus de nous, le ciel infini grouillait d'oiseaux qui traversaient l'air chaud en m'invitant à les rejoindre. J'enviais leur liberté, la facilité avec laquelle ils pouvaient fuir la terre ferme d'un battement d'ailes pour retrouver leur terrain de jeux.

Comme le soleil se couchait et les ombres s'allongeaient autour de nous, Mena s'est levée et a épousseté ses vêtements : « Viens, Sam, il est temps de rentrer. »

Au pied du coteau, l'humeur de Saber s'est assombrie : « Ne revenez plus, compris ? Et ne m'attendez pas, je rentrerai quand il me plaira. » Sur ce, il nous a tourné le dos pour aller retrouver ses amis.

Déroutée par ce changement subit, j'ai quitté les collines des singes sans me sentir plus proche de mon frère cadet. Mais qui sait ? Peut-être rêvait-il, lui aussi, de s'enfuir. Or, notre présence, à Mena et moi, l'avait ramené à la dure réalité.

Je ne me suis plus jamais promenée sur ces collines, même si je n'ai jamais cessé de lever les yeux vers le ciel pour regarder les oiseaux le traverser comme des flèches et les imaginer se poser au sommet du coteau où nous nous étions assises. Outre la lumière du jour et le plein air, j'appréciais l'exercice physique. Cloîtrée en classe ou dans la maison à longueur de temps, je souffrais de fatigue et de léthargie. Cette petite excursion m'avait rappelé mes courses sur la lande avec Amanda.

Ce n'était qu'en dehors de la maison – sur le chemin de l'école, de la mosquée ou de la boutique du coin – que j'arrivais à considérer avec recul la vie derrière nos murs et la perplexité dans laquelle elle me plongeait constamment. Tout m'y paraissait étrange et j'avais beau déployer tous les efforts possibles et imaginables pour accomplir ce qu'on me demandait – ou plutôt ce qu'on exigeait de moi sans me fournir aucune explication –, rien de ce que je faisais ne me convenait. En dépit de mes difficultés à m'intégrer, je persévérais toutefois. J'ai fini par prendre goût à la nourriture, non seulement parce que je n'avais pas le choix, mais aussi parce que je souhaitais plus que tout être aimée, ne plus me sentir indésirable vis-à-vis de mes frères et sœurs. Je recherchais avant tout l'amour de ma mère, dont chaque réprimande, chaque claque me paraissait le seul fait de mes erreurs, de mes provocations involontaires. Malgré tout, mon esprit d'enfant n'arrivait pas à comprendre que tous mes efforts et mon amour ne soient récompensés que par des injures et des coups.

Ma mère rassemblait à elle seule la majorité de mes doutes et de mes interrogations. Rien ne m'avait préparée à son comportement. Tous les adultes que j'avais croisés au cours de ma courte existence – Tatie Peggy, mon père, le pasteur ou le cuisinier, qui nous autorisait à lécher la casserole après nous avoir confectionné des gâteaux –, étaient bons et aimants. Jamais je n'avais été la cible de hurlements de colère, et encore moins de sévices.

Lorsqu'elle n'était pas couchée, mère demeurait assise en tailleur sur le sofa. Il se dégageait d'elle des odeurs de *masala* et ses yeux brillaient d'une douce lueur. Avec ses cheveux soigneusement tirés en une queue-de-cheval ou tressés, elle n'inspirait pas la terreur. Pourtant, dès ma première semaine au sein de ma famille, la maison m'est apparue comme un endroit effrayant. Si mère parlait très peu – que ce soit à moi, à Mena ou aux autres –, elle hurlait beaucoup. Il ne sortait de sa bouche que des cris et des glaires jaunâtres. Jamais je n'ai ressenti l'envie de l'embrasser ou de recevoir un baiser d'elle, qui n'aurait de toute façon jamais égalé les bisous de bonne nuit de Tatie Peggy. Ses mains n'étaient pas aussi douces, non plus. Tatie Peggy prenait toujours mes mains dans les siennes lorsqu'elle me fourrait le thermomètre dans la bouche pour prendre ma température, après quoi elle jouait à « la baleine qui tourne qui vire » pour me redonner le sourire. Elle me donnait aussi la main pour m'amener à l'école lorsque j'étais petite. Tandis que, depuis mon arrivée à la maison, mère ne m'avait jamais une seule fois tendu la main, sauf pour me frapper. Je m'imaginais que si elle me prenait un jour la main elle la serrerait si fort qu'elle la broierait.

La présence de mère provoquait en moi plus de confusion que de crainte. J'aurais voulu comprendre ce que je faisais de mal, ce qui, chez moi, déchaînait sa colère et attirait sa mauvaise humeur. La peur n'en demeurait pas moins, même s'il n'était pas question de la manifester lorsque je rentrais à la maison, après l'école, la trouvant sur le canapé. Terrifiée, je la devinais prête à hurler dès mon apparition dans le salon : « Il était temps ! Qu'est-ce que tu as fabriqué en chemin, fainéante ? Lave par terre ! » Effrayée, redoutant de bégayer, ce qui me valait aussi sec une claque, je hochais la tête en silence et m'exécutais.

Ce pouvait être « Débarrasse la table ! » ou « Prépare-moi du thé ! », mais j'étais sûre de me voir affectée à quelque besogne dès l'instant où je franchissais le seuil de la maison. C'était toujours la même chanson : « Sam, fais ci », « Sam, fais ça ». Il m'a fallu plusieurs mois pour m'habituer à ma nouvelle existence.

J'ignorais pourquoi ma mère ressemblait si peu aux mamans des livres. Mes lectures brossaient toujours le portrait d'une personne tendre, rassurante, chaleureuse et généreuse, qui dorlotait ses enfants. La mère de mes rêves me fredonnait des chansons pour que je m'endorme, la tête au creux de son épaule. J'avais toutefois lu quelques contes de fées dans lesquels de méchantes mères ou belles-mères livraient les enfants à une mort certaine, dans les bois. Je me disais parfois que j'étais tombée dans ce genre d'histoire. Avec un peu de chance, ma mère m'ignorait, mais si j'avais le malheur de l'agacer d'une façon ou d'une autre – les raisons de sa colère demeurant pour moi un mystère – elle m'assénait une claque si violente que j'en gardais la marque.

Comme je découvrais la vie de famille, j'acceptais ce comportement sans savoir s'il entrait dans la norme ou pas. En quelques petites semaines, j'étais devenue une enfant de sept ans très éclairée. J'avais compris que ma propre maison n'était pas un lieu sûr, ni l'endroit joyeux que j'avais imaginé avec beaucoup de naïveté, et que la compagnie de mes frères et sœurs ne ferait pas mon bonheur. Mais, plus que tout, je redoutais ma mère.

Bien plus tard, j'ai appris que déterminer la cause de sa peur, l'appréhender, permet d'évacuer ce sentiment. Mais allez donc dire cela à une enfant de sept ans qui craint à chaque instant de recevoir des coups de sa mère, son frère ou sa sœur. Essayez donc de le lui expliquer.

Le pire a commencé dans la cuisine, un jour comme les autres.

« Sameem, *haramdee*, qu'est-ce que c'est que ça ? Je te l'ai pourtant déjà dit la semaine dernière. »

Alors que je me retournais pour voir ce qu'on me reprochait, j'ai senti quelque chose s'écraser brutalement dans mon dos. Déséquilibrée par la surprise autant que par la force du coup, j'ai basculé en avant sous les éclats de rire de Tara. Du sol, j'ai regardé autour de moi, déboussolée. Je m'attendais à voir mère aussi choquée que moi, mais cette dernière s'est penchée sur moi, pointant un doigt menaçant sur mon visage : « Si tu ne fais pas plus d'efforts, attends-toi à pire. C'est à toi de voir. » Puis elle est retournée à sa nourriture.

Je suis montée dans la chambre avec Mena, qui m'a murmuré à l'oreille : « Tu ferais bien de te méfier. Elle m'a toujours dit que je prendrais une raclée si je n'écoutais pas, mais toi, elle ne s'est même pas fatiguée à te prévenir. Ne cherche pas d'histoires. »

Je l'ai dévisagée avec stupéfaction. Qu'avais-je fait, à l'instant, pour mériter cette violence de mère ? Rien, hormis trimer aux fourneaux pour elle, comme tous les soirs. Non, c'était forcément un malentendu. Mère ne lèverait plus la main sur moi.

Je me trompais. Pas seulement sur ma mère : sur ma sœur et mon frère aînés aussi. Tara et

Manz n'attendaient que de me voir brutalisée. La preuve, la première jubilait presque au moment où je m'étais retrouvée par terre. Pis encore, j'avais senti chez eux une sorte de soulagement.

J'ai mis longtemps à en prendre conscience – à dire vrai, je ne l'ai sans doute vraiment compris qu'il y a quelques années –, mais tout cruels qu'ils se montraient envers moi, mon frère et ma sœur aînés agissaient avant tout par crainte de mère, de ses sautes d'humeur et de ses crises de rage. Le jour où je suis devenue sa cible, ils eurent une bonne raison de se réjouir : ce n'était pas tombé sur eux.

Un soir, au lit, mon dos collé à celui de Mena, j'ai repensé à la fois où une abeille m'avait piquée, au foyer. Tatie Peggy m'avait expliqué que l'abeille n'avait fait que suivre sa nature et agir par réflexe, sans réfléchir aux conséquences, car elle ne connaissait pas d'autre façon de se protéger. J'ai comparé ma famille à une ruche : elle protégeait ce qu'elle avait, réagissant d'instinct contre l'intrus – moi. Ce qu'elle me faisait, ce que je ressentais, ne semblait pas importer. Pourquoi étais-je considérée comme une étrangère et non comme un membre de la colonie ? C'est un mystère que je n'ai jamais résolu.

Les épisodes de violence ne dépendaient pas tant de moi que de mère. Ce que je faisais ou ne faisais pas importait moins que son humeur du jour. Il suffisait parfois qu'un plat ne soit pas servi comme elle l'aimait, ou pas exactement comme elle l'avait aimé la fois précédente, qu'il y ait du bruit au mauvais moment ou un peu de bazar pour qu'elle explose. Ma seule présence dans le salon, étendue par terre devant un film de Bollywood, pouvait la mettre en furie. Peu après mon arrivée, en la voyant prendre Salim dans ses bras, j'ai tendu la main vers elle pour réclamer à mon tour un câlin : « *Ami*, s'il te plaît... » Je n'ai pas eu le temps de terminer ma phrase qu'elle écartait la main et détournait la tête.

Les corrections se sont aggravées au fil du temps : une claque derrière la tête, un coup de poing entre les épaules, une main serrée en étau autour de mon bras, un coup de pied dans le tibia... Mère me réprimandait sans cesse, pour tout et n'importe quoi : « Je t'ai dit de ne pas faire ça », « Ne me parle pas sur ce ton », « Je t'avais bien dit de ne pas le faire »... Elle est ensuite passée aux coups de sandale. Lorsque je me trouvais hors d'atteinte, elle ôtait une de ses chaussures fines et plates et s'en servait pour me frapper à toute volée, du talon lors de ses grosses colères, pour me faire encore plus mal.

Je ne saurais expliquer pourquoi je ne fuyais pas à l'étage, où son asthme l'aurait empêchée de me suivre. Je crois que j'ai toujours pensé qu'elle avait une bonne raison de me battre et finirait par cesser si je lui obéissais au doigt et à l'œil, que si je me comportais en gentille fille elle n'aurait pas de raison de me rouer de coups et sa rage passerait aussi vite et inexplicablement qu'elle était née, laissant place à la mère douce et aimante qui se cachait en elle. Cette belle illusion a même survécu aux coups de trique.

Sa *pika*, comme elle l'appelait, un bâton de près de soixante centimètres de long épais comme mon pouce, reposait sous le canapé-lit, d'où elle ne la sortait que pour moi. Elle s'abattait alors sur mes bras, mon dos et mes jambes, me forçant à me recroqueviller à ses pieds avec des hurlements.

Lorsqu'elle n'avait plus à craindre de recevoir le même traitement, Mena venait me consoler. C'était la seule à m'approcher. Personne ne nettoyait mes entailles et mes meurtrissures, il n'y avait d'ailleurs, à la maison, ni pansement ni crème à cet usage. Je sanglotais en silence, terrorisée, sans comprendre ce qui me valait d'être traitée comme un chien, même pis. Entre mère, qui se comportait comme s'il n'y avait rien de plus normal, et les autres qui m'ignoraient, j'étais laissée à ma douleur et à ma peur.

Il se passait rarement un jour sans que je reçoive un coup. En général, cela n'allait pas plus loin qu'une bourrade ou qu'une grande claque dans le dos pour me presser dans mon travail. Si je traînais pendant la vaisselle, j'étais rappelée à l'ordre par des hurlements de mère, parfois assortis d'une petite tape de Hanif, qui ne levait que rarement la main sur moi, préférant hausser le ton. Si je ne rangeais pas les vêtements avant de partir à l'école, je récoltais une volée de coups de sandale à mon retour. Mes manquements déterminaient l'instrument de torture.

Il m'a fallu du temps pour redevenir la petite fille courageuse de Tatie Peggy : quelques mois de raclées et de sévices, auxquels sont venus s'ajouter quelques mois d'accoutumance à la douleur.

Mère remarquait souvent, après m'avoir battue : « Elle est habituée, maintenant. » Malgré tout, je continuais à m'efforcer de la satisfaire. À croire que j'espérais recevoir d'elle le même biscuit au chocolat que me donnait Tatie Peggy pour me récompenser de ma bravoure.

Un jour, lorsque j'avais une dizaine d'années, je venais de finir de préparer le curry et de cuire le riz quand mère, en tailleur sur le sofa, comme d'habitude, m'a ordonné de lui servir son repas. J'ai aussitôt accouru avec une assiette pleine, avant de retourner à la cuisine pour lui rapporter de l'eau. À peine avais-je posé le verre devant elle qu'elle m'a attrapée par les cheveux pour me tirer la tête en arrière avec des hurlements : « Qui va saler le curry ? Tu crois que ta grand-mère va sortir de sa tombe pour le faire à ta place ? » Elle m'a ensuite repoussée violemment, me commandant de remédier à mon erreur avant le retour de Manz si je ne voulais pas recevoir des coups de *pika*. Cela étant, mère et Manz ne sortaient que rarement le bâton, qu'ils utilisaient plus pour me menacer que pour me battre.

Avec le temps, j'ai développé une étrange attitude face aux châtiments corporels : je me suis persuadée que je les méritais, que j'avais forcément un problème, que j'étais responsable du manque d'amour de mère. J'avais déjà conscience, à l'époque, de délirer, mais je ne parvenais pas à réprimer ce sentiment de culpabilité. Alors, le jour où le bracelet de mère m'a arraché la peau lorsque son poing est venu atterrir sur l'intérieur de mon poignet, je me suis délectée du spectacle de mon sang au lieu de m'en alarmer, captivée par le liquide carmin apparu au niveau de la griffure. Je voyais enfin une manifestation physique de ma souffrance, jusque-là cachée au plus profond de mon être. La possibilité d'expérimenter par la vue la douleur que je ressentais m'a procuré une certaine satisfaction, un soulagement à l'origine d'un changement en moi.

Un jour que ma tête bourdonnait sous l'effet des cris, des gifles et de la haine que je m'inspirais pour avoir une fois de plus échoué à contenter ma famille, je me suis réfugiée aux toilettes avec un bracelet en verre, un bijou cassé de Hanif que j'avais ramassé et caché sous mon lit. En raclant la verroterie le long de mon bras, du coude au poignet, j'ai éprouvé une sensation inédite, mais pas la moindre souffrance. J'ai regardé le sang perler à la surface de ma peau et s'échapper de moi comme quelque sombre secret, me laissant plus sereine. Par ce geste, je voulais me prouver quelque chose, inscrire ma souffrance dans la réalité, la rendre visible à mes yeux. J'ai tamponné les minces filets de sang sur ma peau et, l'écoulement étanché, ai rabaissé ma manche pour couvrir les marques. Je suis ensuite retournée à la cuisine comme si de rien n'était, exaltée par mon secret.

J'ai continué à me saigner, en écorchant la peau sans creuser trop profond. Je contrôlais la situation : je savais quand commencer et quand m'arrêter. Il m'arrivait de me servir du rasoir de Manz, mais rien ne valait le bracelet de verroterie volé, qui, d'une certaine façon, apportait la touche finale. Il y avait une raison aux fleurs vermillon qui s'épanouissaient sur mon bras : les coups qui avaient plu sur moi étaient lavés par le goutte-à-goutte de mon sang. Je n'agissais pas ainsi pour me blesser, mais pour éprouver une sensation. Je m'étais tant habituée à la douleur que je ne la percevais plus, or c'était elle que je recherchais. Je ressentais alors comme une libération, un peu comme lorsque je crevais un vilain bouton d'acné. C'était douloureux, mais cela faisait tellement de bien.

Les coups que je recevais représentant mon unique contact physique avec ma famille, je ne m'infligeais aucun mal, j'exprimais mon affection. Par ces incisions, je me prouvais mon amour.

J'avais onze ans la première fois que je me suis entaillée et j'ai recommencé une douzaine de fois sur un intervalle d'un an et demi. Je ne recourais au bracelet de verre que dans les moments les plus durs, lorsque j'y étais poussée par les circonstances : qu'on me battait, mais pas assez à mon goût ; que je commettais un impair, mais qu'on ne prenait pas la peine de me l'expliquer avant de me punir. Je devais me saigner pour me donner l'impression que je comptais assez aux yeux de ma famille pour avoir à souffrir de ma mauvaise conduite. Les mots ne changeant rien, j'agissais en silence, savourant la sensation. Avide de contact physique avec les miens, je me suis mise à répondre, chaque jour de plus belle, pour être battue. Lorsque cela ne suffisait pas, je me chargeais moi-même de me meurtrir. Personne ne venait me déranger aux toilettes, où je pouvais verser du sang et des pleurs à loisir. Je m'apitoyais sur mon sort dans ma profonde solitude, espérant en vain que quelqu'un mette fin à mes souffrances. Désespérée, je me sentais indigne de tout : je ne trouvais pas ma place au sein de ma famille et je n'avais nulle part où aller. Je me sentais piégée. La seule façon pour moi d'exprimer ces sentiments chaotiques consistait à m'écorcher le bras ou la jambe et regarder la peau se teinter à l'apparition des larmes de sang.

C'était mon appel au secours, mais qui allait l'entendre ?

Enfant, il ne me venait pas à l'esprit qu'il puisse en être autrement. Puisque c'était ma famille, je devais m'y intégrer. J'avais beau détester les injures, les claques, les coups de poing et de pied dont on m'accablait, regretter le confort du foyer que j'avais connu auparavant et des bras chaleureux pour me dorloter, espérer qu'une autre hérite des besognes qui semblaient toujours me revenir, je ne m'en réveillais pas moins chaque matin et n'en rentrais pas moins chaque soir avec la volonté de faire de ce jour un nouveau jour. Je me disais : « Aujourd'hui, je parlerai mieux panjabi » ; « Aujourd'hui, je cuisinerai si bien que mère lèvera les yeux sur moi après sa première bouchée et me félicitera dans un sourire ». La journée ne se déroulait évidemment jamais comme je l'escomptais, mais je persistais. Je n'avais pas le choix.

Mena était mon seul soutien. Après un épisode de violence, elle me demandait, dans l'intimité de la cuisine ou de notre chambre, si j'avais mal au bras. Je ne lui ai jamais avoué combien je souffrais, même quand le moindre mouvement devenait un supplice. Si mon dos m'élançait lorsque je m'asseyais, je tressaillais sans un mot. Seuls les pleurs me permettaient d'apaiser la douleur, mais je ne pouvais que rarement me libérer devant Mena. Il n'y avait que dehors, dans les toilettes, que je pouvais donner libre cours à mes larmes. Ou alors sur le chemin de l'école, lorsque le vent froid me fouettait le visage. Dès que je sentais mes yeux s'embuer, je les écarquillais pour larmoyer davantage afin d'évacuer ma peur et ma tristesse en silence, à l'insu de ma sœur. J'imagine que je voulais la protéger à défaut de pouvoir me protéger moi-même.

Je voulais tant. Je voulais aider aux travaux domestiques, je voulais faire le ménage, je voulais préparer les repas, et même vider le pot de chambre de mère, si cela pouvait faire plaisir à tout le monde. Cela me paraissait naturel. Malgré tout, je me sentais différente de mes frères et sœurs. Ce n'était pourtant pas faute d'essayer de leur ressembler, mais le doute ne me quittait pas, j'avais l'impression d'avoir beaucoup trop de lacunes. Je devais m'accoutumer à la nourriture parce que c'était ce qu'on mangeait à la maison, je devais mettre des *shalwar kameez* parce que c'était ce qu'on portait à la maison. Je devais apprendre ce que l'on me montrait du premier coup et, bien qu'encouragée durant la leçon, j'étais ensuite supposée réussir à le refaire seule, faute de quoi j'étais réprimandée ou battue. J'acceptais tout cela, de bon cœur même. Je voulais faire partie de la famille, je voulais que mes frères et sœurs me traitent comme une des leurs. Or j'étais persuadée qu'il fallait, pour cela, me plier à leurs quatre volontés. Je désirais plus que tout que mère m'aime, qu'elle apprécie mon travail. Je désirais qu'elle me regarde, qu'elle me voie. Je ne voulais plus être invisible. Je faisais donc tout pour elle, mais rien ne suffisait.

7

À la maison, il me fallait attendre le soir pour donner libre cours à mes pensées. Le reste du temps, les ordres se succédaient sans me laisser de répit et la menace de reproches et de brutalités m'obligeait à ne jamais relâcher ma vigilance. Ce n'était donc qu'au lit, tout habillée, que je pouvais laisser mon imagination s'exprimer. Dans mes rêveries, je vivais en liberté dans la nature, à Cannock Chase, ou dans le parc ou les collines de Walsall. Je me trouvais toujours en compagnie d'autres enfants, mais jamais mes frères et sœurs ou mes camarades de classe. Un véritable lien d'amitié nous unissait et nous partagions tout, qu'il s'agisse d'objets personnels ou de trésors découverts dans les bois.

Comme toutes les petites filles, j'aimais m'amuser, mais mère ne m'en laissait jamais l'occasion. Quand bien même j'en aurais eu le loisir, nous n'avions, Mena et moi, aucun jouet. Ceux que j'avais apportés du foyer avaient disparu avec ma valise et le peu qu'abritait la maison appartenait au petit Salim.

Le samedi matin nous offrait, toutefois, une courte plage de liberté. Chaque semaine, mère et Hanif partaient en courses en ville, nous laissant sans surveillance. Mena et moi ne manquions pas cette occasion de regarder *Tiswas*[1] à la télévision. Après avoir ri aux plaisanteries de Chris Tarrant, Sally James et Lenny Henry, nous mettions les dessins animés. Je me serais presque crue de retour au foyer. Presque... car Tara se faisait un devoir de me ramener à la réalité en débarquant dans la pièce pour nous menacer de tout rapporter à mère si nous n'éteignions pas tout de suite. Nous l'ignorions toujours, certaines qu'elle finirait par s'asseoir par terre pour regarder avec nous. Malgré les apparences, elle n'était, elle aussi, qu'une enfant.

Avec un peu de chance, les courses se prolongeaient suffisamment pour nous permettre de regarder d'autres émissions. *Drôles de dames* faisait l'unanimité. Après la série, Mena et moi entrions dans la peau de ces détectives privés de charme, faisant du jardin le territoire de nos enquêtes. Je voulais toujours être Sabrina, la drôle de dame aux longs cheveux bruns. À l'époque où Tara se laissait encore facilement convaincre de jouer avec nous, mes deux sœurs avaient pour mission de retrouver la piste d'une brosse ou de tout autre revolver improvisé caché dehors par mes soins. Quand notre sœur aînée est devenue trop grande

1. Émission de télévision britannique enfantine dont le titre est l'acronyme de « This Is Saturday, Watch And Smile » (« C'est samedi, regardez et souriez »). (N.d.T.)

pour s'intéresser à nos jeux, je l'obligeais à y participer en cachant son cahier de devoirs.

Dès que nous entendions les voix de mère et Hanif remonter l'allée, nous battions en retraite dans la cuisine, où je me postais devant l'évier pour leur faire croire que j'avais passé mon temps à préparer le déjeuner.

Si la matinée du samedi était placée sous le signe de l'amusement, il en allait autrement de celle du lendemain. Tous les dimanches, Hanif me secouait hors du lit pour l'aider à laver le linge : « Sam, va chercher les vêtements, c'est le jour de la lessive. » Je devais alors frapper aux portes des autres chambres pour ramasser les divers tas de linge sale, ce qui me valait toujours un « Va-t'en ! » rageur de Saber, puis porter tous les vêtements jusqu'à la petite annexe de la cuisine, où Hanif s'était chargée de remplir d'eau chaude la grosse bassine d'étain.

Après avoir frotté chaque vêtement, ma belle-sœur me le tendait pour que je le rince sous un robinet d'eau froide placé près de la chaudière. Après quoi je l'essorais, une tâche qui s'accompagnait toujours de douleurs aux bras tant je devais tordre et retordre le tissu dans tous les sens pour l'égoutter. L'eau glacée gerçait mes mains engourdies et le froid remontait dans mes os, me raidissant les épaules. L'essorage terminé, j'étendais ensuite le linge propre dans le jardin ou sur le fil à linge près de la chaudière, en fonction du temps.

À mesure que les semaines se changeaient en mois, je gardais l'espoir qu'un membre de ma famille remarque mes bonnes intentions et mes efforts. En dépit du ressentiment qu'éveillait en moi l'absence totale d'affection, je désirais toujours être acceptée.

Je demeurais toutefois une intruse. Entre autres conséquences de ce statut d'étrangère, je ne portais que d'anciennes tenues de Tara, que je ne pouvais même pas ranger correctement. Seul m'était réservé le plancher de l'armoire, sur lequel je devais empiler ma garde-robe de récupération. Chaque fois que je cherchais un haut et un bas de *shalwar kameez* assortis, je devais tout sortir puis reformer un tas qui tienne en équilibre. Pour ce qui était des chaussures, j'avais hérité de vieux godillots éraflés et trop serrés.

Il m'arrivait, de temps à autre, de me confier à une amie imaginaire qui me cajolait après les mauvais traitements et apaisait la douleur sourde de mes ecchymoses à grand renfort de baisers.

Par un soir d'hiver, Mena, Saber et moi nous sommes confié nos souhaits les plus chers sur le chemin du retour de la mosquée. De ma vie au foyer, je regrettais notamment les sorties à la boutique du coin pour acheter des bonbons et des chocolats.

« Oui, c'est ce que je voudrais tout de suite. »

Soudain, j'ai pivoté vers eux, enthousiasmée par l'idée qui venait de me traverser l'esprit.

« Dites, on pourrait aller entonner des chants de Noël chez les gens pour récolter de l'argent et acheter des bonbons ! »

Ma sœur et mon frère m'ont regardée comme si j'avais perdu la raison. Ils ignoraient que, dans la tradition anglaise, les enfants chrétiens allaient chanter Noël aux portes des maisons en échange d'une piécette. Nous l'avions fait au foyer, mais l'argent était destiné à une association caritative plutôt qu'à l'achat de bonbons. À la lumière de ces explications, Saber a tout de suite adhéré à mon plan. Toujours anxieuse, Mena a, quant à elle, émis plus de réserves. Tous deux sont cependant arrivés à la même conclusion.

« Mais on ne peut pas, on ne connaît pas de chant de Noël ! »

Après être convenus que je me chargerais de chanter pendant qu'ils fredonneraient un accompagnement, nous avons répété en prenant le chemin d'un nouveau lotissement pavillonnaire cossu. Aucune famille indo-pakistanaise n'y habitant, mère ne risquait pas d'avoir vent de notre récital. Après avoir entonné *Away In the Manger* à la porte de six ou sept maisons, nous avions récolté, malgré une prestation sans doute épouvantable, dix pence chacun. J'ai dépensé les miens dans un paquet de tuiles au chocolat Snaps et des tonnes de bonbons à un penny les quatre – des Black Jack à l'anis qui faisaient la langue noire et des Fruit Salad –, que nous avons grignotés tout au long du chemin. Ces délicieuses friandises, rendues plus savoureuses encore par la façon dont nous nous les étions procurées, à l'insu de mère, compensaient en quelque sorte l'absence de gâteau d'anniversaire.

Cette année-là, mon instituteur était chargé de l'organisation du spectacle de Noël. En plus de s'assurer de la participation de tous, M. Rowe avait peint lui-même les décors de sa mise en scène de l'histoire de l'arche de Noé. J'étais au comble de la joie d'avoir été choisie pour jouer l'un des animaux de l'arche et chanter avec mes camarades *The Animals Went In Two By Two*.

Comme tout le reste des élèves, j'ai remis à mère un mot invitant les parents à assister au spectacle. Comme elle ne prenait connaissance d'aucun courrier en anglais, je le lui ai lu et l'ai signé à sa place.

Le grand jour, lorsque nous sommes montés sur scène, la salle était pleine de familles réjouies. Malgré l'interdiction de M. Rowe, chacun d'entre nous s'est mis à chercher ses parents des yeux pour leur adresser de grands signes sous le crépitement des flashes. Tout le monde souriait.

Tout le monde, sauf moi. Ce n'était pourtant pas faute d'essayer, mais bien que mère n'ait jamais exprimé la moindre intention de venir, j'étais anéantie de constater que personne ne s'était déplacé pour me voir. D'autant plus que j'étais sûre d'être la seule dans ce cas. Pour ne rien arranger, une terrible angoisse a succédé à mon accablante humiliation : mère devait avoir oublié que je serais en retard à la maison à cause du spectacle, une omission que je paierais d'une raclée.

Le jour de mes dix ans s'est déroulé au rythme de mes besognes habituelles, sans que personne ne mentionne l'événement. Le soir, alors que je lavais le sol, je me suis souvenue avec tristesse de cette occasion au foyer. En l'honneur de « mon jour de fête », comme on l'appelait là-bas, je n'avais rien à faire. Ce soir-là, j'aurais voulu, à la place du curry et des *roti*, un énorme gâteau hérissé de bougies, pour pouvoir faire un vœu.

Mena est entrée dans la cuisine et s'est assise sur un tabouret. Au bout d'un moment, j'ai brisé le silence, trop désireuse de m'entendre souhaiter mon anniversaire.

« C'est mon anniversaire, aujourd'hui, ai-je déclaré.

— Joyeux anniversaire, a-t-elle répondu avec un sourire triste. Tu sais ce que je fais, moi, quand c'est mon anniversaire ? »

Je me suis interrompue dans ma tâche. Je me doutais bien que Mena avait un anniversaire, comme moi, mais j'ignorais quand il tombait pour la bonne raison qu'elle ne m'en avait jamais parlé.

« Non, quoi ?

— Avant de m'endormir, je ferme les yeux et je fais un vœu dans ma tête. Mais il ne faut le répéter à personne, sinon il ne se réalise pas. C'est ce que tu dois faire ce soir. »

Imaginer Mena en train de formuler son vœu en secret tandis que je dormais à poings fermés, tout près d'elle, a accru ma tristesse. J'ai échangé avec elle un long regard. Les mots étaient superflus, nous devinions parfaitement les pensées de l'autre.

Quelques mois après mon arrivée, mère et Hanif avaient cessé de monter les pinces de câbles de démarrage, troquant leur activité à domicile pour un travail à l'extérieur. Ce changement avait ses avantages et ses inconvénients : d'un côté, nous avions la paix à la maison ; de l'autre, elles rentraient éreintées et réclamaient aussitôt leur dîner. « Apporte-nous à manger », « Le repas est prêt ? », « J'espère que c'est prêt, on meurt de faim, on a travaillé toute la journée »... Je n'entendais plus que cela, sans jamais un « s'il te plaît » ou un « merci ».

Un beau jour, elles ne sont plus allées au travail. Leurs activités clandestines ont probablement été découvertes car nous avons cessé de recevoir les allocations, ce qui nous a contraints à vivre sur le seul revenu de Manz. Elles ne m'ont pas pour autant remplacée à la cuisine. Dans cette maison, tout le monde semblait mener une existence totalement différente de la mienne. L'aïd, la fête musulmane célébrée deux fois par an, n'était pour moi qu'une occasion de plus de trimer. Alors que tout le monde recevait des vêtements neufs, je récoltais les fripes de Tara, et beaucoup d'ennuis si j'avais le malheur de les tacher en cuisinant.

Seul le ramadan, avec son jeûne du lever au coucher du soleil, m'offrait un peu de répit. Non seulement je n'avais pas à cuisiner, ce qui me faisait des vacances bienvenues, mais mère achetait également des aliments que nous ne consommions pas d'habitude, notamment des fruits et de la salade. Peut-être était-ce pour nous aider à tenir toute la journée sans boire une gorgée d'eau. À la nuit tombée, nous mangions donc des quantités de pommes, de bananes et d'oranges. Bien que le jeûne demeure une période difficile, surtout lorsqu'il tombait l'été et qu'il ne fallait rien avaler de 3 heures à 22 heures, mère paraissait plus détendue pendant tout le mois de fête. À dire vrai, c'était le seul moment de l'année où elle n'élevait pas la voix pour un oui ou pour un non.

Lorsque j'avais dix ans, j'ai trouvé un penny sur le chemin de l'école en plein mois de ramadan. Ravie par ma découverte, je me suis rendue tout droit chez le marchand de bonbons. Lorsque je suis arrivée en classe, une de mes camarades a remarqué que je mâchouillais.

« Tu ne fais pas le ramadan ? », s'est-elle étonnée.

J'ai alors vite craché ma sucrerie.

Si Tara était désormais trop âgée pour participer à nos jeux, il nous arrivait encore d'avoir de rares moments de complicité avec elle. Un jour, elle s'est cogné l'orteil contre un des pieds de la table de la cuisine et s'est mise à pester tout haut. En nous voyant, Mena et moi, rigoler en douce, elle a juré de plus belle et nous a traitées de tous les noms d'oiseaux qui lui passaient par la tête avant de se joindre à notre hilarité. Lorsque Mena lui a répondu, je me suis invitée à la fête, chacune d'entre nous déballant les insultes les plus grossières de son répertoire. J'ai fini par l'emporter, mes sœurs convenant que je détenais le vocabulaire le plus injurieux de nous trois. En réalité, je n'avais aucun mérite : je m'étais contentée de répéter les invectives que mère proférait contre moi.

Tara était toujours plus détendue en l'absence de mère. Une fois, elle a proposé de me tresser les cheveux et m'a expliqué, avec beaucoup de patience, comment les natter seule. Mes cheveux avaient beaucoup poussé depuis mon départ du foyer et, sans atteindre la longueur de ceux de Mena et de Tara, ils m'arrivaient déjà sous les épaules. Sur le moment, j'ai cru que ce rapprochement marquerait un tournant dans notre relation, mais ma sœur aînée a repris ses habitudes tyranniques dès le retour de mère.

Saber, lui, continuait à vivre la majorité de son existence en dehors des murs de la maison. Il disparaissait des heures d'affilée, ne revenant que pour les repas et la nuit, sans jamais avoir de comptes à rendre à mère. Il ne semblait d'ailleurs pas vraiment se soucier d'elle.

Un soir que Mena et moi étions montées pour éviter les ennuis, nous avons entendu la porte d'entrée s'ouvrir puis mère crier : « Ne t'avise pas de faire du bazar avec ça ! Qu'est-ce que tu veux en faire d'abord ? »

La voix de Saber s'est alors élevée du milieu de l'escalier : « Rien, c'est pour l'école. »

À l'étage, il est venu dans notre chambre, un sourire sur les lèvres et une boîte en carton vide dans la main.

« C'est pour quoi ? ai-je demandé.

— Vous voulez jouer avec moi ? »

Je lui ai jeté un regard suspicieux. En général, ses jeux se résumaient à « aidez-moi à nettoyer mon vélo » ou « donnez-moi à manger ».

« À quoi ? me suis-je enquise.

— Un truc super. Ça s'appelle les dames. Vous avez un stylo ou un crayon ? »

Intriguée et enthousiaste à l'idée d'apprendre un nouveau jeu, j'ai sorti de l'armoire la petite collection personnelle de stylos à bille et de crayons que je gardais cachée sous mon tas de vêtements. Je lui en ai tendu un.

Saber a alors entrepris de déchirer le carton, qui a résisté un moment avant qu'il ne parvienne à en arracher une partie. Après avoir divisé celle-ci en deux morceaux, il nous en a remis un à chacune, avec la consigne de le fractionner en douze petits carrés.

« Après, tu colorieras les tiens », m'a-t-il dit.

Il s'est ensuite servi d'un bout de carton rectiligne pour quadriller le morceau demeuré intact.

« Ça ressemble à un échiquier », ai-je remarqué.

Il m'a souri.

« Bien, vous avez fini ? »

Il a alors posé le plateau sur le lit devant lui, creusant ses mains en coupe pour que nous y déposions nos petits carrés.

« Qui veut commencer ?

— Moi, ai-je crié avec passion.

— Chut, pas si fort, m'ont rabrouée en chœur les deux autres. Mère va nous entendre !

— Désolée. »

Saber a positionné les petits bouts de carton sur le plateau en laissant une case vide entre chacun.

« Tu dois m'empêcher d'avancer mes pions de ton côté et inversement. Tu ne peux te déplacer qu'en diagonale et si un de tes pions se trouve juste à côté du mien, comme ça, j'ai le droit de le sauter. Celui qui prend tous les pions de l'autre a gagné. Compris ?

— Heu… tu m'expliqueras au fur et à mesure », ai-je répondu, un peu perdue.

Je l'ai regardé d'un œil attentif glisser ses pions sur le damier tandis que je bougeais les miens au petit bonheur la chance, ignorant qu'il fallait suivre une stratégie précise. Inutile de préciser que Saber m'a battue à plates coutures.

« Quand j'arrive sur ta dernière rangée, tu dois me couronner avec un de mes pions pour faire une dame. Avec elle, je peux me déplacer vers l'avant comme vers l'arrière. »

Je me suis tournée vers Mena, qui regardait le plateau avec une mine inquiète.

« C'est à ton tour.

— Non, je n'ai pas compris.

— Dans ce cas, je joue à sa place », me suis-je empressée de dire à Saber.

En observant le placement de ses carrés de carton, j'ai remarqué que mon frère n'avançait pas ses pions du fond tant qu'il n'avait pas déplacé les autres. À la quatrième partie, j'ai appliqué sa technique, ce qui ne l'a pas empêché de l'emporter, quoique de justesse.

Peu après, nous avons entendu les pas de Manz dans l'escalier. Bien qu'il soit déjà tard, il n'a pas pointé la tête dans l'entrebâillement de la porte pour nous ordonner d'éteindre la lumière avant de rejoindre sa chambre. Saber a cependant estimé que nous avions assez joué pour aujourd'hui : « Tu deviens fortiche. Je vais me coucher, mais tu peux garder le damier, on recommencera demain. »

Nous nous sommes de nouveau affrontés le lendemain. Si j'ai frôlé la victoire, il m'a tout de même fallu attendre le surlendemain pour battre mon frère.

« Je n'arrive pas à croire que tu m'aies eu ! s'est-il exclamé, découragé.

— J'ai gagné, j'ai gagné ! ai-je ri. Je t'ai battu à ton propre jeu ! »

Cette nuit-là, j'ai été brusquement tirée de mon sommeil par des bruits sur le palier. Je suis restée immobile un instant, à essayer de deviner ce qui se passait. Au bout d'un moment, incapable de distinguer autre chose que des allées et venues dans l'escalier, je me suis penchée vers le lit de Mena pour lui tapoter l'épaule.

« Quoi ? Sam ? a-t-elle marmonné, un peu sonnée.

— Il se passe quelque chose. Il y a quelqu'un devant la porte. »

Je m'imaginais que sa peur du croque-mitaine finirait de la réveiller, mais elle a roulé de l'autre côté du lit en ronchonnant.

« Et alors ? »

Je me suis rallongée, résistant difficilement à la curiosité. Aux bruits de pas était venue s'ajouter la voix de mère, au rez-de-chaussée. Soudain, j'ai entendu frapper à la porte d'entrée.

Je me suis glissée hors de mon lit sur la pointe des pieds et j'ai entrouvert la porte de notre chambre. À présent, je reconnaissais distinctement la voix de ma mère au pied de l'escalier.

« L'ambulance est arrivée ! » a-t-elle crié.

Hanif est passée devant moi d'un pas lent, son bras droit enveloppant son ventre.

« Tout va bien ? lui ai-je demandé.

— Oui, a-t-elle répondu avec une grimace de douleur et le souffle court, comme si elle devait expulser les mots de sa bouche. Le bébé arrive, je vais à l'hôpital.

— Le bébé ? Quel bébé ?

— Sam, retourne au lit », m'a ordonné Manz, qui montait les marches avec le manteau de sa femme.

Je les ai regardés du seuil de la porte jusqu'à ce qu'ils aient atteint le rez-de-chaussée. Alors je les ai suivis à pas de loup, m'accroupissant au milieu de l'escalier de façon à entrevoir la porte d'entrée. Un homme en uniforme vert a pris la place de Manz au bras de Hanif et l'a aidée à monter dans l'ambulance stationnée devant la maison. Sur le pas de la porte, mère les a salués de la main.

Dès que l'ambulance a démarré, je suis remontée discrètement dans ma chambre. Je ne tenais pas à ce que mère profite de m'avoir sous la main pour me demander du thé, un massage du crâne ou toute autre lubie qui lui prendrait.

Je venais de me recoucher lorsque le plancher a grincé sur le palier. Notre porte a tourné sur ses gonds, juste assez pour permettre à Saber de se faufiler dans la chambre.

« Tu dors, Sid ? »

Saber m'avait baptisée Sid en référence à Sid Snot, le personnage du Kenny Everett Television Show[1], qui semblait toujours avoir la goutte au nez, comme moi. Je souriais chaque fois qu'il m'appelait par ce surnom, dans lequel je voyais un témoignage d'affection.

« Non, ai-je murmuré.

— Qu'est-ce qui se passe ? a-t-il demandé en s'asseyant sur mon lit.

— Hanif est partie à l'hôpital pour avoir un bébé.

— Ah ! s'est-il exclamé, comme si tout s'éclaircissait soudain. Je me disais bien qu'elle grossissait à vue d'œil, mais je croyais que c'était parce qu'elle traînassait toute la journée en te laissant faire tout le boulot. »

Je n'avais pas la moindre idée de la corrélation entre l'embonpoint, les hôpitaux et les bébés, mais je n'avais pas l'intention de révéler mon ignorance à mon grand frère. Mena a remué sous sa couverture.

« Elle va avoir un bébé ?

1. Émission télévisée comique dans laquelle l'humoriste Kenny Everett incarnait divers personnages. (N.d.T.)

— C'est ce qu'elle a dit, lui ai-je répondu. *Paji* est parti avec elle.

— Bon bah, puisque ce n'est que ça, je retourne me coucher », a conclu Saber.

Tout le monde s'est rendormi, sauf moi. Étendue dans le noir, j'ai continué à m'interroger : pourquoi Hanif était-elle partie au beau milieu de la nuit ? Et quel rapport existait-il entre le fait de grossir et d'avoir un bébé ?

Je dormais encore le lendemain, un dimanche, quand mère m'a appelée à grands cris du rez-de-chaussée : « Sam ! Sam ! Descends tout de suite ! »

J'ai remonté ma couverture sur ma tête. Certaine que mère ne monterait pas me chercher, j'entendais bien faire la sourde oreille quelques instants. C'était sans compter Salim, qui a poussé la porte de notre chambre et s'est approché de mon lit pour me donner un petit coup du bout du doigt. Comme je demeurais immobile, à guetter sa réaction, il s'est penché pour ramasser une de mes chaussures.

« Hé ! suis-je intervenue en m'asseyant. Qu'est-ce que tu fais ?

— Mère dit que tu dois te lever pour l'aider. Elle dit que je dois te taper pour te sortir du lit, m'a-t-il expliqué avec un sourire prouvant qu'il n'avait aucune intention d'obéir.

— D'accord, d'accord, je me lève. »

J'ai trouvé mère dans la cuisine. Mon cœur s'est serré en voyant la pagaille qui régnait dans la pièce, que je trouvais immanquablement sens dessus dessous après chacun de ses passages.

Mère se fichait bien de ce qu'elle ouvrait, renversait ou laissait tomber puisqu'il y avait toujours quelqu'un – en l'occurrence moi – pour nettoyer derrière elle.

« Te voilà enfin, paresseuse ! Tu voudrais dormir toute la journée, avec tout le travail qu'il y a ! Sors la marmite et mets-la sur le feu pour y faire fondre quatre paquets de beurre. Après ça, tu iras chercher le pilon et le mortier. »

Elle a débité tout cela sans jeter un seul coup d'œil par-dessus son épaule. Le fait est qu'elle ne me regardait jamais.

Cela accompli, elle m'a ensuite ordonné de broyer des espèces de haricots d'Espagne blancs et durs comme la pierre. Au bout de quelques minutes de ce travail, j'avais tout le bras perclus de douleur, mais j'ai persévéré, consciente que je ne me verrais pas accorder une minute de repos avant d'en avoir fini. Chaque fois que je croyais être arrivée au bout de mes peines et qu'il ne restait plus qu'une poudre fine dans le mortier, mère le prenait, vidait son contenu dans la marmite et me le rendait avec une nouvelle poignée de grosses graines. Aucune de nous deux n'a prononcé un seul mot durant toute l'opération. Mère ne me parlait que pour me donner des ordres ; quant à moi, je me gardais bien de lui poser des questions quand j'étais censée me concentrer sur ma tâche.

Enfin, il n'y a plus rien eu à piler.

« Va te laver maintenant, puis prends ton petit déjeuner. Tu m'aideras à finir après. »

Après un passage aux toilettes, je suis retournée à la cuisine pour m'asperger la figure d'eau et manger une tranche de pain grillé.

« Qu'est-ce qu'on prépare, mère ? ai-je fini par demander.

— C'est pour Hanif, pour l'aider à reprendre des forces. »

Je me suis retenue de demander pourquoi Hanif avait besoin de fortifiant alors que c'était moi qui faisais tout le travail, préférant plutôt m'éclipser pour aller réveiller Mena.

Manz n'est revenu à la maison que bien plus tard. Après nous avoir annoncé que Hanif avait eu un petit garçon prénommé Frazand, il m'a sommée de le suivre pour l'aider à monter le lit d'enfant qu'il avait rapporté à la maison.

Je n'avais jamais mis les pieds dans la pièce réservée à mon frère et ma belle-sœur. Contrairement à la nôtre, leur chambre était propre et tapissée d'un joli papier peint clair rehaussé de décorations de couleurs vives. Ils disposaient même de leurs propres télévision et magnétoscope. Bien que le lit double occupe une grande partie de la pièce, un étroit espace le long du mur pouvait accueillir le nouveau meuble. Manz et moi n'avons pas échangé une parole en dehors des instructions qu'il me donnait : « Prends ça », « Tiens-moi ça pendant que j'encastre ça »... Ses crises de colère me semblaient si imprévisibles que j'angoissais de me retrouver seule avec lui. Le lit assemblé, je ne me suis donc pas fait prier pour filer rejoindre Mena dans notre chambre.

Quelques jours plus tard, Hanif est rentrée de l'hôpital avec le petit Frazand emmailloté dans une couverture. Je l'ai observée de près pour détecter des signes de fatigue prouvant qu'elle avait travaillé très dur, comme l'avait suggéré mère. Je devais reconnaître qu'elle avait beaucoup maigri, un constat qui, après la remarque de Saber, m'a donné sujet à réflexion.

Malgré l'invitation de mère à s'asseoir à côté d'elle sur le canapé, Hanif s'est dirigée tout droit vers l'escalier.

« Je suis fatiguée, je vais m'allonger.

— Oui, oui, bien sûr. Monte te reposer, a aussitôt répondu mère avec un geste vers l'étage. Sam va t'apporter à manger. »

J'aurais dû m'en douter ! J'avais été envoyée aux fourneaux à la minute où j'étais rentrée de classe afin de tout préparer pour le retour de la « princesse ». C'était ainsi que je surnommais Hanif depuis peu, tant on lui montrait d'égards. Mena dînait quand j'ai pénétré dans la cuisine pour préparer l'assiette de ma belle-sœur.

« Mena, j'ai besoin de ton aide. Je suis fatiguée et je dois encore faire mes devoirs.

— Dis-moi ce que je peux faire pour toi.

— Il faut que j'apporte à manger à Hanif dans sa chambre. Est-ce que tu peux faire la vaisselle pendant ce temps ? »

Après avoir disposé des plats de riz et de curry sur un plateau, j'ai transporté le tout à l'étage, loin de me douter de la terrible surprise qui m'y attendait : mère était montée dans la chambre de Manz et Hanif. Si jamais elle venait à entrer dans notre chambre et trouvait les livres d'école que Mena et moi avions laissés éparpillés sur un lit avec la certitude que personne ne viendrait, elle les jetterait, comme tous les documents en anglais qui lui passaient entre les mains. Après quoi elle me battrait, et peut-être Mena avec. Réfléchissant à toute vitesse, je me suis exclamée : « Zut, j'ai oublié le sel et le poivre. » J'ai déposé le plateau, puis je suis sortie à reculons, filant dans notre chambre pour y ramasser sans un bruit les livres, que j'ai glissés sous le lit. J'ai ensuite regagné la cuisine, où Mena s'activait devant l'évier.

« Tu n'as pas rangé les livres, lui ai-je soufflé.

— Et alors ? Mère ne monte jam... a-t-elle commencé, le visage soudain déformé par la terreur.

— Ne t'inquiète pas, je les ai cachés sous le lit.

— Sam, tu es morte ou quoi ? a crié mère d'en haut. On attend !

— On l'a échappé belle », ai-je remarqué avec un sourire en attrapant le sel.

Dans la chambre conjugale, Hanif m'a arraché la salière des mains avec mauvaise humeur, comme si je lui avais fait outrage en la faisant patienter. À croire qu'elle récupérait très vite des forces. Je me suis excusée de ma voix la plus innocente :

« Pardon, je ne le trouvais pas. »

Avant de sortir, je n'ai pas pu résister à la tentation en voyant mère assise dos à moi : dès que plus personne ne me regardait, je lui ai adressé un beau bras d'honneur, prise d'une pulsion de plaisir presque animale à l'exécution de ce geste injurieux.

Comme si toutes mes corvées ne me suffisaient pas, Hanif comptait sur moi pour prendre soin de son fils. Un après-midi, en rentrant de courses, elle m'a donc envoyée à l'étage pour l'endormir. Alors que je me dirigeais vers l'escalier, j'ai effleuré son manteau pendu à la patère au bas des marches, déclenchant un tintement métallique de pièces de monnaie. J'ai aussitôt pensé aux enfants que j'avais vus dans la cour de récréation quelques heures plus tôt, en train de manger des chips. Poussée par l'envie, j'ai introduit ma main dans la poche du vêtement, dont j'ai extrait tout ce que j'ai pu avant de disparaître dans l'escalier. Puis j'ai vite sorti Frazand de son petit lit et l'ai déposé sur le matelas de ses parents pour lui raconter une histoire : « Il était une fois trois ours : maman ours, papa ours et bébé ours... »

Avec Franz, je n'avais jamais à terminer les histoires, car il s'assoupissait systématiquement quelques minutes après le début. Dès que ses paupières se sont fermées, j'ai ouvert la main pour faire l'inventaire de mon butin, comptant trois pièces de dix pence, cinq de deux pence et une de cinquante pence. Estimant que je pouvais me passer de la grosse pièce, dont la disparition éveillerait les soupçons de ma belle-sœur, je l'ai laissée retomber dans la poche du manteau au moment de redescendre, me contentant de garder toutes les autres.

Le lendemain matin, sur le chemin de l'école, j'ai fait semblant de devoir relacer ma chaussure.

« Oh, regarde ce que j'ai trouvé ! me suis-je exclamée en tendant à Mena une des pièces de dix pence.

— Je me demande à qui c'est… a-t-elle remarqué, dupée. Vite, lève-toi au cas où la personne serait toujours dans le coin.

— Viens, on va acheter quelque chose. Il y a un magasin juste là. »

Je m'étais arrangée pour faire ma découverte à seulement quelques mètres d'une boutique. Sur le comptoir s'étalait tout un éventail de confiseries : des bonbons à la gelée, des bonbons aux fruits, des bonbons enveloppés… Il y en avait pour tous les goûts. Mes yeux se sont arrêtés sur un sachet de poudre acidulée. Je gardais un souvenir nostalgique du drôle de fourmillement qui se propageait dans ma bouche lorsque j'y fourrais le bâton de réglisse couvert de poudre piquante. Je rêvais de refaire l'expérience de cette sensation.

« Est-ce que je pourrais avoir un bâton de réglisse avec de la poudre, s'il vous plaît ? ai-je demandé avant de me tourner vers Mena. Et toi, qu'est-ce que tu veux ?

— Je ne sais pas. Comme toi.

— Six pence, s'il vous plaît, nous a annoncé le marchand en nous tendant nos achats.

— Euh… ai-je hésité en examinant le rayon de sucreries. Alors je voudrais aussi huit bonbons sous papier, s'il vous plaît. »

Après avoir placé le petit complément dans un sac en papier kraft, le vendeur a tendu sa main, dans laquelle j'ai déposé nos dix pence. Mena a suivi cet échange avec un regard d'aigle, comme si la pièce menaçait de révéler son secret en quittant mes doigts.

À peine sortie du magasin, j'ai ouvert le sachet et déniché le bâton de réglisse, que j'ai plongé dans la poudre acidulée avant de le porter à ma bouche. Paupières serrées, j'ai savouré le pétillement sur ma langue. Mena m'a imitée, le visage déformé par une grimace qui m'a arraché un éclat de rire. Elle s'est arrêtée net dans sa marche.

« Qu'est-ce que c'est que ce machin ?

— C'est de la poudre acidulée. C'est mon bonbon préféré. Tu aimes ?

— Je n'ai jamais mangé un truc pareil !

— C'est fait maintenant. Je vais garder le mien pour la récré. »

J'ai replié le sachet pour le ranger dans ma poche. À la sonnerie, Mena m'attendait devant la porte de ma classe pour aller dans la cour. Nous avons alors ressorti chacune notre sachet, léchant avec plaisir la poudre piquante collée au bâton de réglisse.

« C'est tellement bon ! ai-je remarqué en donnant une poignée de bonbons à ma sœur.

— C'est vrai que c'est bon. »

Les semaines suivantes, je « trouvais » tous les jours de l'argent, que nous dépensions en bonbons, chips et gâteaux. Je volais dans la poche de Hanif dès que l'occasion se présentait, ce qui nous permettait de ne jamais être à court de petites gâteries à mâchonner le soir, en lisant au lit. J'aurais toutefois dû me douter que toutes les bonnes choses ont une fin.

Un après-midi, en rentrant de l'école, j'ai trouvé Hanif sur le canapé à côté de mère. À mon arrivée, cette dernière a levé la tête, qu'elle avait enfouie dans ses mains : « Viens ici, Sam. » En la voyant se baisser pour ôter une de ses chaussures, j'ai tout de suite su ce qui m'attendait. Je suis restée pétrifiée sur le seuil de la porte, à côté de Mena, mais mère s'est mise à hurler : « Je t'ai dit de venir ! »

J'ai obéi à petits pas craintifs. Dès que j'ai été à portée d'elle, elle m'a saisie par la main pour me couvrir de coups de sandale, puis m'a tirée par les cheveux avant de me repousser brutalement. Je me suis écroulée par terre, sentant mon poignet se tordre douloureusement sous mon poids.

« Tu as volé de l'argent dans les poches de Hanif ? a-t-elle beuglé.

— Non, je l'ai trouvé. »

Vlan ! Une nouvelle torgnole s'est abattue en plein sur mon visage. J'ai reconnu le goût du sang dans ma bouche. Alors que mère m'empoignait les cheveux, j'ai vu, du coin de l'œil, Mena s'esquiver vers l'escalier.

La chaussure a claqué sur ma jambe. À présent certaine que je ne m'en tirerais pas à si bon compte, j'ai fondu en larmes, avouant tout dans un murmure : « Oui, j'ai pris de l'argent. J'ai pris de l'argent, je suis désolée, je ne le ferai plus. »

Mère m'a pincé le bras de toutes ses forces, m'arrachant un cri perçant, avant de me relâcher. Je suis restée figée sur le sol, à sangloter en attendant un ordre ou l'autorisation de me relever, qui a fini par arriver : « Lève-toi et ôte-toi de ma vue ! »

Je ne me suis pas fait prier. J'ai filé jusqu'à ma chambre, où je me suis réfugiée dans mon lit pour pleurer toutes les larmes de mon corps. Je ne sais pas quand mes yeux se sont taris ou quand je me suis assoupie, mais je me suis réveillée au beau milieu de la nuit, le poignet, le bras et le crâne endoloris. Les yeux fixés sur la lueur orangée blafarde qui filtrait par la fenêtre, je me suis remise à pleurer en priant pour que ce cauchemar s'arrête d'une manière ou d'une autre.

Le lendemain, comme tous les matins, j'ai enfilé mes chaussures et attrapé mon manteau. Mon poignet, qui avait enflé pendant la nuit, m'élançait dès que je remuais un peu trop la main, et j'avais encore mal à la tête. Lorsque j'ai essayé de me brosser les cheveux, les contusions sur mon crâne m'ont tellement fait souffrir que j'ai abandonné, me contentant de les attacher dans mon dos.

Mena ne m'avait pas adressé la parole depuis notre retour de l'école, la veille.

« Tu es prête ? m'a-t-elle demandé.

— Oui. »

Nous nous sommes mises en route sans prononcer un mot. À mi-parcours, ma sœur a enfin brisé le silence.

« Est-ce que ça va aller ?

— Je voudrais qu'ils me tuent, qu'ils prennent un couteau et me poignardent pour en finir une bonne fois pour toutes, ai-je répondu sans pouvoir réprimer des sanglots. Mère me tape sans véritable raison. Je voudrais juste qu'elle me tape assez fort sur le crâne pour me tuer pour de bon. »

Je détestais être en vie. Je détestais recevoir des coups. J'en avais assez de souffrir.

En dernière année de primaire, mon instituteur, M. Hastings, était un homme strict qui n'hésitait pas à élever la voix au moindre bavardage. Un jour, il a perdu patience en me surprenant en train de chuchoter avec deux autres élèves, Lisa et Mandy : « À la porte, toutes les trois ! Apportez ce mot au directeur, il saura comment vous accueillir. »

Tous les enfants de l'école nourrissaient une peur bleue du martinet, même si beaucoup ne savaient pas exactement de quoi il s'agissait. Une chose était sûre : ceux qui étaient envoyés chez le directeur pour une grosse bêtise n'y échappaient pas, et tous, y compris les plus courageux, ressortaient de son bureau en larmes. Certains pleuraient même tant qu'on les renvoyait chez eux.

Je crois que l'attente devant la porte du directeur, après avoir donné le mot de M. Hastings à sa secrétaire, reste le plus mauvais souvenir de toute ma scolarité. Toutes les trois terrifiées, nous nous demandions ce que cachait l'effrayant martinet et quelle terrible punition nous pendait au nez. Nous n'osions même pas nous regarder de peur de fondre en pleurs avant de pénétrer dans le bureau.

Après ce qui m'a semblé une éternité, la porte s'est ouverte. Je n'avais jamais vu M. Marsden d'aussi près. S'il prononçait toujours un discours du haut de l'estrade lors des rassemblements de l'école, il ne passait jamais dans les classes pour voir les élèves en particulier. Il paraissait fatigué et c'est à peine s'il nous a adressé un regard.

« Venez ici ! nous a-t-il ordonné. Votre maître m'a écrit un mot. Qu'avez-vous à dire pour votre défense ? »

Comme aucune de mes camarades n'osait prendre la parole, je me suis lancée.

« Nous sommes désolées, monsieur. »

Il m'a considérée un instant, avant d'ouvrir un tiroir de son bureau, d'où il a sorti une fine lanière de cuir d'environ la même longueur que les grandes règles que nous utilisions pour les leçons de mathématiques.

C'était donc cela, le fameux martinet ! Ce spectacle ne m'a guère inquiétée, j'avais encaissé les coups d'instruments bien plus terrifiants à la maison. Aussi ai-je obéi sans l'ombre d'une hésitation quand M. Marsden nous a commandé de tendre notre main gauche, certaine de ne pas souffrir. En effet, lorsque le cuir a fouetté ma paume, je n'ai senti qu'un léger fourmillement indolore, une sensation bien plus douce que la brûlure que laissait sur ma joue la main de ma mère.

Tandis que je me demandais pourquoi les autres faisaient tout un plat de cette punition, un nouveau claquement a résonné près de moi et Lisa a éclaté en sanglots. M. Marsden est ensuite passé à Mandy, qui a ramené sa main contre son flanc.

« J'ai dit de tendre la main gauche ! » a-t-il grondé.

Lorsque Mandy s'est exécutée, son bras tremblait. Je ne comprenais pas que le directeur agisse ainsi, qu'il s'obstine à infliger des souffrances à une petite fille qui, de toute évidence, mourait déjà de peur. Je voulais intervenir quand il a donné de l'élan à son bras et abattu la lanière de cuir. Mandy a lâché un cri de douleur.

M. Marsden nous a tourné le dos puis nous a donné congé.

« Retournez en classe maintenant, a-t-il dit avec un regard par-dessus son épaule. Je ne veux plus vous voir ici. »

Comme les deux autres se comprimaient la main en pleurnichant, j'ai répondu suffisamment fort pour nous trois.

« Oui, monsieur. »

Puis je suis sortie sur leurs talons.

À l'heure de la récréation, toute la classe s'est rassemblée autour de nous.

« Comment c'était ?

— C'est vraiment gros, le martinet ?

— Est-ce que ça fait très mal ? »

Lisa et Mandy ont exhibé la marque rouge qui leur barrait la main, puis la première s'est tournée vers moi.

« Sam, elle, elle n'a pas eu mal. Elle n'a pas pleuré ni rien. »

Un silence s'est emparé du petit groupe et tous les regards ont convergé vers moi. D'habitude, mes camarades ne me prêtaient attention que pour me tourner en ridicule et me pointer du doigt, mais cette fois, leur intérêt véhiculait un respect mêlé de terreur. Tout le monde, sans exception, versait au moins quelques larmes sous le châtiment du martinet, même les plus grands et les plus durs de l'école.

De tout le restant du troisième trimestre, plus personne ne s'est moqué de mon bégaiement ou de mes vêtements.

Avant les vacances d'été, mère m'a emmenée au marché aux puces en préparation de la rentrée suivante. À bientôt onze ans, l'heure était venue pour moi de rejoindre Mena au collège de Hawbush, à Walsall, et nous devions donc nous procurer un uniforme d'occasion. J'ai tout de suite pris en horreur ces vieilles loques dont l'odeur de renfermé faisait contraste avec l'éventaire voisin, où étaient proposés de jolis savons et autres objets odorants. J'aurais tant aimé repartir avec ces produits parfumés plutôt qu'un vieil uniforme.

Le collège se situant à plus grande distance de la maison, nous devions, pour ne pas arriver en retard, partir à 8 heures, comme Saber et Tara l'avaient fait avant nous. J'ai accueilli avec plaisir cette longue marche, qui m'offrait un plus long répit loin des corvées ménagères et de la violence. Cependant, le changement d'école n'a pas eu que des avantages. La plupart des élèves du primaire n'étant pas inscrits dans le même établissement secondaire, le respect que j'avais gagné après l'épisode du martinet ne m'a pas suivie et je suis redevenue la risée de la classe et le souffre-douleur de tous ceux qui ressentaient le besoin de se défouler.

Mes années de primaire m'avaient toutefois appris à encaisser les moqueries. Mena se faisant toujours le plus discrète possible, que ce soit à la maison ou à l'école, j'avais rapidement compris que je ne pouvais compter sur aucun membre de ma famille pour me secourir et qu'il me fallait développer ma propre stratégie. Celle-ci consistait à reconnaître la véracité des attaques de mes agresseurs plutôt que de chercher à les contredire.

« Je sais, mes habits sont minables, pas vrai ? » commentais-je.

À force, j'ai fini par ne plus faire une cible intéressante et ils ont cessé de s'acharner contre moi.

Je me débrouillais bien à l'école, où je me classais parmi les premiers dans la plupart des matières. Les sciences, les maths et la géographie ne me donnaient aucune difficulté et je continuais à lire tout ce qui me tombait sous la main. Le midi, je m'installais à la bibliothèque pour m'absorber dans des livres d'aventures, que ce soit les enquêtes de Nancy Drew ou *L'Île au trésor*. Je raffolais également de *Ma coquine de petite sœur*, dont j'ai lu toute la collection. Je rêvais d'être la narratrice, une petite fille dorlotée par sa maman. D'ailleurs, je ne désespérais pas de me voir un jour récompensée de tous mes efforts par de tels témoignages d'affection, même si ce jour n'arrivait jamais.

L'absence de mère à toutes les réunions et journées portes ouvertes du collège n'a jamais suscité d'interrogations, pas plus que le fait qu'elle ne rencontre jamais mes professeurs ou n'écrive pas ma dispense d'EPS. Je redoutais les cours d'éducation physique à cause de mes jambes tordues, dont mère me rebattait les oreilles. L'idée que mes camarades me regardent comme une bête curieuse dans le vestiaire m'angoissait tant que je m'étais fait un mot d'excuse en imitant la signature maternelle. Si jamais un remplaçant venait à me demander pourquoi j'avais rédigé la dispense moi-même, ce qui arrivait environ deux fois par trimestre, je lui expliquais que ma mère ne savait pas écrire en anglais. Tara et Mena avaient préparé le terrain, si bien que, lorsque je suis entrée au collège à mon tour, personne ne semblait s'intéresser assez à notre cas pour nous questionner sur la vie à la maison. Petit à petit, j'ai perdu confiance en moi. J'ai réussi à me rendre invisible, autant dans la cour de récréation que dans la classe. Comme je n'ai jamais donné de fil à retordre aux professeurs, je suis passée inaperçue. J'ai traversé ces années en catimini, sans attirer les regards ni éveiller l'intérêt.

8

L'après-midi s'était déroulé comme de coutume. Irritée de se voir présenter un *roti* brûlé pour le dîner, mère m'avait asséné une grande claque sur la tête, suivie d'un coup de poing dans le dos : « Tu comptes me faire avaler ça ? » J'étais retournée à la cuisine pour lui préparer une autre galette puis je m'étais forcée à manger celle qui était carbonisée, afin que mon erreur me serve de leçon.

Le soir, je me suis couchée avec une migraine et des courbatures dans le dos. Je me sentais encore plus vidée que de coutume alors que l'approche de mon onzième anniversaire, deux jours plus tard, aurait dû me remplir d'énergie. Étendue dans mon lit, j'ai réfléchi au vœu que je formulerais à cette occasion. Je fermerais bien les yeux et ne le confierais à personne pour être sûre qu'il se réalise.

Je me suis réveillée tard le lendemain, un dimanche. La sensation d'épuisement de la veille ne m'avait pas quittée, pas plus que la douleur dans mon dos. Pour une fois, Mena était debout avant moi.

« Tu vas bien ? m'a-t-elle demandé.

— J'ai mal au dos. »

Assise sur l'autre lit, Tara se frottait les yeux. La veille, elle s'était couchée sous l'escalier pour en ressortir d'un bond en découvrant que Salim s'était soulagé sur son matelas. Elle s'était donc repliée dans notre chambre, non sans avoir passé sa colère sur notre petit frère terrorisé : « Ne t'assieds plus jamais sur mon lit, tu m'entends ! Je vais dire au croque-mitaine de venir, et si jamais tu entres dans ma chambre, il t'emmènera loin d'ici et tu ne reviendras plus jamais. C'est compris ? »

J'avais donc dû pousser Mena, qui dormait à poings fermés, pour me ménager une petite place dans mon lit. Cependant, après le réveil musclé de Tara, j'avais passé une nuit agitée. Je me suis assise péniblement et ai posé un pied par terre.

« Tu n'as pas l'air très bien », a remarqué Mena

Avec un haussement d'épaules indifférent, je me suis levée et me suis mise à ordonner le lit. En soulevant la couverture, j'ai découvert une grosse tache rouge sur le matelas. Derrière moi, Mena a suffoqué.

« Sam, tu as du sang. Tu saignes du dos ! »

Je me suis glacée d'horreur. Ne sachant pas d'où provenait l'hémorragie, je craignais de l'aggraver au moindre mouvement. Tara s'est approchée et a remonté avec prudence ma longue tunique.

« Montre-moi ça… Berk !

— Quoi ? Qu'est-ce qu'il y a ? ai-je demandé, affolée par leurs réactions.

— Attends-toi à des ennuis, tu as tes règles. Je vais le dire à mère et Hanif, a déclaré Tara, aussi mauvaise que de coutume.

— S'il te plaît, non ! Ne dis rien ! »

Trop tard, elle était déjà partie.

« Ça te fait très mal ? a demandé Mena.

— Non, ai-je répondu en tentant de cacher ma douleur. Il faut que tu m'aides, Mena. Je vais aller chercher de l'eau pour nettoyer le matelas, mais je dois d'abord me changer. »

Mais déjà Tara remontait les marches. Elle est entrée dans la chambre d'un pas énergique, rayonnant de plaisir face à mon malheur, qui lui offrait un peu d'occupation.

« Hanif t'appelle.

— Ce n'est rien, je vais nettoyer le matelas et changer de vêtements.

— Elle veut te voir. Tout de suite. »

J'ai regardé ma sœur aînée, qui a haussé les sourcils comme pour dire : « Tu veux que je descende lui dire que tu refuses d'obéir ? »

Je me suis tournée vers Mena.

« Il y a beaucoup de sang sur mes habits ?

— Oui.

— Pas le temps de te changer, vas-y », m'a pressée Tara.

Je me sentais terriblement mal dans ces vêtements couverts de sang, dont l'odeur répugnante m'a suivie dans l'escalier. Même si j'ignorais ce que j'avais fait de mal, j'étais terrifiée.

Hanif et mère étaient assises côte à côte sur le canapé-lit. Après leur avoir jeté un regard honteux, j'ai rivé les yeux au sol. Mère a aboyé : « Tourne-toi ! » J'ai obéi tandis qu'elle continuait : « Approche. » Je me suis avancée vers le canapé. Elle a alors remonté ma tunique et baissé mon *shalwar*. Je l'ai laissée faire sans un mot, trop effrayée de recevoir une gifle si je me risquais à ouvrir la bouche, ne serait-ce que pour me renseigner sur la cause du saignement.

« Sale chienne, a-t-elle soudain éructé. Tu as déjà tes règles. Satanée chienne ! »

J'ignorais ce que le terme « règles » signifiait. En panjabi, il se disait « *ganda kapra* », soit, au sens littéral, « période de linge sale ». Pour ma part, je n'ai retenu que le mot « sale ».

« Va te laver, m'a ordonné Hanif. Je vais venir m'occuper de toi. »

Bien qu'elle n'ait pas employé un ton plus aimable que de coutume, c'est à peine si je n'ai pas pleuré de reconnaissance en recevant l'autorisation d'aller nettoyer tout ce sang. J'ai vite remonté mon pantalon et filé dans la cuisine, poursuivie par la voix de mère : « Ne t'avise pas de laver ça dans la salle de bains ! Va dehors. »

J'ai disparu derrière le rideau qui isolait la cuvette en étain du reste de la cuisine, heureuse de trouver des vêtements à moi sur le fil à linge tendu dans le petit recoin, ce qui me dispenserait de remonter à l'étage pour me changer.

Hanif, qui m'avait emboîté le pas, m'a tendu une culotte et un morceau de tissu plié en rectangle : « Prends ça et préviens-moi quand tu auras besoin d'autres linges. » Elle l'a placé entre ses jambes : « Regarde, tu le mets à l'entrejambe, comme ça. »

Je suis retournée derrière le rideau, perplexe. Pourquoi Hanif m'avait-elle donné une culotte ? Après avoir rempli la cuvette d'eau chaude, j'ai commencé à me frotter, remplie d'un sentiment de honte. Si seulement je n'avais pas fait brûler les *rotis*, la veille, rien de tout cela ne serait arrivé. Ce n'est qu'après m'être dévissé le cou dans un effort vain pour apercevoir la blessure dans mon dos que j'ai identifié la source du saignement. Je suis sortie de la cuvette en quatrième vitesse et, après m'être séchée, ai calé le rectangle de tissu entre mes jambes, me débattant avec le vieux sous-vêtement de Hanif, si grand pour moi qu'il m'a fallu le nouer au niveau du nombril pour l'empêcher de glisser. Cela faisait tellement longtemps que je n'avais pas porté de culotte que j'en avais perdu l'habitude. Une fois que tout m'a semblé bien en place, j'ai enfilé un pantalon propre.

Hanif a passé la tête derrière le rideau : « Tu as fini ? » Comme je hochais la tête, elle a repris : « Ça arrivera tous les mois. Les linges sont rangés dans un sac dans le placard sous l'escalier, et les culottes pour les maintenir juste à côté. » J'ai de nouveau secoué la tête, sans chercher à comprendre. Je n'avais qu'une envie : sortir laver mes vêtements, seule.

J'ai posé mes habits sales dans le jardin, puis ai ramassé une bassine, que je suis rentrée remplir d'eau pour les y mettre à tremper. Je m'accroupissais pour frotter les taches quand Mena m'a rejointe.

« Tu va bien, Sam ?

— Oui. Hanif m'a dit que ça arriverait tous les mois.

— Oui, je sais. J'ai de la chance de ne pas encore avoir les miennes. Bon, je rentre, j'ai froid ici. »

Elle s'est éclipsée, me laissant en proie au plus grand désarroi.

Placée dans une classe supérieure à la mienne, Mena avait déjà assisté à des cours d'éducation sexuelle. Je n'allais moi-même pas tarder à en avoir. Un jour, j'ai confié à une poignée de camarades que j'avais mes règles. Inutile de préciser que la nouvelle a fait le tour de la classe. L'une des filles les plus populaires de ma section, qui ne m'avait jusque-là jamais adressé la parole, est alors venue me trouver pendant la récréation pour recueillir mes impressions sur la question. Je lui ai répondu franchement : « Comment c'est ? Horrible. C'est comme un mal de ventre épouvantable. »

Au bout de quelques mois, j'ai fini par comprendre que les saignements survenaient à intervalles plus ou moins réguliers, que j'aie ou non été battue. Il m'a cependant fallu plusieurs années pour cesser de me sentir « sale » et de me reprocher d'avoir provoqué mes premières règles.

Dès que nous en avions la possibilité, Mena et moi disparaissions dans notre chambre. C'était encore le moyen le plus sûr d'éviter les ennuis car personne ne venait nous y ordonner de faire ceci ou cela. Un soir que j'y avais trouvé refuge, Mena est entrée en courant, au comble de l'excitation.

« Tara va se marier ! »

Pour une surprise, c'était une surprise. À seize ans, Tara ne partageait plus nos jeux et n'avait donc que très peu de contact avec nous, sauf, bien entendu, lorsqu'elle souhaitait se décharger de ses corvées sur moi.

« Quoi ? Avec qui ?

— Bashir.

— Celui qui est arrivé du Pakistan il y a quelques mois ? »

Mena a confirmé d'un hochement de tête. Bashir était un cousin germain, le fils d'une sœur de mère. Bien qu'il ne parle que panjabi, il semblait être un homme bien. Il était grand et, comme il portait la moustache, nous le comparions souvent à Tom Selleck pour rigoler. Il louait une maison à quelques pas de chez nous.

« Quand aura lieu le mariage ? me suis-je enquise, aussi enthousiaste que Mena à l'idée d'une grande fête.

— Très bientôt, si j'en crois mes oreilles. Mère veut qu'ils se marient le plus vite possible.

— Est-ce que Tara est amoureuse de lui ? ai-je demandé en me rappelant soudain ne l'avoir jamais vue en compagnie de Bashir.

— Amoureuse ? Peu importe, elle va l'épouser parce que mère en a décidé ainsi.

— Ce n'est pas juste. »

Du moins me semblait-il, mais j'avais appris dans les films que les familles traditionnelles comme la mienne arrangeaient le mariage de leurs enfants très tôt, parfois quand ces derniers étaient encore nourrissons, auquel cas les noces étaient célébrées dès que les deux promis étaient suffisamment âgés. Personne n'envisageait l'union maritale autrement. Pas même Mena, qui, par conséquent, n'a pas pris la peine de répondre à mon commentaire.

« Je jouais souvent à la mariée avec Amanda », ai-je remarqué pour changer de sujet. « On se mettait une serviette blanche sur la tête pour le voile, puis on traversait tout le salon pour retrouver notre prince charmant », ai-je poursuivi en me levant pour une démonstration. « Les princes charmants étaient nos ours en peluche », ai-je précisé, ce qui a fait rigoler ma sœur. « Amanda me demandait : "Acceptes-tu de prendre ce prince pour époux ?" Je disais oui et elle se tournait vers le nounours : "Vous pouvez maintenant embrasser la mariée." »

Mena a écrasé un oreiller sur sa bouche pour étouffer son rire. Nous n'avions aucun intérêt à ce que mère apprenne que nous nous amusions.

Les films nous avaient également appris qu'on ne pouvait pas s'éprendre de n'importe qui. À l'heure de se marier, il fallait se conformer au choix de ses parents. Un refus signait le déshonneur de la famille, or Mena et moi avions parfaitement compris qu'il n'existait pire sacrilège. Ceux qui osaient désobéir et s'enfuir après une union secrète avaient tout intérêt à disparaître très loin, car ils n'échappaient pas aux poursuites, voire aux représailles mortelles exercées par des gens spécialement payés pour laver l'honneur de la famille.

En réalité, le mariage de Tara s'est révélé bien différent de la grande fête que je m'étais imaginée. Ma sœur aînée n'a pas perdu de temps pour m'expliquer ce qu'elle attendait de moi : la tradition exigeant que les filles des deux familles s'affrontent en danses devant les invités, elle entendait que je participe comme les autres à la compétition. Déterminée à m'apprendre à danser, elle m'a collée devant une cassette vidéo, m'obligeant à regarder un passage de film en boucle pour m'imprégner de la chorégraphie. Comme je n'avais jamais dansé de ma vie, toute la bonne volonté du monde ne suffisait pas à m'éviter d'accumuler les faux pas, ce qui a fini par mettre Tara hors d'elle.

« Tu ne peux pas y mettre un peu du tien ? Elle bouge les bras vers la gauche, pas la droite !

— Je fais de mon mieux, ai-je répondu en me tortillant pour suivre les mouvements sur l'écran, aussi mal à l'aise que maladroite.

— T'es vraiment nulle ! Un singe danserait mieux que toi ! »

Elle s'est placée derrière moi, les mains serrées autour de mes poignets pour me tendre les bras et me faire tournoyer. Lorsque je lui ai marché sur le pied pour la troisième fois, elle m'a lâchée et m'a repoussée : « Hors de question que tu danses pour mon mariage si tu ne peux pas enchaîner deux pas ! »

Je l'ai regardée sortir de la pièce en trépignant, désormais certaine de ce qu'il me restait à faire pour échapper au supplice de la danse.

À son retour, j'ai continué à collectionner les erreurs. Je trébuchais sur ses pieds, je tapais des mains à contretemps… Au bout d'un moment, elle a laissé échapper un hurlement furieux, bondissant sur le poste de télévision pour l'éteindre : « Laisse tomber ! Tu n'es bonne à rien ! C'est décidé, tu ne danseras pas à mon mariage. Déguerpis, maintenant ! »

J'ai filé dans la cuisine en réprimant un sourire. Quand elle m'a vue débarquer, Mena m'a adressé un haussement de sourcils interrogateur, auquel j'ai répondu par un clin d'œil.

En vue de l'événement, mère nous avait acheté à chacun une nouvelle tenue. Le grand jour, Saber nous a retrouvées dans notre chambre avec un élégant *shalwar kameez* blanc et une moue de dégoût. Je trouvais pourtant qu'il portait bien le costume.

« Pourquoi on ne peut pas mettre nos habits de tous les jours ? s'est-il plaint.

— Tu peux porter le mien si tu préfères. »

J'ai brandi un ensemble bleu dont le *kameez* était brodé, en bas, de motifs dorés assortis aux ornements aux extrémités de l'étole. C'était la première tenue neuve à laquelle j'avais droit depuis mes neuf ans. Même s'il était un peu petit, je portais encore le *shalwar kameez* orangé que mère m'avait confectionné à l'époque pour rendre visite à ses connaissances. Comme c'était le seul et unique cadeau que j'avais reçu d'elle, il me donnait l'impression d'être unique.

« Non, merci, m'a répondu Saber avec un sourire sarcastique, avant de sortir d'un pas lourd.

— Je hais le rose, a grommelé Mena en regardant la tenue étalée sur son lit.

— On peut échanger si tu veux, j'aime bien le rose, moi.

— D'accord. »

Nous avons donc chacune enfilé notre *shalwar kameez* de fête, Mena le bleu et moi le rose, décoré de broderies identiques au premier. Une fois habillée, je me suis émerveillée devant ma sœur.

« Ouah ! Tu ressembles à une princesse ! »

J'espérais, en secret, qu'elle en penserait autant de moi. Elle a coiffé ses longs cheveux noirs devant le miroir de l'armoire avant de me céder sa place.

Une inconnue m'est alors apparue. Les beaux vêtements ne suffisaient pas à masquer ce qui crevait les yeux dans ce reflet. En guise de princesse, j'avais devant moi une petite fille au visage triste et aux cheveux en bataille, perdue et seule au monde. Une petite fille qui voulait crier combien elle souffrait en son for intérieur. Une petite fille qui rêvait d'avoir des amis. Même un ferait l'affaire, un ami très cher auquel elle pourrait confier combien elle était épuisée par les tâches ménagères, les mauvais traitements, l'indifférence et les moqueries. Elle voulait que tout s'arrête. Elle voulait fuir, mais n'avait nulle part où aller si ce n'était au plus profond d'elle-même. Elle voulait savoir pourquoi sa vie ressemblait à un cauchemar.

Je me suis détournée, incapable de soutenir plus longtemps mon propre regard.

« Tu es sublime », m'a dit Mena.

Je voyais bien qu'elle essayait juste de me remonter le moral.

« Bon, enfin bref… », a-t-elle conclu en avisant mon expression.

Je ne pouvais exprimer la tristesse qui me submergeait. Je savais que je n'étais plus la petite fille qui avait mis pour la première fois les pieds dans cette maison. J'étais une autre, une autre que je ne connaissais pas.

Saber a pointé la tête dans l'entrebâillement de la porte :

« Mère veut que vous descendiez quand vous serez prêtes. »

Le rez-de-chaussée était transformé : la poussière et la saleté avaient disparu, les meubles avaient été déplacés et des draps blancs couvraient le sol des pièces. Des tissus de couleur vive habillaient les murs et les fenêtres et des décorations étincelantes pendaient au plafond, accrochant la lumière. Jamais je n'aurais cru trouver un jour la maison aussi attrayante.

Mena et moi sommes entrées dans la cuisine. Par bonheur, je n'avais pas eu à m'occuper du repas de mariage. Jugeant la quantité de nourriture trop importante, mère avait décidé de confier cette tâche à un homme qu'elle appelait « *uncle*[1] ».

---

1. « *Uncle* » (« oncle ») n'est pas à prendre ici dans son sens littéral, ce terme étant, comme son équivalent féminin « *auntie* » (« tata »), utilisé dans la culture indo-pakistanaise pour s'adresser aux personnes plus âgées de la communauté. (N.d.T.)

Quand nous sommes arrivées, mère préparait du thé et Hanif faisait la vaisselle.

« Sam, pose les gobelets à côté, puis va près de la porte pour accueillir les invités. »

J'ai porté la pile de verres en carton dans le salon donnant sur la rue, sur une table déjà remplie de bouteilles de jus de fruits et de Coca-Cola. Je me suis ensuite postée dans l'entrée, où j'ai pris beaucoup de plaisir à inviter les hôtes à entrer, admirant leurs élégantes tenues et les *shalwar kameez* scintillants des femmes. Notre maison miteuse n'avait jamais vu autant de lumière et de couleur, ni entendu autant de bruits. Je me demandais comment les gens arrivaient à discuter dans ce brouhaha.

Ce n'est qu'ensuite que la course a vraiment commencé pour moi : « Compte les assiettes », « Apporte les saladiers », « Remplis les salières », « Sors les yaourts du frigo », « Coupe les concombres ». J'ai dû faire tout cela en m'appliquant à ne pas salir mes jolis habits, les tabliers étant réservés à mère et à Hanif. Quand j'ai eu tout fini, d'autres ordres ont fusé.

« Va voir si Tara est prête. Le *molvi* va arriver d'une minute à l'autre. »

J'avais presque oublié l'existence de ma sœur aînée. Je ne l'avais d'ailleurs pas croisée de la journée.

« Où elle est ?

— Dans la chambre d'Hanif, m'a répondu mère par-dessus son épaule. Elle s'y prépare depuis ce matin avec ses amies. Le *molvi* arrive à 13 heures, mais dis-lui de ne pas descendre toute seule. J'irai la chercher. »

Je me suis précipitée à l'étage, où j'ai frappé à la porte de la chambre de Manz et Hanif. J'ai attendu d'y être invitée pour entrer à l'intérieur de la pièce, qui grouillait de jeunes filles virevoltant çà et là avec des gloussements de rire. Je me suis approchée de Tara, qui me tournait le dos.

« Mère te dit de te dépêcher, le *molvi* va bientôt arriver. Elle va venir te chercher, il faut que tu l'attendes ici. »

Ma sœur s'est alors tournée pour me faire face. Elle portait une longue jupe rouge, un *kameez* assorti brodé d'or et des chaussures dorées. Un impressionnant collier d'or à trois rangs assorti à ses boucles d'oreilles ornait son cou. Au-dessus de ses lèvres vermillon, le maquillage de ses yeux rappelait le rouge de ses joues. Elle semblait tout droit sortie d'un film.

« Qu'est-ce que tu es belle ! » ai-je murmuré, bouche bée.

Pour la première fois de ma vie, ma sœur aînée a souri de plaisir à l'une de mes remarques.

« Dis à mère que je suis bientôt prête. Oh, et sois gentille, rapporte-moi vite un verre de Coca. »

J'ai foncé à la cuisine pour chercher la boisson.

« Te voilà, toi ! Coupe ces oignons, m'a lancé sèchement Hanif.

— Mais je dois apporter à boire à Tara. À propos, elle est prête.

— Eh bien, dépêche-toi de hacher les oignons alors. »

Quand j'ai enfin pu apporter son verre à Tara, un quart d'heure s'était écoulé. Elle me l'a arraché des mains, faisant voler en éclats l'image que j'avais gardée d'elle en quittant la pièce quelques minutes plus tôt.

« Il t'en a fallu du temps ! Je meurs de soif ! Et c'est quoi, ce gobelet en papier ? Tu n'es même pas fichue de me rapporter un vrai verre ?

— Tu es prête à descendre ? »

J'ai sursauté en reconnaissant dans mon dos la voix de mère, qui m'avait suivie à l'étage. Tous les bavardages ont cessé.

« Oui », a répondu Tara d'une petite voix.

Elle s'est levée pour rejoindre mère, qui lui a posé un voile rouge sur la tête et l'a guidée dans l'escalier. Un silence absolu s'est emparé du rez-de-chaussée à la seconde où Tara est arrivée au bas des marches et la foule s'est fendue en deux pour lui ménager un passage. L'atmosphère était magique.

Mère l'a assise sur une chaise près de la fenêtre, arrangeant avec soin ses vêtements sous le regard admiratif de toutes les femmes, qui chuchotaient entre elles.

« Qu'est-ce qu'elle est belle !

— Combien d'or ont pu lui donner ses parents ?

— C'est bien qu'elle épouse son cousin.

— Les parents du marié sont au Pakistan, au moins elle ne sera pas enquiquinée. »

Mère a fait signe à Mena de s'asseoir par terre à côté de Tara, tandis que les femmes s'approchaient chacune leur tour pour remettre de l'argent à la mariée. Celle-ci le tendait alors à Mena, qui le glissait dans un petit sac. Ces dons étaient destinés à persuader Tara de découvrir son visage. Lorsqu'elle a enfin soulevé le voile, toute la pièce a retenu son souffle.

« N'est-elle pas magnifique !

— Elle est si belle !

— Qu'Allah lui accorde tous les trésors du monde. »

Même tête baissée, les yeux rivés au sol dans une pose d'humilité, ma sœur resplendissait. Tout en elle semblait différent. À l'écart, dans un coin, j'observais la scène avec la même exaltation que les autres. Je savais, cependant, qu'elle ne faisait qu'obéir aux consignes de mère.

Quelques jours plus tôt, après le dîner, Hanif et mère avaient en effet préparé la future mariée alors que je nettoyais la cuisine.

« Quand on te conduira en bas, tu ne devras ni lever les yeux ni sourire, avait remarqué mère.

— Tu ne voudrais pas que les gens croient que tu es heureuse de quitter la maison de tes parents, avait explicité Hanif.

— Au moment de partir, je veux que tu pleures et que tu nous serres fort dans tes bras, avait ajouté mère. Si tu as l'air contente, les gens pourraient penser que nous t'avons maltraitée et que tu te réjouis de partir. »

Manz, qui faisait le guet à la porte d'entrée, a soudain crié.

« Le *molvi* est là ! »

Hanif s'est aussitôt tournée vers moi.

« Vite, va chercher une chaise à la cuisine. Allez, dépêche-toi ! »

Un vieil homme en *shalwar kameez* blanc avec une large ceinture de tissu noir s'est assis au côté de Tara, sur la chaise que je m'étais empressée d'apporter. Il s'est penché sur elle et lui a chuchoté des mots indiscernables qu'elle s'est appliquée à répéter avec exactitude. Cela fait, il s'est dirigé vers l'autre salle, tandis que je recevais l'ordre de remettre la chaise à Manz, posté entre les deux pièces.

Après que le vieil homme a disparu derrière mon frère dans le salon adjacent, j'ai jeté un regard par l'entrebâillement de la porte. En costume vert, Bashir écoutait attentivement les murmures du *molvi*, l'air nerveux. Je n'ai pas eu le temps d'en voir davantage car mère m'a appelée à grands cris dans la cuisine pour que je l'aide à servir le repas. À peine étais-je arrivée qu'elle m'a fourré une pile d'assiettes en carton entre les mains : « Distribues-en une à tout le monde. Prends aussi le sac de fourchettes, pour les donner en même temps. »

J'ai fait le tour du cercle de femmes assises par terre, m'amusant à les compter au fur et à mesure que je leur remettais assiettes et fourchettes. Je n'arrivais pas à croire que vingt-sept femmes et dix enfants tenaient dans une pièce qui me semblait déjà trop exiguë pour ma seule famille. Quand j'ai regagné la cuisine, des plats de riz fumaient sur le plan de travail : « Qu'est-ce que tu attends ? Apporte le riz là-bas ! » Ce fut ensuite le tour d'un curry de viande et d'une salade, dont les délicieuses odeurs me mettaient l'eau à la bouche. Après m'être assurée que les invitées se servaient, je suis retournée avec des gargouillements d'estomac à la cuisine, où mère et Hanif mangeaient. Je me réjouissais à l'idée de les imiter quand Hanif m'a indiqué d'un geste une autre pile d'assiettes et tout un arsenal de plats : « Maintenant, apporte tout ça aux hommes dans l'autre pièce. »

J'ai repris mes allées et venues, sans que personne ne me propose de l'aide. Une fois la nourriture distribuée, j'ai regagné la cuisine. Tara m'a fait signe d'approcher : « Va me chercher à manger. Je meurs de faim. »

Après lui avoir apporté une assiette, je suis repartie à la cuisine, résignée à recevoir de nouveaux ordres. À ma grande surprise, Hanif m'a dit de me servir : « Mange vite quelque chose, ensuite tu iras débarrasser. »

Après avoir rempli une assiette, j'ai cherché une place du regard. Constatant que Hanif et mère occupaient les deux seules chaises de la pièce, je me suis assise par terre dans un coin. Après avoir enfourné une bouchée de curry, j'ai marqué une pause pour mieux savourer la viande. Je la trouvais succulente, sans doute parce que je ne l'avais pas préparée moi-même. Cela faisait des années que je n'avais pas mangé la cuisine de quelqu'un d'autre que moi. J'ai vidé mon assiette goulûment, me dépêchant de la remplir de nouveau.

Je venais juste d'avaler ma dernière bouchée lorsque Hanif m'a tendu un sac et des petits bols en carton : « Va ramasser les assiettes et distribue les coupelles pour le *zarda*. »

Alors que je m'affairais auprès des femmes, l'une d'entre elles s'est tournée vers moi.

« Y a-t-il du riz sucré ?

— Oui, ça arrive. S'il vous plaît, pourriez-vous faire passer les coupelles pendant que je ramasse les assiettes ? »

L'invitée m'a aidée de bon gré, avec un sourire chaleureux. Après avoir récupéré toutes les assiettes, je suis allée chercher les cuillères et le dessert. À mon retour, elle m'en a débarrassée et, après avoir placé le plat sur le drap blanc, elle a posé sur ma joue une main caressante.

« Si seulement mes filles travaillaient aussi dur que toi... »

Je l'ai gratifiée d'un grand sourire. Pour une fois, je me sentais appréciée.

Quand j'ai regagné la cuisine, mère et Hanif discutaient de ce qui restait dans les casseroles. Mère m'a demandé : « Tu veux du *zarda* ? » Comme je hochais la tête, elle a ajouté : « Va te chercher un bol et sers-toi. »

J'ai avalé le dessert à grosses bouchées dans l'espoir de monter me coucher très vite. Toutes ces émotions, conjuguées aux allées et venues pour servir les nombreux invités, m'avaient épuisée. Cependant, j'ai rapidement compris que ma journée était loin d'être terminée lorsque mère a rouvert la bouche : « Quand tu auras fini, tu iras ramasser les coupelles dans les deux pièces. »

Je rapportais tous les petits bols à la cuisine au moment où Bashir est venu s'asseoir sur la chaise à côté de Tara. Tandis que les jeunes mariés se lançaient des regards timides, les hommes l'ont suivi et, chacun leur tour, ils sont allés poser la main sur la tête de Tara avant de prendre congé en prononçant leurs vœux: « Qu'Allah vous bénisse tous les deux ! »

Dès que tous les hommes eurent disparu, les femmes ont entonné un chant monotone dont je n'ai compris que quelques mots : « Notre fille nous quitte, notre fille nous quitte aujourd'hui. » À peu près au milieu de cette mélopée, les deux époux se sont levés. Hanif et mère les ont serrés dans leurs bras en sanglotant. Plus les femmes chantaient fort, plus leurs pleurs s'intensifiaient. Au moment où Tara s'est dirigée vers la porte d'entrée, elles ont poussé de grandes lamentations.

Hanif a accompagné Tara dehors, suivi par toutes les femmes. Du portail, Mena et moi avons regardé le groupe parcourir la cinquantaine de mètres qui séparait notre maison de celle de Bashir. Sous les yeux des invitées attroupées devant la grille, Hanif a conduit les jeunes mariés dans leur foyer, refermant la porte derrière eux.

J'ai couru à la maison avec Mena.

« Elle va habiter là-bas, maintenant ? m'a-t-elle demandé dans l'escalier.

— Je ne sais pas », ai-je répondu en haussant les épaules.

J'étais trop fatiguée pour m'en soucier. En outre, le départ de Tara signifiait qu'il y aurait à la maison une personne de moins pour me réprimander à longueur de temps.

Mena s'est pelotonnée sur le matelas de Tara avec un bâillement rieur :

« Comme je suis la plus grande, son lit me revient, maintenant. »

Cela ne me dérangeait pas. Au contraire, je me réjouissais d'occuper le lit le plus proche de la fenêtre, dont il me suffirait d'entrouvrir les rideaux pour lire tout mon soûl à la lumière du réverbère.

9

Maintenant que Tara ne vivait plus à la maison, il arrivait à papa de rester dormir, au grand mécontentement de Saber, qui détestait le voir réquisitionner sa chambre. Mon père ne parlait jamais du foyer pour enfants ou des visites qu'il m'y rendait, les poches remplies de bonbons, comme si cette période n'avait jamais existé. Il ne restait de ce temps que ses petits gestes affectueux : une main caressante sur ma tête, des doigts tendres m'ébouriffant les cheveux. Cela représentait beaucoup pour moi, dont les seuls contacts physiques avec le reste de ma famille se limitaient aux violences. Je savais que je comptais aux yeux de mon père, qu'il m'emmènerait loin s'il le pouvait. Je m'imaginais que son travail le conduisait dans des contrées lointaines, des lieux interdits aux enfants. Il devenait détective privé en mission spéciale et passait son temps à résoudre des énigmes et attraper des méchants. Oui, c'était cela, le métier de mon père. Comme personne ne me parlait et que je me gardais bien de poser des questions, je n'avais aucune raison de ne pas y croire. De papa, nous savions juste qu'il était sujet à des sautes d'humeur, raison pour laquelle mère nous interdisait de sortir de la maison en sa compagnie. J'avais beau ne l'avoir jamais vu piquer de colère, ces avertissements nous effrayaient tant, Mena et moi, que nous n'aurions jamais osé désobéir. Quand papa nous assurait que mère l'avait autorisé à nous emmener en promenade, nous savions qu'il s'agissait, la plupart du temps, d'un mensonge.

À la fin de l'automne 1980, un intervenant est venu dans notre classe pour parler du problème des enfants battus. Après son exposé, notre professeur a pris la parole pour nous encourager à nous confier à un enseignant si nous subissions des mauvais traitements de la part de nos parents. Il m'a fallu une semaine et une violente correction de Manz, qui me reprochait de ne pas bien laver ses cols de chemise, pour me convaincre d'aller trouver mon professeur principal, M. Pritchard.

J'ai eu beaucoup de mal à m'exprimer. Non seulement je ne trouvais pas les mots pour exposer clairement ce que je subissais à la maison, mais je n'arrivais pas non plus à les prononcer tant mon bégaiement s'était aggravé. Sous le regard bienveillant de M. Pritchard, j'ai fini par bafouiller, en pleurs :

« Ma mère m'a battue l'autre jour, et elle l'avait déjà fait avant. Je voudrais que ça s'arrête. »

Mon professeur m'a tapoté doucement le bras et m'a donné un mouchoir en papier pour sécher mes larmes :

« Je vais en parler à quelqu'un, Sameem. Nous allons faire en sorte que cela ne se reproduise plus jamais. »

Ce jour-là, j'ai parcouru le chemin jusqu'à la maison partagée entre l'allégresse à l'idée que tout change et la crainte de ce qui m'attendait si mère découvrait que j'avais parlé. N'ayant pas la moindre idée de la façon dont mon professeur mettrait fin aux brutalités que je subissais, je ne me doutais pas un instant de ce qui allait suivre.

Quelques jours plus tard, au retour du collège, Mena et moi avons trouvé mère en grande discussion avec un inconnu. Nous les avons observés, d'abord l'homme, puis mère. Flairant le danger, ma sœur s'est aussitôt sauvée à l'étage pour ne pas être témoin de ce qui se préparait.

« Bonjour Sameem, a commencé l'homme. Ne t'inquiète pas, je suis assistant social. On m'a envoyé vérifier ce que tu as dit à ton professeur. J'ai parlé à ta maman. »

J'ai jeté un regard à mère, l'estomac noué par l'appréhension. Je lisais toute l'étendue de sa fureur dans ses yeux.

« Qu'est-ce que tu lui as dit ? a-t-elle demandé en panjabi d'une voix sifflante, comme si elle souffrait d'une crise d'asthme.

— Tout va bien, Sameem ? s'est assuré l'assistant social.

— Tu ferais bien de répondre si tu ne veux pas que je te tue », m'a menacée ma mère, toujours en panjabi, entre deux quintes de toux.

J'ai obéi avec un hochement de tête.

« Pourquoi as-tu dit à ton professeur que ta maman te faisait du mal ? »

J'ai haussé les épaules.

« Ta maman est très malade. Elle regrette beaucoup de t'avoir bousculée l'autre jour.

— Je regrette tant ! est intervenue mère, en anglais cette fois, avant de fondre en larmes. Monte maintenant, *kutee*. »

Je ne me le suis pas fait dire deux fois. Je ne demandais qu'à mettre le plus de distance possible entre elle et moi.

« Qu'est-ce qui se passe ? C'est qui ? Qu'est-ce qu'il lui a raconté ? Qu'est-ce qu'elle t'a dit ? m'a harcelée Mena dès que je suis arrivée dans la chambre.

— Chut ! » lui ai-je soufflé.

J'ai tendu l'oreille, incapable de distinguer les mots échangés dans le salon derrière la porte fermée, mais l'assistant social n'a pas tardé à partir.

« Sameem ! Sameem ! a appelé mère du rez-de-chaussée.

— J'arrive ! »

Je suis restée figée sur le seuil de la chambre, tremblante. Je ne voulais pas descendre, je ne savais que trop bien ce qui m'attendait en bas.

« Il faut que tu y ailles, je t'en prie, m'a implorée Mena. Si tu n'obéis pas maintenant, elle sera folle de rage et tapera encore plus fort. Vas-y, sinon elle risque de te tuer. »

J'ai emprunté l'escalier sur la pointe des pieds, m'immobilisant au bas des marches, les mains autour des barreaux de la rampe, hors de son atteinte.

« Viens là, m'a-t-elle ordonné, les mains à plat sur le canapé.

— Non, *ami*. Si je viens, tu vas me faire mal. »

Tout à coup, elle est entrée dans une rage folle. Me maudissant, vociférant d'épouvantables insultes, elle a bondi à travers la pièce à une telle vitesse que je n'ai pas eu le temps de fuir. M'empoignant par les cheveux, elle m'a éloignée de l'escalier. Je me suis débattue avec des cris et des larmes tandis qu'elle me tirait les cheveux d'une main et me rouait de coups de l'autre, l'abattant de toutes ses forces sur ma tête et mes bras. Quand enfin j'ai réussi à me dégager, je me suis effondrée par terre. J'ai continué à la supplier d'arrêter, priant pour rester hors de portée des coups.

Ma mère s'est écartée. L'ombre d'un instant, j'ai cru qu'elle en avait terminé, mais elle s'est alors retournée, la *pika* en main. Le bâton a volé avec sauvagerie sur mon dos et mes côtes tandis que des injures résonnaient dans mes oreilles. Jamais je n'avais été battue avec autant de brutalité. Cruelle et aiguë, la douleur m'arrachait des cris d'animal blessé. J'étais au supplice, incapable de reprendre mon souffle pour la conjurer d'arrêter. Je me suis protégé le visage avec les bras, qu'elle a cinglés à plusieurs reprises. Puis elle a recommencé à me cravacher le dos et les jambes, encore et encore. Sur le moment, j'ai cru que je n'en verrais pas la fin. Elle ne se calmerait pas avant de m'avoir achevée.

Mais Hanif, qui suivait la scène du canapé, a jugé qu'il était temps d'intervenir : « Ça suffit, elle saigne. » Ce n'est qu'alors que je m'en suis aperçue : du sang coulait des plaies qui me couvraient les bras, le dos et les jambes. Dès que mère m'a dit de disparaître, je me suis traînée jusqu'à ma chambre. Avant de refermer la porte, j'ai eu le temps de l'entendre crier qu'elle priait pour que Manz me donne une bonne correction à son retour.

Je me suis étendue sur mon lit en sanglotant tandis que, sans un mot, Mena essuyait le sang de mes blessures. Dès que j'ai trouvé la force de m'asseoir, elle m'a aidée à me changer. Je ne voulais plus jamais sortir de ma chambre. Je ne voulais plus rien faire. Je voulais que tout s'arrête.

Cet épisode n'a pourtant déclenché, chez moi, aucune prise de conscience. J'ai continué à penser que je n'étais que déception pour mère, que j'étais dans mon tort. Je n'aimais pas qu'elle me batte, mais j'étais convaincue qu'elle n'avait pas le choix, que je l'y contraignais. Je mesure à présent combien ce raisonnement était absurde, mais je me pliais, à force de coups, à tout ce que ma mère me disait. Dans mon esprit, tout était ma faute.

Curieusement, Manz ne s'en est pas pris à moi ce soir-là. J'ai simplement été privée de dîner puisque je n'ai pas quitté la chambre. Contrairement à ce qu'insinuait mère, Manz ne me frappait que lorsqu'il se mettait en colère, ce qui arrivait, par exemple, quand j'avais mal fait la lessive. Mère le critiquait souvent derrière son dos. Elle disait qu'il était *kad damak*, « pourri » au sens littéral, en d'autres termes « bon à interner ». Un jour que j'ai répondu à Hanif, il m'a asséné un coup de poing et m'a envoyée valser si violemment que ma tête a heurté le sol. Déterminée à prouver que je valais mieux que lui, je suis ressortie de mon lit à la nuit tombée et ai entrouvert les rideaux pour finir mes devoirs à la lumière du réverbère. Sur le moment, le fait d'accomplir quelque chose sur lequel il ne possédait aucun contrôle m'a procuré un grand soulagement.

Mon douzième anniversaire s'est déroulé comme les autres, dans la plus grande indifférence. Je me suis réjouie que personne n'aborde le sujet à l'école, m'évitant ainsi de raconter des bobards. Avec le temps, j'avais pris l'habitude de mentir quand mes camarades me demandaient ce que j'allais recevoir comme cadeau. Confrontée à l'inévitable question, je répondais : « Oh, je vais avoir une maison de poupées. » J'avais horreur d'inventer ces histoires et je ne voyais d'ailleurs pas pourquoi je devais me donner cette peine. D'un autre côté, dire la vérité ne m'aurait servi à rien car j'aurais été incapable d'expliquer pourquoi ma famille ignorait mon anniversaire.

Papa nous rendait visite environ deux ou trois fois par mois. À chacune de ces occasions, il s'asseyait à côté de mère et discutait calmement avec elle des heures durant. C'était la routine à laquelle il nous avait habitués, jusqu'au jour où il a débarqué un samedi, en pleine journée. Je terminais la vaisselle du déjeuner quand il est entré dans la cuisine.

« Vous voulez venir vous promener, Mena et toi ? a-t-il proposé d'un ton dégagé.

— Mère ne voudra jamais, ai-je rétorqué, certaine de ce qui se passerait lorsqu'il lui demanderait l'autorisation.

— Bien sûr que si elle voudra, a-t-il insisté avec un large sourire. Elle a déjà dit oui. »

Quand papa mentait, il finissait toujours par ajouter « parole d'honneur », comme pour se convaincre lui-même. Or il ne l'avait pas dit, cette fois. J'ai réprimé un cri de joie.

« C'est vrai ? On y va maintenant ? Attends, je vais chercher Mena. »

J'ai filé, accompagnée par un petit gloussement de rire de mon père.

En arrivant dans la chambre, j'étais autant essoufflée par ma course dans l'escalier que par la poussée d'adrénaline qu'avait provoquée en moi la nouvelle. J'ai trouvé Mena étendue sur son lit.

« Papa nous emmène en promenade, maman est d'accord !

— Menteuse ! a-t-elle rétorqué sans se retourner.

— Mais non, Mena, c'est vrai. Elle veut bien ! »

Elle s'est assise et m'a lancé un regard interrogateur. J'ai hoché la tête avec sérieux.

« C'est vrai, je le jure.

— Alors, qu'est-ce qu'on attend ? »

Elle s'est levée d'un bond, s'essuyant les mains sur ses vêtements.

Lorsque nous l'avons rejoint, papa a prévenu mère : « Je les ramène dans deux petites heures ! » Nous l'avons suivi jusqu'au seuil sans un regard pour mère, de crainte qu'elle ne change d'avis en lisant dans nos yeux la joie que nous procurait cette sortie. Ce n'est que lorsque la porte s'est refermée dans notre dos que Mena et moi avons été certaines de ne pas rêver.

« Où on va ? Qu'est-ce qu'on va faire ? a-t-on demandé en chœur dès que la maison fut derrière nous.

— Où voulez-vous aller ? » a demandé papa, souriant de notre joie.

Mena a haussé les épaules. Notre dernière sortie avec papa datait de si longtemps que nous avions oublié les multiples possibilités qui s'offraient à nous.

« On n'a qu'à aller sur la Lune ! ai-je lancé, déclenchant un fou rire général.

— Je n'ai pas de fusée, mais que pensez-vous du zoo ? »

Mena et moi avons échangé un regard. Nous nous considérions un peu trop grandes pour le zoo.

« Non, pas le zoo, ai-je tranché. Est-ce qu'il y a une bibliothèque dans le coin ?

— Je crois qu'il y en a une vers le centre-ville. Vous voulez qu'on aille voir ? »

Papa n'a eu qu'à regarder nos mines réjouies pour comprendre que rien ne nous ferait plus plaisir. Il a souri.

« Dans ce cas, allons-y pour la bibliothèque. »

Quel changement d'être en compagnie de papa ! Il nous écoutait, n'essayait pas de nous mener à la baguette et, surtout, nous souriait au lieu de détourner le regard et de nous couvrir de jurons. Je m'appliquais sans cesse à satisfaire ma mère, à toujours faire mieux pour qu'elle soit contente de moi. Avec mon père, je n'avais pas besoin de fournir d'efforts. Il semblait tout simplement heureux d'être avec nous, comme nous l'étions, nous aussi, d'être avec lui.

L'atmosphère de la bibliothèque m'a confortée dans mon sentiment de paix. Une forte impression de calme et de sécurité m'a enveloppée en entrant dans cet endroit tranquille où reposaient, côte à côte, la connaissance et l'aventure. Je ne m'étais pas rendu compte à quel point ce genre d'environnement me manquait.

Papa nous a indiqué la section Jeunesse puis s'est dirigé vers le comptoir tandis que Mena et moi nous laissions dériver au gré de nos envies. Après avoir jeté son dévolu sur un grand livre d'images, ma sœur s'est installée sur une chaise pour lire tranquillement. De mon côté, j'ai suivi les écriteaux en haut des étagères jusqu'à dénicher ce que je cherchais au bout du rayon, dans la section réservée aux adolescents : une étagère entière était dédiée aux romans à énigmes. J'ai laissé courir mes doigts sur les tranches des ouvrages, dont les titres me promettaient des aventures dans ces contrées lointaines où les enfants courageux se voyaient toujours récompensés.

J'étais en train de prélever un livre quand papa m'a retrouvée.

« Je viens de parler à la bibliothécaire. J'ai complété une feuille d'inscription, vous pouvez choisir trois ouvrages chacune. Mais attention, il faudra les rapporter avant la date que la dame va tamponner à l'intérieur du livre. »

Je l'ai regardé, le souffle coupé. Nous pourrions donc lire avant de nous endormir ? Cela semblait trop beau pour être vrai.

« On peut les emporter à la maison ?

— Oui, bien sûr. Mais ne prenez pas la journée pour choisir, je dois bientôt vous ramener. »

J'ai fini par sélectionner une aventure du Club des Cinq, une de Nancy Drew et une des frères Hardy. Mena, elle, a opté pour un gros livre de contes de fées.

« Tu peux en choisir deux autres, lui ai-je rappelé.

— Celui-là me suffit. »

Je me suis aussitôt tournée vers papa.

« Si Mena ne prend qu'un livre, est-ce que je peux en choisir deux autres ?

— Bien sûr, mais il faudra les porter. »

Après avoir sélectionné deux autres histoires du Club des Cinq, je me suis dirigée vers la sortie avec ma sœur. Papa nous a rappelées au comptoir avec de grands signes.

« Sam ! Mena ! Vous ne pouvez pas partir comme ça, la dame doit mettre un coup de tampon sur vos livres. Et n'oubliez pas, il faudra les ramener à la date indiquée. »

La bibliothécaire a cacheté la fiche placée sur la couverture de chaque ouvrage, agitant sa main au-dessus de l'encre pour qu'elle sèche plus vite.

« Veux-tu que je les mette dans une poche en plastique ? » a-t-elle proposé en considérant ma pile.

J'ai accepté d'un hochement de tête, puis ai glissé une main dans la poignée du lourd sac tandis que je passais mon autre bras dessous pour le soutenir. Me voyant peiner, papa m'a débarrassée de mon fardeau avec un soupir, ne me le confiant de nouveau que le temps de nous acheter des bonbons et des chocolats – Mena et moi nous sommes promis de ne pas y toucher avant d'être au lit, un livre sur les genoux.

À peine avions-nous poussé la porte d'entrée que la voix de mère s'est fait entendre.

« Où les as-tu emmenées ?

— À la bibliothèque, a répondu papa tandis que nous filions dans notre chambre pour cacher notre butin sous un lit. Elles ont emprunté des livres qu'elles doivent rendre dans un mois.

— Tu leur as pris des livres ? Des livres en anglais ? a crié mère, assez fort pour que nous l'entendions de l'étage. Elles apprennent assez d'anglais à l'école ! À quoi peuvent bien leur servir des livres ? »

Mère avait horreur de tout ce qui touchait, de près ou de loin, à la langue anglaise. Les lettres finissaient en confettis à la poubelle sans avoir été ouvertes. Elle ne payait les notes que lorsque quelqu'un venait frapper à la porte, sur le point de nous couper le gaz ou l'électricité.

Je me suis avancée sur le palier pour mieux suivre la conversation. Comme de coutume, Mena s'est tapie dans la chambre, hors d'atteinte de la colère maternelle. À l'étage du dessous, papa s'efforçait de calmer mère d'une voix douce.

« Elles ont juste pris deux ou trois livres avec des images et des histoires d'animaux. Je peux te les montrer si tu veux. »

Mère a maugréé une réponse trop étouffée pour m'être intelligible. Au bout d'un moment, papa s'est approché de l'escalier. En le voyant arriver, je me suis ruée dans la chambre pour ne pas qu'il me prenne en flagrant délit d'espionnage.

« Mena, Sam, j'y vais ! »

Nous avons dévalé les marches pour le serrer dans nos bras, chacune d'un côté.

« Merci de nous avoir amenées à la bibliothèque, papa. »

Après nous avoir tendrement ébouriffé les cheveux, il s'est éloigné avec la promesse de revenir bientôt.

Mère n'a pas abordé le sujet des livres devant nous. J'ai passé la fin de la journée sur un petit nuage, quoique tenaillée par l'impatience. Il me tardait de me coucher pour me plonger dans l'une de mes nouvelles aventures. Il aurait fallu plus que mes habituelles corvées pour altérer ma bonne humeur ; c'est donc de bon cœur que j'ai fait la vaisselle, balayé, nettoyé la cuisinière et massé la tête de mère pour lui faire passer sa migraine. Cette dernière tâche, qui, comme les autres, me revenait la plupart du temps, consistait à lui malaxer le cuir chevelu pendant une vingtaine de minutes, avec une telle vigueur que mes doigts en étaient tout endoloris. Si Mena s'en chargeait, mère, en position allongée, exigeait que je lui piétine le dos et les jambes, en veillant à ne pas lui écrabouiller les genoux, puis que je lui étire les bras. Je préférais cet exercice au massage du crâne, que je terminais toujours avec un méchant mal de dos, la position de mère me contraignant à me pencher sur elle dans une posture très inconfortable.

Mes besognes terminées, je m'apprêtais à monter avec Mena quand Manz est rentré du travail. À peine arrivé, il m'a reproché de ne pas avoir lavé ses vêtements.

Depuis peu, je prenais un malin plaisir à répondre, marmottant une protestation dès que je recevais un ordre. Si on me demandait de répéter, je m'éloignais en remarquant : « Tu m'as très bien entendue. » À ce stade, les raclées ne faisaient plus grande différence, les automutilations que je pratiquais régulièrement banalisant la violence familiale. Toute modérée qu'était mon insolence, mon obstination à refuser d'obéir aux ordres a fini par attirer l'attention de mère, exactement comme je le recherchais.

J'avais passé la soirée à m'échiner : la maison reluisait, les plats et les assiettes étaient nettoyés et rangés, le dîner de Manz attendait d'être réchauffé. Toutefois, au lieu d'apprécier le travail accompli, Manz n'a remarqué que ce que je n'avais pas fait. Tout ce que je voulais, c'était monter lire dans ma chambre, j'ai donc accueilli sa réflexion avec une telle indignation que l'image de Hanif se prélassant tranquillement sur le canapé pendant que je trimais pour son mari m'a sauté aux yeux.

« Tu n'as qu'à demander à ta femme de faire ta foutue lessive ! » ai-je laissé échapper d'un ton sec, sans réfléchir.

Puis je me suis engagée dans l'escalier.

L'instant d'après, Manz me tirait par les cheveux jusqu'au pied des marches.

« Qu'est-ce que tu as dit ? »

Je savais ce qui allait se produire. C'était comme si je flottais au-dessus de mon corps, suivant la scène en spectatrice. J'ai aperçu Mena, immobile au milieu de l'escalier, et bien que les coups commencent à pleuvoir sur moi, j'ai continué à regarder alentour, intriguée de voir ma sœur se ratatiner contre le mur alors que c'était moi que Manz tabassait. On dit qu'il est plus dur de voir un être cher subir des atrocités que de les endurer soi-même. Quand je repense à Mena, ce jour-là, j'ai tendance à le croire.

Son poing toujours serré autour de mes cheveux, mon frère m'a giflée puis m'a asséné un coup sur la tempe, me précipitant à terre, où il m'a frappée à coups de pied avant de me piétiner. Après quoi il m'a empoignée par les cheveux pour me relever et planter son poing dans mon ventre. Mes poumons se sont vidés brusquement et je me suis effondrée à genoux.

Manz ne me frappait jamais au visage, pour ne laisser aucune trace apparente de ses agissements, un calcul qui ne faisait qu'augmenter ma haine envers lui. Refusant de pleurer, de lui donner la satisfaction d'entendre mes gémissements de douleur, je me suis mordu la lèvre jusqu'au sang, le visage baigné de larmes.

Il m'a chassée d'un dernier coup de pied. À l'inverse de mère, qui me couvrait d'injures en me rouant de coups, il n'avait pas prononcé un mot jusqu'à cet instant : « Avec ça, tu ne devrais plus oublier de laver mon linge. Maintenant lève-toi et sers-moi à manger, je meurs de faim. »

Il s'est éloigné, aussi serein que s'il venait de déblayer du pied un tas de feuilles mortes devant la porte. Je ne valais pas plus à ses yeux.

Je me suis traînée jusqu'à la cuisine, où j'ai pris appui sur une chaise pour me relever et rincer mon visage barbouillé de larmes au robinet de l'évier avant de faire l'inventaire des dégâts. Je me suis mouchée bruyamment, maudissant mon frère à mi-voix, recourant à tous les jurons de mon répertoire dans l'espoir de me sentir mieux.

Mena s'est approchée sans un bruit.

« Pourquoi as-tu dit ça ?

— Quoi ? C'est la vérité, non ? Elle devrait être ici, à ma place, à lui préparer son dîner, mais elle passe tout son temps sur le canapé. »

J'ai toussé, traversée d'une atroce douleur aux flancs. De la main gauche, j'ai tâté avec précaution mes côtes. *A priori*, aucune n'était cassée.

« Tu veux bien servir son assiette, Mena ? Je vais la lui apporter, je ne te demande que ça. »

Quand j'ai déposé son repas devant lui, mon frère s'est adressé à moi d'un ton détaché. Comme s'il ne venait pas de m'infliger la plus violente correction qu'il m'ait jamais administrée.

« On a besoin de pain pour demain ?

— Non, on en a plein. Il te faut autre chose ? »

J'étais pressée de prendre congé. Le refuge que les livres me promettaient depuis l'après-midi me semblait encore plus accueillant après cet épisode. Aussi ai-je gagné l'étage en vitesse dès qu'il a secoué la tête en enfournant une première bouchée.

Mena m'attendait dans la chambre.

« Je sors les livres ?

— Non, pas encore. Mieux vaut attendre un peu parce que Manz va nous faire éteindre en allant se coucher. »

Peu après, nous avons entendu les pas de notre frère aîné dans l'escalier. En passant, il a ouvert la porte de notre chambre et, sans entrer, a passé le bras dans l'entrebâillement pour appuyer sur l'interrupteur.

« Dormez maintenant. Et ne rallumez pas, compris ? »

J'ai retenu un petit cri de surprise. C'était la première fois qu'il nous précisait de ne pas rallumer après son passage. Peut-être mère lui avait-elle parlé des livres.

« Qu'est-ce qu'on fait ? On ne peut plus lire, maintenant, a murmuré Mena, une fois la maison silencieuse.

— Attends… »

J'avais déjà réfléchi à cette éventualité, même si elle ne s'était jamais vraiment présentée, puisque nous n'avions pas de livres. J'ai tendu la main pour tirer le rideau. La lumière du réverbère a inondé la chambre d'un éclat orangé assez puissant pour nous permettre de déchiffrer les mots.

« Voilà ! On peut lire maintenant, et on ne désobéit même pas à Manz. »

Je me suis penchée au bord du lit pour attraper le sac de la bibliothèque. Après avoir tendu à Mena son grand livre de contes de fées, j'en ai choisi un parmi les miens. Sur la couverture, une fille éclairait un tronc d'arbre à l'aide d'une lampe torche. Je l'ai contemplée, savourant cet instant, créant ma propre intrigue avant de me plonger dans celle que dérouleraient les pages. J'ai ouvert le livre, à moitié penchée hors du lit pour bénéficier d'un meilleur éclairage.

« De quoi parle ton livre ? a chuchoté Mena au bout d'une dizaine de minutes.

— C'est l'histoire d'une fille qui suit des indices à la campagne.

— Moi je lis *Hansel et Gretel*. C'est l'histoire de deux enfants qui découvrent une maison fabriquée avec des tas de bonnes choses, les meilleures que tu puisses imaginer. Sauf que cette maison appartient à une vieille dame très méchante. »

J'avais déjà lu ce conte une douzaine de fois au foyer, mais je n'en ai rien dit à ma sœur, consciente qu'elle n'avait pas encore eu cette chance. Un moment plus tard, elle s'est assoupie, son livre béant à côté d'elle. Je l'ai ramassé et, après avoir pris note des numéros de page, j'ai refermé nos trésors et les ai déposés par terre à côté de mon lit, prêts à être rouverts le lendemain matin si nous avions le temps. Je me suis bientôt assoupie, la douleur s'atténuant à mesure que je glissais vers un rêve dans lequel j'avais ma propre lampe torche et mes propres énigmes à résoudre.

10

Après cette première sortie, papa a continué à nous emmener en promenade, Mena et moi. Pour éviter tout désaccord, il essayait de faire coïncider ses visites avec les absences de mère. Lorsque cette dernière sortait pour l'après-midi, elle nous confiait généralement à Tara, qui s'efforçait en vain de faire comprendre à papa qu'il ne pouvait pas partir avec nous.

« Mère n'est pas là, lui disait-elle.

— Puisque nous ne pouvons pas lui demander la permission, venez, répondait-il. Je prendrai tout sur moi. Allez, dépêchez-vous ! »

Au moment de franchir le seuil, il proposait toujours à Tara de nous accompagner. Si elle refusait invariablement d'une secousse de la tête, elle ne nous empêchait jamais de le suivre.

La plupart du temps, nous prenions le chemin du parc. Nous courions alors autour de papa en larges cercles et il nous offrait une glace ou d'autres confiseries. Si nous options pour l'arboretum, nous marchions sous les arbres, la main dans la sienne, ou faisions un tour de petit train. Nous souhaitions alors ne jamais retourner à la maison, mais la réalité finissait toujours par nous rattraper.

Avec papa, je pouvais laisser l'enfant en moi s'exprimer. À la maison, mère, qui souffrait de migraines chroniques, nous interdisait de faire du bruit ; au parc, je pouvais hurler à tue-tête et pousser des cris de joie. En bref, goûter à la liberté. Comme aucun membre de la famille ne semblait vraiment se soucier de papa, je me sentais plus proche de lui que de quiconque. J'aimais sa douceur, qui contrastait tant avec la violence que je subissais à la maison, et j'admirais le détachement avec lequel il tournait les talons quand mère le couvrait d'injures, comme si ses mots blessants ne le touchaient pas. Je faisais, comme lui, bonne contenance, essayant d'ignorer tout ce qu'on me disait, tout ce qu'on me faisait, mais la douleur persistait au fond de moi. Quand papa repartait à la fin de la journée, j'espérais de tout mon cœur qu'il m'emmène avec lui.

Seulement, voilà, papa était malade, je le savais bien. J'ignore de quoi il souffrait précisément, mais une infirmière le retrouvait tous les mois à la maison pour lui administrer une piqûre. C'était chaque fois la même chose : l'infirmière tentait de le convaincre de la nécessité du traitement tandis qu'il protestait, avançant que le médicament lui faisait trembler les mains. Au bout d'un moment, mère intervenait : « Si tu refuses la piqûre, tu vas te mettre dans des colères pas possibles et je te préviens que je ne t'ouvrirai plus la porte de cette maison. » Mon père baissait alors son pantalon pour exposer sa fesse et laisser l'infirmière procéder à l'injection. Je suivais la scène par la porte entrebâillée, incapable de réprimer des frissons quand l'aiguille s'enfonçait dans sa peau, horrifiée de voir mon père ainsi soumis contre sa volonté.

Nous avons vécu à Walsall jusqu'à mes douze ans. Pendant toutes ces années de bagne et de terreur, je n'ai connu de sursis que lors de mes hospitalisations. Lorsque j'étais enfant, mes orteils se recroquevillaient et se rigidifiaient, une malformation qui requérait des visites régulières en hôpital de jour et, parfois, des opérations. L'hôpital était pour moi un havre de paix. Non seulement j'y étais dispensée de corvées et j'y mangeais des plats qui me rappelaient le foyer, mais, surtout, personne ne m'y battait.

À mon arrivée dans ma famille, mère pointait souvent mes pieds du doigt en marmonnant des mots incompréhensibles. Il m'a fallu six mois pour découvrir qu'elle me traitait d'« éclopée » et de « pieds-tordus ». Elle tentait régulièrement de redresser mes orteils à petits coups de marteau et, persuadée que je les repliais volontairement, me menaçait de frapper plus fort si je ne remédiais pas au problème.

À l'hôpital, je veillais donc à ne pas me montrer trop bavarde. De peur qu'on ne me questionne, je m'arrangeais pour dormir le plus possible, n'ouvrant les yeux qu'à l'heure des repas, lorsque des infirmières souriantes déposaient devant moi des mets délicieux : des bâtonnets de poisson accompagnés de frites, du pâté en croûte et, surtout, des desserts exquis. C'était ce qui me manquait le plus à la maison. J'avais beau m'être habituée aux plats épicés, je n'en rêvais pas moins de gâteaux arrosés de crème épaisse, de tartes à la mélasse, de corn flakes, autant de délices sucrées avec lesquelles j'avais grandi. Mena elle aussi s'est fait opérer des pieds. À chacun de nos séjours à l'hôpital, nous ne recevions d'autre visite que celle de mère quand venait l'heure de nous ramener à la maison.

Si cela n'avait tenu qu'à moi, je n'aurais jamais quitté l'hôpital, mais, comme celui du foyer, ce bonheur ne durait jamais. Après deux merveilleuses semaines, on me renvoyait chez moi avec une jambe dans le plâtre. Je clopinais alors à travers la maison pour exécuter les tâches ménagères, qui s'accumulaient toujours pendant mon absence puisque personne ne s'en chargeait à ma place. Peu importait que j'aie un plâtre et la consigne expresse de rester au repos, c'était ma manière à moi de crier : « Regarde mère, même plâtrée, je peux faire tout le travail. Dis-moi que je suis forte, dis-moi que je suis formidable ! » Bien sûr, pas un son ne sortait de ma bouche, et pas un compliment de celle de ma mère.

Quand venait le moment de retirer le plâtre, cinq semaines plus tard, mère m'emmenait en taxi à l'hôpital, où elle allait directement réclamer le remboursement de la course. Toutefois, plutôt que d'utiliser l'argent pour nos allées et venues entre l'hôpital et la maison, elle l'empochait et m'obligeait à faire ces trajets à pied avec elle. Lorsqu'il voyait l'extrémité craquelée et effilochée du plâtre, le médecin ne manquait jamais de me sermonner, mais mère n'accordant pas la moindre importance à ses propos, j'étais condamnée à en faire autant.

Avec l'arrivée de Frazand, le fils de Hanif et Manz, j'ai écopé de plus de travail. Visiblement très occupée par le bébé, ma belle-sœur m'a privée du peu d'aide qu'elle m'apportait. Mena était la seule à me rejoindre de temps à autre dans la cuisine pour m'aider à laver les plats et nettoyer un peu. Mais il me restait encore à essuyer la vaisselle, dépoussiérer, balayer, laver le linge et cuisiner.

À jongler ainsi entre mes différentes corvées domestiques, je souffrais d'une fatigue chronique, mais je me débrouillais toujours pour trouver du temps pour mes devoirs. L'épuisement aidant, je me suis mise à rembarrer davantage Hanif, notamment lorsqu'elle me sollicitait au beau milieu d'une besogne. Pour ne rien arranger, ma belle-sœur gonflait à vue d'œil, ce que Mena et moi avions interprété, un soir que nous nettoyions la cuisine, comme le signe de l'arrivée imminente d'un nouveau bébé. J'osais à peine y penser. Déjà débordée par mes multiples corvées, j'ignorais comment je m'en sortirais avec un autre nourrisson dans les pattes.

Lorsque, un beau jour de 1982, mère m'a convoquée, je m'attendais tout naturellement à recevoir une gifle, si ce n'était pis, pour avoir répondu à Hanif ou avoir manqué de zèle ou de rapidité dans l'une de mes tâches. J'approchais alors de mes treize ans et, si j'avais pris quelques centimètres, je restais petite par rapport aux filles de mon âge, plus correctement nourries.

Alors que, d'instinct, je me tenais le plus loin possible d'elle, mère m'a fait signe d'approcher. Lorsque j'ai obéi, elle m'a attrapée et m'a attirée à elle pour m'enlacer, me soufflant à l'oreille : « Sam, tu fais une brave enfant, une brave fille. Tu travailles dur pour ta famille, tu travailles dur pour moi, c'est bien. »

Sur le moment, j'ai cru rêver. Le dur labeur que j'avais fourni et tous les efforts que j'avais investis avaient fini par la satisfaire.

Elle a repris : « Et parce que tu travailles si dur, parce que tu es obéissante, je vais t'emmener au Pakistan pour que tu voies d'où je viens et que tu rencontres ta famille là-bas. » Elle s'est adossée au canapé et, ses deux mains sur mes joues, m'a regardée droit dans les yeux : « Rien que toi, Sam. Rien que toi et moi. »

Jamais ma mère ne m'avait touchée, hormis pour me faire mal. Jamais elle ne m'avait adressé un mot gentil. D'incontrôlables larmes de gratitude ont roulé sur mon visage. Avec un sourire mouillé, j'ai bafouillé une réponse dont j'ai perdu tout souvenir tant je brûlais d'un sentiment insoupçonné, un feu qui, allumé au plus profond de moi, me réchauffait tout entière. Tout ce que j'avais fait, tout ce que j'avais enduré ne tendait que vers un seul but : contenter ma mère. Alors que j'avais perdu l'espoir d'obtenir un jour la moindre manifestation de reconnaissance, elle me l'exprimait aujourd'hui et, pour me récompenser, elle m'invitait en vacances avec elle.

Je ne savais rien du Pakistan. Même s'ils y étaient tous allés, mes frères et sœurs n'en parlaient jamais. Quant à mère, elle n'avait jamais mentionné sa terre natale devant moi avant ce jour. Me fondant sur mon expérience des vacances – un séjour à la mer avec le foyer –, j'imaginais un pays bordé de plages, avec des magasins de souvenirs et des compagnons de jeux. Quand bien même il n'y aurait, là-bas, rien de tout cela, je me réjouissais de ne plus avoir à faire pendant quelque temps la cuisine, le ménage et mes autres corvées, ainsi que de voir mère enfin contente de moi.

Le lendemain, quand je suis rentrée de l'école, mère recevait une invitée. Elle s'appelait Fatima, mais on nous l'a présentée sous le nom d'« *auntie* ». Cette tante d'un parent, d'environ le même âge que mère, était aussi douce que cette dernière était dure. Je l'ai tout de suite aimée, et j'ai été confortée dans ce sentiment le lendemain soir, lorsque, rapportant les assiettes du dîner à la cuisine, je l'ai entendue remarquer : « Mes filles ne font pas la moitié de ce que Sam fait. Pourquoi la laisses-tu accomplir tout le travail toute seule ? Pourquoi est-ce que personne ne l'aide ? »

Le soir suivant, Hanif a préparé et servi le repas avec Tara, qui était venue dîner à la maison. Mais ce n'est pas tout : lorsque mère a eu fini son assiette, elle s'est levée pour aller la déposer elle-même dans l'évier au lieu de hurler pour que je vienne la débarrasser. Malgré mon regain d'adoration pour mère depuis l'annonce de nos futures vacances au Pakistan, le changement engendré par la présence d'*auntie* ne m'a pas échappé. Non seulement l'atmosphère était beaucoup plus clémente, mais tout le monde y mettait du sien pour m'aider.

L'influence d'*auntie* ne s'est pas seulement fait sentir à l'intérieur de la maison. Comme papa, elle nous emmenait, Mena et moi, au parc, mais contrairement à lui, elle trouvait tout naturel que nous cavalions par-ci, par-là, nous mêlions aux jeux des autres enfants, explorions les environs à notre envie et vagabondions à notre rythme.

Le parc regorgeait d'arbres, de fleurs, de pelouses et d'aires de jeux. Cependant, rien ne me plaisait plus que l'étang qui s'étirait en son centre. Assises sur la rive, Mena et moi regardions les diverses espèces d'oiseaux dériver à la surface de l'eau, admiratives devant les cygnes. Sans doute inquiet de s'attirer les foudres de mère, papa ne nous laissait jamais approcher du bassin ; je n'avais donc jamais eu l'occasion d'apprécier la hauteur et la blancheur de ces majestueux palmipèdes, qui resplendissaient sous la lumière du soleil et glissaient avec une grâce sans égale sur le miroir de l'eau.

J'aurais voulu demeurer à jamais devant ce merveilleux spectacle qui me rappelait Cannock Chase, les prairies autour du foyer et les contes de Tatie Peggy. L'un de ces contes relatait l'histoire d'un vilain petit canard, détesté de tous, qui finissait par s'en aller et se transformer en magnifique cygne. Et si c'était moi, le personnage de l'histoire ? La vilaine petite Sam qui faisait tout de travers et devait sans cesse être réprimandée partait pour le Pakistan, où se révélerait au grand jour la vraie fille qui se cachait en elle. À mon retour, Tara, Hanif et les autres ne me reconnaîtraient pas. Tout serait différent et plus jamais je ne serais malheureuse. Mena m'a interrompue dans mes rêveries, me tirant par la manche.

« Sam, Sam ! Viens, *auntie* dit qu'on doit y aller.

— Quoi ? Déjà ? »

Ma sœur a hoché la tête. Je me suis levée et me suis mise en marche du pas le plus lent possible, laissant à contrecœur ce bout de paradis derrière moi. Nous avons suivi *auntie* à travers un petit bois jusqu'à la grille, où se trouvait le terrain de jeux. Perdue dans mes pensées, je n'avais pas adressé un mot à ma sœur, qui m'a soudain souri : « Sam, regarde ! Des balançoires ! » Je n'étais pas la seule à rentrer à contrecœur.

Auntie a séjourné à la maison pendant trois jours, pour mon plus grand bonheur. Quand elle m'a serrée dans ses bras, au moment de partir, je me suis agrippée à elle. En plus d'être douce et gentille, elle était si grande que je me sentais protégée dans son étreinte. Je ne voulais pas la quitter, mais je me suis retenue d'exprimer mon sentiment devant mère, qui m'aurait battue pour avoir dit une idiotie. Je savais que, dès que la porte se refermerait derrière notre invitée, je me retrouverais seule en compagnie des casseroles, de la serpillière et de la brosse.

Auntie s'est détachée de moi avec un petit gloussement, me relevant le menton pour m'observer d'un air pensif avant de se tourner vers mère.

« Tu sais qu'elle te ressemble.

— Oui, c'est aussi ce que je pense, a répondu cette dernière, à ma grande surprise et, surtout, ma grande joie.

— Tu es la plus jolie d'entre nous toutes », est intervenue Tara, non sans ironie.

Peu après la visite d'*auntie*, mes problèmes de pied m'ont renvoyée à l'hôpital, dont je suis ressortie, comme d'habitude, avec une jambe dans le plâtre. Le samedi matin suivant mon retour, j'étais encore couchée quand j'ai entendu Mena revenir des toilettes à pas précipités. Elle a fait irruption dans la chambre : « Sam, on déménage. Viens vite voir ! »

Déménager ? Personne ne m'avait parlé de déménagement. Pour aller où ? J'ai sautillé hors de mon lit pour la suivre au rez-de-chaussée, curieuse de découvrir ce qui se tramait. Nous avons trouvé mère et Hanif dans la cuisine, en train de tout fourrer dans des cartons.

« Ah, vous voilà enfin ! s'est exclamée mère. Vous allez pouvoir nous aider.

— Tenez, prenez ça et rangez-y toutes les casseroles et les poêles », nous a ordonné Hanif en nous tendant une boîte.

J'ai commencé à retirer les ustensiles des étagères, emboîtant les petites casseroles dans les plus grosses avant de les placer dans le carton. Une quantité de questions me venaient à l'esprit, mais j'ai jugé plus sage de ne pas les formuler devant mère, qui s'impatientait déjà, en montrant à Hanif le salon.

« Est-ce qu'on part tous au Pakistan ? On déménage là-bas ? ai-je chuchoté à Mena.

— Je ne sais pas, je ne suis au courant de rien. »

Nous nous sommes tues en voyant Hanif revenir dans la cuisine. Je savais d'expérience que moins nous posions de questions, mieux nous nous portions. Je me demandais tout de même à quoi rimait toute cette agitation. Mère m'avait dit que nous ne partirions pas pour le Pakistan avant trois mois. La famille nous accompagnait-elle, en fin de compte ? Nos affaires allaient-elles rester dans des cartons jusqu'à notre retour ? Mais, en attendant le départ, comment préparerais-je les repas sans la batterie de cuisine ?

Mon plâtre m'empêchant de me déplacer avec rapidité ou de me percher pour atteindre les étagères en hauteur, il m'a fallu un moment pour accomplir ma tâche. Quand nous en avons eu terminé, Hanif nous a remis d'autres cartons : « Bien, maintenant, allez vider votre chambre. Mettez vos affaires là-dedans. »

Nous possédions si peu que nous avons très vite rassemblé nos vêtements, nos oreillers et nos édredons. Tout au fond du carton des couvertures, j'ai caché les livres que nous n'avions jamais rapportés à la bibliothèque. En vérité, je n'avais jamais eu l'intention de les restituer, certaine que je n'en aurais jamais d'autres à moi.

Malgré les conseils de Mena, qui me répétait de ne pas me tracasser, m'assurant que nous découvririons bien assez tôt ce qui se passait, je continuais à m'interroger sur la cause de ce remue-ménage. Poussée par la curiosité, j'ai pointé le nez dans l'entrebâillement de la porte de Saber. Peut-être Salim ou lui en savaient-ils davantage.

Mon grand frère, qui fermait tout juste ses cartons, a levé la tête.

« Sais-tu si on doit prendre les lits ? m'a-t-il demandé.

— Aucune idée, ai-je répondu avec un haussement d'épaules. Je n'ai reçu aucune instruction là-dessus, j'imagine qu'ils restent ici. Tu sais où on va ?

— Pas du tout, personne ne m'a rien dit. Descends mes cartons en bas, tu veux bien, Sid ? Je sors un moment. »

Il a dévalé l'escalier sans me laisser le temps de protester. L'instant d'après, mère a réclamé de l'aide à grands cris du rez-de-chaussée et je suis descendue pour recevoir les ordres, traînant lourdement ma jambe plâtrée.

Peu après, une camionnette s'est arrêtée devant la grille. Hanif s'est installée à la place du passager tandis que Manz sautait du siège du conducteur. Une fois dans la maison, il a jaugé de l'œil les boîtes empilées dans tous les coins : « Très bien, on charge. Je veux arriver à Glasgow avant la nuit. »

Glasgow ? Où était-ce ? Je me suis tournée vers Mena, qui m'a rendu mon regard hébété. Nous n'étions pas plus avancées l'une que l'autre. Avec l'arrivée de Manz, qui commençait déjà à répartir les tâches, une nouvelle préoccupation s'est ajoutée à mes questions : nous n'avions rien mangé depuis le réveil, or tout indiquait que je pouvais dire adieu à mon espoir d'avaler un morceau avant de prendre la route.

Au moment précis où nous déposions le dernier carton dans la camionnette, Saber a mystérieusement réapparu. Mère s'est alors assise devant avec Hanif, le bébé et Salim, tandis que Manz étalait une couverture à l'arrière, au milieu des cartons, et nous invitait, Mena, Saber et moi, à nous y asseoir. Quand il a refermé les portes, nous nous sommes retrouvés dans l'obscurité totale, sans un souffle d'air. Un frisson m'a parcouru le dos et tout mon corps s'est raidi. Au même instant, Saber a émis un bruit à donner la chair de poule.

« Boooouuuuuuu !

— Boucle-la, Saber, où je te donne un coup de pied ! Et crois-moi qu'avec mon plâtre ça ne fera pas du bien !

— Il faudrait déjà que tu me trouves. »

Tout à coup, un trait de lumière a traversé notre cage. Installé au volant, Manz venait d'ouvrir la petite lucarne qui séparait la cabine de l'arrière du fourgon. Nous pouvions désormais entendre ce que les adultes racontaient, nous voir et même jouir d'une petite brise. J'ai jeté un regard à Saber, appuyé contre des cartons tout au fond, avec un sourire mauvais.

« Je te vois, maintenant. »

Le moteur a grondé et le véhicule s'est ébranlé.

Je me suis détendue aussi vite que je m'étais crispée dans le noir. Avec Mena et Saber, nous nous sommes interrogés un moment sur Glasgow puis, comme aucun de nous ne savait situer cette ville, nous avons joué aux devinettes. Ou nous avons essayé, plutôt, car Saber prenait un malin plaisir à gâcher le jeu. Il récitait : « Que vois-je ? C'est quelque chose qui commence par "A". C'est… » Puis, sans nous laisser le temps d'essayer de découvrir l'objet en question, il lançait : « Une armoire ! J'ai gagné, comme d'hab' ! » Au bout d'un moment, il a fermé les yeux et n'a plus prononcé un mot.

« Oh, il est vraiment pénible, tu ne trouves pas, Mena ? ai-je remarqué tout bas. Parfois il est gentil, mais alors parfois !

— Oui, je sais. Écoute, autant suivre son exemple, la journée a été longue. »

À son tour, elle a clos les paupières. Je suis restée éveillée, incapable de trouver le repos, entre les cahots de la route et les bruits de ferraille du camion. C'est du moins ce que je croyais jusqu'à ce qu'une secousse brutale me tire de mon sommeil. Le moteur s'est tu et Mena a ouvert les yeux.

« On est arrivés ? »

Tandis que Saber s'étirait en bâillant, Manz a fait coulisser d'un coup sec les portes arrière.

« Terminus, tout le monde descend ! »

Je me suis glissée derrière Saber jusqu'au bord de la plate-forme, où je me suis immobilisée, stupéfaite. Je n'en croyais pas mes yeux : la joyeuse tête ronde d'*auntie* Fatima me souriait devant une maison.

« *Auntie* Fatima !

— Bonjour, Sam ! Bienvenue à Glasgow ! J'ai eu les clés de la maison ce matin. »

Après avoir remis le trousseau à Manz, elle s'est approchée et m'a tendu les bras pour m'aider à descendre. Avec un sourire jusqu'aux oreilles, je me suis nichée dans son étreinte, la jambe parcourue de picotements après toutes ces heures passées avachie par terre.

Auntie a serré Mena dans ses bras puis s'est tournée vers la maison.

« Vous ne la trouvez pas super ? Elle est plus grande que celle de Walsall, il y aura plus d'espace pour vous tous. Venez, je vais vous montrer. »

Elle nous a embarquées, Mena et moi, laissant à Saber le soin d'aider Manz à décharger.

La maison était en fait un vaste appartement en rez-de-chaussée composé de trois chambres, d'une cuisine, d'un salon, d'une salle de bains et d'une grande cave. Toutes les pièces étaient spacieuses et dotées de très hauts plafonds.

En entrant dans la première, *auntie* nous a souri : « Voici votre chambre, à vous et à votre mère. » Mena s'est figée à côté de moi. Aucune de nous n'a prononcé un mot, mais nous n'en pensions pas moins : nous pouvions dire adieu à nos soirées tranquilles passées à lire, nous serions désormais à la disposition de mère. Nous avons promené les yeux sur la pièce, convenable malgré ses murs jaune sale et sa moquette élimée. Quant à l'odeur d'humidité qui me rappelait la maison de Walsall, nous pourrions sans doute la chasser en aérant de temps à autre.

Il ne m'est pas venu à l'esprit de remettre en cause la répartition des chambres décidée par les autres. Je savais que, quel que soit l'arrangement, je passais en dernier.

Plus grande mais tout aussi crasseuse et défraîchie, la pièce suivante disposait d'immenses fenêtres traversées de lumière. *Auntie* nous a annoncé qu'elle accueillerait la télévision, une nouvelle aussi bonne que la première était mauvaise, car nous pourrions ainsi suivre l'émission de notre choix sans redouter le contrôle de mère.

Au fil des années, Mena et moi avons mis au point des astuces pour regarder tranquillement la télévision. Le peu de fois où mère débarquait dans la pièce, nous trouvions un moyen ou un autre de l'en faire sortir. L'une de nos meilleures tactiques consistait à lui proposer un massage : « Tu as l'air fatiguée, mère, tu veux que je te masse le cuir chevelu ? » L'une de nous sacrifiait alors un peu de son temps pour lui malaxer le crâne jusqu'à ce qu'elle somnole.

Auntie a ouvert une autre porte : « Et voici la cave. » Mena et moi avons scruté l'obscurité au pied des marches irrégulières, jugeant plus sage de ne pas nous y aventurer. À dire vrai, il m'a fallu plusieurs semaines pour trouver le courage de descendre explorer cette partie de la maison.

Manz et Hanif se sont arrogé la deuxième chambre, et Saber la troisième. Quant à Salim, il a jeté son dévolu sur la petite pièce au fond de l'appartement, réservée à la chaudière. Tout d'abord inquiète de voir son dernier-né suffoquer de chaleur dans ce cagibi, mère n'a pas tardé à céder au caprice de son petit chouchou.

Heureuse de découvrir que ce logement contenait des toilettes et une vraie salle de bains, j'ai continué la visite derrière *auntie*, qui a pénétré dans la dernière pièce : « Et, pour finir, la cuisine. Venez voir le jardin. » Comme nous obéissions, je n'ai pas pu m'empêcher de constater combien la cuisine était vide et son plan de travail graisseux. La pièce ménageait cependant assez d'espace pour une table et des chaises, voire un canapé, et nous offrirait donc un refuge supplémentaire. À travers la fenêtre, nous avons découvert un immense jardin. Envahi de mauvaises herbes, certes, mais c'était toujours mieux que rien.

Auntie a sorti des œufs au curry et des *roti*, qu'elle a disposés dans des assiettes : « Vous devez avoir faim après votre long voyage. Je vous ai préparé un petit quelque chose à manger. » Prévoyante, elle avait en réalité apporté de quoi nourrir un régiment. J'ai mangé ma part goulûment, affamée par cette journée de jeûne.

Auntie habitait la maison voisine. Son fils aîné était marié et sa fille aînée, qui approchait de ses vingt ans, était très gentille. Quand nous lui rendions visite, elle nous proposait toujours à grignoter. Nous attendions alors un hochement de tête de mère pour toucher aux plats qu'*auntie* avait disposés devant nous.

Si j'appréciais la nouvelle maison et l'espace qu'elle nous offrait, le déménagement m'a laissée perplexe pendant un moment. Notre départ avait été si subit qu'il me semblait que nous avions fui Walsall, la vie à laquelle je m'étais habituée, l'école et le monde extérieur. Peut-être ne devait-on ce changement qu'au projet de Manz d'ouvrir un commerce ; mais comment l'aurais-je su, puisque personne ne me mettait dans la confidence ? Il n'en reste pas moins que je me suis très vite plu à Glasgow, où nous pouvions mener une existence plus normale. Du moins était-ce mon impression. Nous regardions *Starsky et Hutch*, sortions parfois en ville… Confortée par une présence de familles indo-pakistanaises plus forte qu'à Walsall, mère était persuadée que Mena et moi ne pouvions faire de bêtises sans qu'elle l'apprenne tôt ou tard.

Saber a rapidement fait de la cave son territoire, s'éclipsant de longues heures dans cet antre improvisé, loin du monde. Il nous racontait souvent des histoires terrifiantes sur les créatures qui vivaient dans les recoins sombres du sous-sol. Si Mena l'écoutait avec des yeux écarquillés d'angoisse, je ne croyais, pour ma part, pas un mot de ses récits, qui me rappelaient ceux que nous inventions au foyer avec Amanda et m'arrachaient des éclats de rire.

« Tu ne me crois pas, Sid ? a-t-il remarqué un jour.

— Bien sûr que non ! Les fantômes n'existent pas.

— Si j'étais toi, je n'en serais pas si sûre, a-t-il reparti en me regardant droit dans les yeux. Mais puisque tu ne me crois pas, tu n'as qu'à venir dans la cave cette nuit. Chiche ?

— Chiche ! ai-je accepté, sans l'ombre d'une hésitation. Mais pas ce soir, j'ai beaucoup trop de vaisselle.

— Oh, la poule mouillée ! s'est-il exclamé, ravi. Tu as vu, Mena, elle a peur, a-t-il ajouté en s'adossant à sa chaise d'un air suffisant, persuadé d'avoir eu le dernier mot.

— Pas du tout, c'est juste que je n'ai pas le temps. J'ai intérêt à récurer toutes les casseroles si je ne veux pas de problèmes.

— Je vois, a-t-il répondu, la mine sérieuse. Plus tard, alors, quand tout le monde dormira ? Je viendrai vous chercher dans votre chambre. Je promets de ne pas raconter d'histoire de fantômes, on s'installera juste pour parler un peu. »

J'ai réfléchi un instant. Je commençais à me sentir un peu à l'étroit dans la maison, or cette petite aventure promettait un peu d'amusement. Je craignais toutefois de réveiller mère et Manz, qui ne considéreraient certainement pas du même œil mon expédition nocturne, n'y voyant qu'une occasion de plus de me réprimander. J'ai malgré tout fini par me laisser tenter.

« D'accord, on va descendre. Mais il ne faudra surtout pas faire de bruit, hein ? »

La nuit venue, j'ai patienté dans mon lit, convaincue que Saber ne viendrait pas. À mesure que le temps défilait, le silence semblait s'emparer un peu plus de l'appartement. Le moindre bruit était voué à réveiller mère. Soudain, la porte a grincé sur ses gonds et le visage de Saber a émergé des ténèbres. Quand il a vu que j'étais réveillée, il m'a fait signe de le rejoindre. J'ai regardé Mena, blottie sous sa couverture, devinant à sa respiration qu'elle ne dormait pas mais qu'elle souhaitait que nous la laissions tranquille. Je me suis glissée hors du lit.

« Mena ne vient pas, ai-je chuchoté à Saber. Tu promets de ne pas me faire peur, hein ? »

Il a hoché la tête et m'a devancée dans le couloir jusqu'à la porte de la cave, où il a allumé la lumière avant de négocier les marches avec prudence. À mi-chemin, il s'est retourné vers moi.

« Viens ! » a-t-il soufflé.

Je n'avais pas bougé de l'encadrement de la porte, trahie par mon courage, maintenant que le silence et l'obscurité de la cave se dressaient devant moi. Comme à Walsall, lorsque je devais aller aux toilettes alors que tout le monde somnolait, mon imagination trop fertile me jouait de vilains tours.

« Allez, a insisté Saber. Viens ! »

Avec beaucoup de précaution, j'ai posé un pied sur la première marche, puis l'autre, rassurée de n'entendre ni craquement ni plainte. Saber m'a fait signe de fermer la porte derrière moi pour éviter de réveiller toute la maisonnée. J'ai obéi docilement, non sans envisager, l'ombre d'un instant, que je bloquais notre seule issue si jamais le sous-sol abritait quelque terrifiante créature.

J'avais l'impression de descendre dans un puits de ténèbres. Le mince trait de lumière qui s'insinuait sous la porte était happé par l'obscurité en bas de l'escalier, où je ne distinguais rien d'autre que l'éclat des yeux de mon frère.

« Allume la lumière, ai-je murmuré.

— Il n'y en a pas. Mais j'ai des bougies, attends. »

Il s'est fondu dans le noir, me laissant derrière lui. J'ai entendu un grattement d'allumettes et la pièce s'est mise à danser dans un éclat blême. Saber a réapparu avec, à la main, une bougie dont la flamme crépitait, révélant dans son tremblotement des murs de briques couverts de toiles d'araignée, de poussière et d'inscriptions gravées.

« Viens par ici. C'est là-bas que je m'installe quand je descends. »

Un drap était tendu sur un vieux matelas. Il y avait à proximité des bougies collées à même le sol qu'il s'est empressé d'allumer, et une pile de bandes dessinées.

Je me suis assise, prenant une bande dessinée au passage pour la feuilleter. Mon frère s'est accroupi contre le mur d'en face.

« Je viens ici pour lire, parfois, pour échapper à ce qui se passe en haut. »

Sous son regard insistant, j'ai reposé le livre sur la pile.

« Quand ça devient trop horrible là-haut », a-t-il précisé.

Un silence s'est installé entre nous, et j'ai senti une boule se former dans ma gorge.

« Quand ils te frappent et te couvrent d'injures, a-t-il repris. Je les déteste vraiment quand ils font ça. »

Comme je restais muette, il s'est tourné vers le mur.

« Il y a un trou dans les briques ici, j'y ai caché des gâteaux secs. Si tu veux, tu peux descendre ici et manger un peu ou lire des bandes dessinées. Quand tu voudras t'échapper… »

Mes yeux se sont remplis de larmes et le nœud dans ma gorge s'est desserré.

« Merci, Saber », ai-je réussi à articuler d'une voix rauque.

Comme nous retombions dans un silence gêné, j'ai repris une bande dessinée.

« Où as-tu trouvé l'argent pour acheter tout ça ?

— Papa me donnait de l'argent de poche toutes les semaines, ensuite j'allais les lire chez lui après l'école. Je suis dégoûté d'être ici, on ne le verra sûrement plus maintenant, c'est trop loin.

— Tu allais chez papa ? me suis-je exclamée.

— Chut, Sam ! Pas si fort ! m'a-t-il rappelé avant de hausser les épaules. Oui, bien sûr que j'y allais.

— C'était donc là que tu étais toujours...

— Hein ?

— Non, rien. »

Nous sommes restés assis un moment sans parler, jusqu'à ce que le froid gagne tous mes membres.

« Je crois que je ferais mieux de retourner au lit », ai-je remarqué en me levant.

Mon frère a hoché la tête puis a soufflé les bougies de son repaire avant de m'escorter jusqu'à l'escalier. Quand j'ai retrouvé la chaleur de mon lit, j'avais les orteils gelés mais le sourire aux lèvres.

Je grandissais. Un jour, Hanif m'a observée d'un drôle d'œil, grommelant des mots inaudibles à mère, qui s'est tournée vers moi. Je les ai dévisagées, inquiète. Que me voulaient-elles encore ? Mère est sortie de la cuisine, revenant l'instant d'après avec un morceau de tissu blanc qu'elle a fourré dans ma main : « Tu vas devoir commencer à porter un de ces machins. Hanif va te montrer. » J'ai considéré le bout de coton d'un regard perplexe, jusqu'à ce que je comprenne, en l'étendant, qu'il s'agissait d'un ancien soutien-gorge de Tara. Après m'avoir expliqué comment l'enfiler, Hanif m'a envoyée le passer dans la salle de bains. Comme les culottes que nous utilisions une fois par mois, le sous-vêtement n'était pas à ma taille, mais ce genre de détail ne me troublait plus depuis longtemps.

Tara ne vivait pas avec nous. Peu après notre arrivée à Glasgow, elle et son mari, qui travaillait comme serveur, avaient logé à la maison quelques jours, le temps de trouver un appartement à environ un kilomètre de là. Peu après leur emménagement, Mena, Saber et moi étions allés visiter leur nouveau domicile. Saber avait alors saisi un cadre d'argent avec une photographie de mère qui trônait sur une console et, après l'avoir observé un instant, avait déclamé : « Je viens ici pour t'échapper et tu trouves encore le moyen de me surveiller ! » Il avait ensuite reposé le cadre, tête basse, tandis que nous partions tous d'un éclat de rire, auquel Tara s'était jointe de bon cœur.

J'aimais notre nouvelle liberté, toute limitée qu'elle était, l'air pur et les longues soirées d'été que nous offrait Glasgow. Toutefois, une légère inquiétude m'a gagnée à l'approche de l'automne, lorsque j'ai remarqué les collégiennes en uniforme dans les rues. Personne n'avait encore évoqué devant nous la question de l'école. Pis, personne ne semblait avoir l'intention de le faire.

Un soir que Mena essuyait la vaisselle à mesure que je la lavais, je lui ai confié mes préoccupations. Comme elle n'en savait pas plus que moi, elle m'a suggéré : « Tu devrais poser la question à mère quand elle est détendue, comme ça elle ne te criera pas dessus. »

La vaisselle terminée, j'ai donc massé le crâne de mère, un plaisir qu'elle ne refusait jamais, elle qui se plaignait si souvent de migraines. Avec l'expérience, j'avais appris quelles zones de son cuir chevelu frotter et pétrir pour la relaxer et l'endormir. Après une dizaine de minutes de malaxage, elle somnolait.

« Maman ? ai-je demandé tout bas. On ne va pas à l'école ici ? J'ai déjà manqué plusieurs semaines, ça va être dur de rattraper le retard.

— Pourquoi tu irais ? a-t-elle répondu dans un murmure. Nous partons au Pakistan en octobre, tu n'as pas besoin d'aller à l'école. »

J'ai poursuivi le massage sans broncher, fixant son crâne d'un regard noir, incapable de trouver un exutoire à la rage que je ressentais contre elle. Lorsqu'elle a enfin sombré dans le sommeil, je suis retournée d'un pas furieux à la cuisine pour annoncer la nouvelle à Mena, qui n'a pas vraiment paru chagrinée.

« De toute façon, je n'aime pas l'école. Je m'en fiche.

— Eh bien pas moi ! ai-je répliqué en me maîtrisant pour ne pas crier. Je suis parmi les meilleurs dans toutes les matières ! Qu'est-ce que je vais fabriquer toute la journée à la maison ? »

Ma sœur m'a tourné le dos avec une moue boudeuse tandis que je continuais à bouillir de colère en silence. Elle n'était pas aussi bonne élève que moi et se fichait d'aller à l'école, mais auprès de qui d'autre aurais-je pu m'épancher et me plaindre ?

À partir de ce moment, les journées m'ont semblé interminables. Je ne saurais dire si ce sentiment s'expliquait par le coucher de soleil tardif ou l'enfermement. Je me suis créé ma propre routine. Ainsi, tous les lundis, je guettais le moment où l'occupant de l'appartement du dessus jetait ses journaux. Je me dépêchais alors d'aller les récupérer dans la poubelle afin de m'assurer de la lecture pour le restant de la semaine. À Walsall, nous devinions l'heure aux activités des gens dehors, comme le voisin d'en face, qui partait tous les jours au travail à 8 h 30 précises. À Glasgow, l'église au bout de la rue sonnait toutes les heures, provoquant la grogne de toute la maisonnée, sauf moi. J'aimais entendre ses cloches et me repérer dans le temps grâce à son horloge. Hanif était à part cela la seule à avoir l'heure à la maison, afin de savoir quand me donner mes diverses besognes.

Un mois s'était ainsi écoulé quand, un beau jour, mère est revenue avec de nouveaux habits achetés spécialement pour moi : « Tu vois, Sam, il ne reste plus longtemps à attendre. »

Avec le plus grand calme, elle s'est assise pour me parler du Pakistan. Je l'ai écoutée avec ravissement me raconter sa famille et ses terres, le soleil et la chaleur, les servantes qui se chargeraient de faire la cuisine et le ménage à ma place. Chaque récit stimulait mon imagination. Je me figurais un pays dont toute la population explosait de joie dans la rue au moindre bonheur, entonnant un chant ou exécutant une danse entraînante, comme dans les films. Un pays de cocagne où tout le monde était chaleureux et, surtout, où ma mère me traiterait avec gentillesse. Elle s'était adoucie, certes, mais je devais toujours travailler d'arrache-pied pour la contenter. Au Pakistan, je n'aurais rien à faire, elle me l'avait assuré, ce qui ne l'empêcherait pas de rester à mon côté. Dans mon imagination, le Pakistan s'est transformé en une récompense, un prix pour avoir enduré les épreuves des dernières années. J'avais souffert ; à présent je serais heureuse. J'écoutais d'une oreille zélée tout ce que mère disait sur ce pays, certaine que j'y connaîtrais le bonheur avec elle.

Je ne voyais qu'une seule ombre au tableau : Mena, qui partageait presque toutes mes pensées et à qui je confiais tous mes rêves, ne serait pas du voyage.

« J'aimerais tant que tu viennes avec nous, ai-je remarqué un soir.

— Moi aussi, a-t-elle soupiré avant de marquer une pause. Je ne pourrai jamais faire tout le travail à ta place.

— Je suis sûre que Hanif t'aidera, ai-je répondu, gloussant avec elle. Il le faudra bien si personne d'autre ne le fait, pas vrai ? »

Le jour du départ est enfin arrivé. Mère a bouclé nos valises et Manz les a chargées dans la voiture. J'ai enlacé Mena, qui m'a serrée fort contre elle.

« Tu vas me manquer. Quand est-ce que tu reviens ?

— Je ne sais pas. »

Je n'avais jamais songé à ce détail, mais il était trop tard pour poser la question à mère. Déjà, Manz me pressait.

« Allez, plus vite que ça ! Je dois retourner au travail. »

J'ai déposé un baiser sur les deux joues de Mena puis je suis montée dans la voiture, qui a aussitôt démarré.

Personne n'a prononcé un mot jusqu'à la gare routière. Après avoir sorti les valises du coffre, Manz a embrassé mère puis est parti sans même me dire au revoir. Une fois les bagages dans la soute du car, nous sommes montées nous y installer. En mal de distractions pendant le long trajet vers le sud, j'ai fini par m'endormir. Lorsque je me suis réveillée, j'ai découvert, dans le brouillard du sommeil, que nous étions arrivées à l'aéroport et que nos valises étaient en train d'être déchargées de l'autocar.

Fidèle à son habitude, mère a aussitôt aboyé ses ordres, l'index pointé sur les chariots : « Va m'en chercher un. » Lorsque je suis revenue, elle a continué sur le même ton : « Reste avec moi et pousse-le. » Puis elle s'est éloignée, me laissant me débattre avec le Caddie alourdi par les bagages.

Dans le terminal grouillant de monde, je me suis accrochée aux basques de mère. Nous sommes passées de file d'attente en file d'attente, chaque fois accueillies avec un grand sourire par des femmes maquillées, jusqu'à ce qu'un tapis roulant emporte nos valises, me débarrassant de mon lourd fardeau. Un homme a ensuite examiné le passeport de mère, puis nous nous sommes assises dans une immense salle d'embarquement. Mère ne m'a pas adressé la parole et, bien entendu, j'ai ravalé mes questions et mon envie d'aller voir les boutiques qui brillaient de mille feux, regrettant de n'avoir aucun livre dans lequel me plonger.

Enfin, nous avons été invitées à prendre place dans l'appareil. Mon siège se trouvait près du hublot, dont je n'ai pas détaché le regard durant toute cette attente au sol. Lorsque l'avion s'est ébranlé, je me suis agrippée à mes accoudoirs, effrayée par les vibrations. Du coin de l'œil, j'ai cherché du réconfort du côté de mère, mais ses paupières étaient closes.

Dans un vrombissement de moteur, l'appareil a accéléré si vite que je me suis retrouvée propulsée contre mon dossier. Au moment où nous avons quitté le sol, je me suis sentie très lourde et mes oreilles se sont mises à bourdonner. Alors que je m'appliquais à ravaler ma salive pour me déboucher les oreilles, comme Mena me l'avait appris, l'avion a retrouvé une position horizontale et tout s'est apaisé autour de moi.

À mesure que nous avons pris de l'altitude, les villes et villages en contrebas se sont transformés en jeux de construction et les voitures ont tracé sur le paysage des lignes comme sur du papier. Bientôt, nous avons traversé les nuages, émergeant après quelques secousses dans l'éblouissante lumière du soleil. Un signal sonore a retenti au-dessus de nos têtes et des passagers se sont levés pour faire quelques pas.

Après avoir lu en long, en large et en travers le magazine glissé dans la pochette devant mes genoux, j'ai suivi l'exemple de mère et fermé les yeux. Je ne les ai rouverts que lorsqu'elle m'a secouée pour m'annoncer que nous étions arrivées au Pakistan.

11

La chaleur m'a suffoquée à l'instant où j'ai posé le pied sur la passerelle. Prise de vertiges et de nausées, j'ai senti mon estomac se soulever. Dans le terminal, nous avons été accostées par un coolie, avec qui mère s'est mise à marchander. Elle semblait avoir pratiqué cet art sa vie durant et, toute fatiguée et barbouillée que j'étais, j'ai trouvé surprenant qu'elle possède d'autres compétences en dehors des murs de la maison. Le marché conclu, l'homme a porté nos valises jusqu'à la porte de l'aéroport.

Dehors, la chaleur m'a de nouveau assaillie et j'ai vomi devant l'entrée. Quand je me suis relevée, aussi soulagée que gênée, la panique m'a gagnée : mère avait disparu. Des enfants moitié moins grands que moi se sont approchés, main tendue.

« S'il te plaît, donne-nous de l'argent.

— J'ai très faim, je n'ai pas mangé depuis des jours. »

Mon cœur s'est serré à la vue des petits corps malingres, des haillons, des cheveux embroussaillés et des visages sales, mais je n'avais pas un sou à leur donner. Ils se sont tant approchés que je sentais l'odeur pestilentielle qui se dégageait de leurs guenilles crasseuses.

Soudain, j'ai repéré mère à travers la foule, près d'une station de taxis. Elle m'a appelée avec un geste impatient : « Viens ! Qu'est-ce que tu fiches ? Dépêche-toi un peu ! »

Tout semblait étrange à mes yeux accoutumés au ciel terne et aux bâtiments gris de Glasgow. Dire que, seulement douze heures plus tôt, je me trouvais dans un autre monde !

Déboussolée, j'ai regardé le paysage défiler derrière la vitre du taxi. Le long de la route, tout le monde portait les mêmes vêtements que nous, mais la ressemblance s'arrêtait là. Des enfants zigzaguaient entre les voitures avec des plateaux de thé en criant : « Deux roupies la tasse de thé ! Qui veut du thé ? » Ils venaient se coller à la fenêtre du taxi et me faisaient rire, assez adroits pour ne jamais renverser une goutte. Des femmes présentaient des paniers remplis de marchandises, dont elles hurlaient le prix en marchant. Des hommes cuisinaient au-dessus de feux de camp, assaisonnant leurs plats d'épices dont l'odeur forte venait nous chatouiller les narines à travers les vitres de la voiture. Les autocars et les camions arboraient toutes les couleurs de l'arc-en-ciel et des vélos se faufilaient dans la circulation dense.

Nous avons fini par laisser derrière nous l'agitation de la ville pour emprunter une route de campagne, ralentissant à l'abord de villages aussi animés les uns que les autres. La saleté semblait s'immiscer partout et la chaleur ne laissait aucun répit.

La nuit était déjà tombée lorsque le taxi s'est immobilisé au milieu de nulle part. Aucun réverbère ne repoussait l'obscurité, seulement percée par une faible lueur dans le lointain. Soudain, des claquements de sabots ont brisé le silence, plus sonores à chaque seconde. Avec des yeux émerveillés, j'ai vu un cheval tirant un chariot surgir des ténèbres. Le cocher a sauté de son banc pour enlacer chaleureusement mère. Puis, après avoir aidé le chauffeur de taxi à charger les valises dans la charrette, il m'a prise dans ses bras pour m'embrasser et me hisser sur un siège de bois. Il s'est présenté à moi sous le nom d'« *uncle* Ghani » et, croyant entendre « Gandhi », je me suis représenté, avec toute la liberté que laissait la nuit noire à mon imagination, un vieillard au nez chaussé de lunettes rondes.

D'un claquement de langue, *uncle* a ordonné au cheval d'avancer et la remorque s'est ébranlée, manquant de me faire tomber à la renverse. Bringuebalée de gauche à droite sur le siège de bois dur à côté de mère, j'étais si enchantée par ma première promenade en chariot que j'ai souri tout au long du chemin, en oubliant ma douleur aux fesses.

L'air était rempli d'odeurs et de sons étranges : des aboiements de chiens au loin et des bouillonnements d'eau, plus près, comme si nous longions le cours d'un torrent. Tout en bavardant avec mère, *uncle* s'est dirigé vers la lumière blafarde, plus vive à mesure que nous approchions. Enfin, il a arrêté le cheval, annonçant que nous étions arrivés. Épuisée, je me suis laissée glisser par terre en rêvant de me pelotonner dans un lit bien douillet. Sans un mot, mère a ouvert le chemin. Toujours obéissante, je l'ai suivie, au comble de la joie d'être enfin seule avec elle, au Pakistan.

Nous avons franchi un grand porche et pénétré dans une sorte de village médiéval, où des masses sombres étaient blotties autour de feux de camp qui enfumaient la nuit, laissant tout juste se dessiner, en arrière-plan, le contour de petites maisons aux allures de cabanes. Les ombres se sont redressées, se transformant en formes humaines qui ont accouru avec des cris : « *Auntie* est arrivée ! *Auntie* est arrivée ! » Tout le monde s'est agglutiné autour de mère et l'a embrassée, puis en a fait autant avec moi. Ce chaleureux accueil m'a paru aussi merveilleux que déroutant, car je n'avais pas la moindre idée de l'identité de ces gens. Tout portait à croire que rien ne changerait au Pakistan : comme à la maison, je devrais recueillir les informations seule, au fur et à mesure.

Nous nous sommes éloignées, laissant les ombres retourner autour des feux, et avons passé une autre voûte donnant sur une cour, sinistre à la lueur de lampes. Sur les talons de mère, j'ai emprunté une porte à droite pour me retrouver dans une pièce éclairée par une simple ampoule vissée au mur. Heureuse de constater que le village avait l'électricité, ce dont je commençais à douter, j'ai observé les deux lits, chacun collé à un mur, et l'énorme ventilateur à pied. À bout de forces, je me suis laissée tomber sur un matelas.

Une grande femme est entrée dans la pièce et a étreint ma mère, avant de me prendre à mon tour dans ses bras.

« Je suis ta tante Kara. Tu as faim ? »

J'ai secoué la tête.

« Mais j'ai soif », ai-je remarqué, d'une voix basse et hésitante.

Elle a aussitôt disparu, revenant quelques minutes plus tard avec deux verres d'eau. J'ai avalé le mien d'un trait, ne prenant conscience de la torture que m'infligeait la soif qu'au contact du liquide rafraîchissant sur ma langue.

Kara m'a repris le verre.

« Tu dois être très fatiguée. »

Elle m'a ôté mes chaussures et, tandis que je m'étendais, a déposé une fine couverture sur moi. La fatigue aidant, je me suis endormie sur-le-champ, malgré le manque de confort de mon lit dur.

Il m'a fallu près d'une semaine pour me remettre du décalage horaire, m'habituer à la nourriture et prendre mes marques dans mon nouvel environnement. Mère et Kara ont alors commencé à rendre visite à des amis, me laissant seule à la maison avec interdiction formelle de sortir de la cour avant leur retour, que je devais souvent attendre jusqu'au soir. Kara me laissait parfois quelques *roti* pour le déjeuner ; le reste du temps, mes cousines et voisines, Amina, Nena et Sonia, qui avaient à peu près le même âge que moi, venaient jouer et m'apporter à manger.

Après le retour de mère et de Kara, je partais faire de longues promenades à travers la ferme avec mes cousines. Nous cueillions de la canne à sucre pour en mastiquer la délicieuse chair sucrée, ou grimpions aux arbres pour déguster les petits *birs* verts que j'aimais tant, bavardant des heures durant du haut de nos perchoirs.

J'aimais m'attarder au milieu des branchages pour regarder les oiseaux rejoindre leur nid, que j'aurais pu toucher en tendant le bras. J'aimais les longues promenades à travers champs et la fraîcheur des fruits à peine cueillis. J'aimais aussi la solidarité dont tout le monde faisait preuve au travail, les quelques tâches qu'on m'assignait n'équivalant pas à la moitié des besognes que j'exécutais à la maison. Les jours où il n'y avait plus rien à manger, il restait toujours quelqu'un pour venir partager son repas de bon cœur. Mais ce que j'aimais par-dessus tout, c'était de ne pas recevoir de coups.

Au bout d'un mois, cependant, le vent a tourné. Personne ne m'a informée de rien, comme d'habitude, mais j'ai perçu un changement dans l'air. Mère a cessé d'aller par monts et par vaux pour rendre visite à untel ou untel et son tour est venu de recevoir. Une famille en particulier passait tous les jours à la maison, les bras chargés de paniers de fruits et de vêtements pour moi. Kara, qui servait du thé à tous les visiteurs, ne ménageait pas ses efforts pour ces gens, à qui elle ne manquait jamais d'offrir à manger. J'avais fini par conclure que nous frayions avec une famille importante quand mère m'a convoquée au cours de l'une de leurs visites : « Voici *uncle* Akbar et ses deux fils, Afzal et Hatif, ainsi que sa fille, Fozia. »

Très mince, Akbar mesurait plus ou moins la même taille que moi, malgré la cinquantaine d'années qui nous séparait. Proches de la trentaine, Afzal et Hatif auraient facilement pu passer l'un pour l'autre si le premier n'avait eu un nez plus pointu et des cheveux plus longs, qui lui couvraient les oreilles. Beaucoup plus âgée, Fozia arborait les traits de ses frères. Ceux-ci se sont éclairés d'un sourire lorsqu'elle m'a saluée. Elle m'a prise par la main : « Viens t'asseoir avec nous. »

J'étais si intimidée par le regard scrutateur de ces gens que je me suis trouvée à court de mots. Docile, je me suis assise sur la chaise libre à côté d'elle, à l'ombre de l'arbre de la cour. Sachant d'expérience qu'ils parleraient à mère pendant des heures, j'ai pris mon mal en patience, m'efforçant de dissimuler mon ennui jusqu'à ce que Nena se rue sous le porche pour m'inviter à jouer avec elle. Après avoir guetté le hochement de tête de mère me donnant l'autorisation de prendre congé, j'ai déguerpi.

Plus tard dans l'après-midi, mère m'a demandé lequel des deux garçons d'Akbar je trouvais le plus à mon goût. J'ai froncé les sourcils. Des garçons ? Des hommes plutôt, à qui je n'avais d'ailleurs pas prêté la moindre attention. Pourquoi me serais-je inquiétée de savoir à quoi ils ressemblaient ? J'ai haussé les épaules.

« Je ne sais pas. Pourquoi ?

— Pour rien. Je demandais juste comme ça », s'est-elle empressée de répondre.

Cela a mis fin à la conversation. Je suis donc partie pour une promenade tardive avec Nena et les autres enfants. Je m'étais liée d'amitié avec ma cousine et, après avoir longé un moment les berges de la rivière, nous nous sommes assises pour parler de la vie au Pakistan, si différente de celle en Grande-Bretagne.

« J'aime la vie ici, ai-je conclu. J'ai moins de cuisine et de ménage que là-bas.

— Mais il n'y a rien à faire ici !

— Justement ! ai-je ri. Et puis, à la maison, on me battait sans arrêt. Depuis que je suis arrivée, personne ne m'a encore frappée. »

Je me suis étendue sur la rive, bercée par le murmure apaisant de la course de l'eau, les yeux fixés sur les nuages.

« Mère m'a posé une question bizarre aujourd'hui », ai-je remarqué au bout d'un moment.

J'ai relaté ma conversation avec mère, et ma cousine s'est mise à rire.

« On dirait que tu vas bientôt te marier. C'est une chic famille, tu sais. »

Sans remarquer que je m'étais glacée d'horreur, elle a entrepris de me raconter leur histoire. Très tôt veuf, Akbar avait élevé ses deux fils seul, avec l'aide de sa famille et de sa fille, Fozia, elle-même mariée et mère de deux enfants. Ma cousine a poursuivi ses bavardages, comme s'il n'y avait rien de plus naturel que de se marier à mon âge.

J'ai passé le chemin du retour à me persuader que c'était impossible. Après tout, je n'avais que treize ans. Mais j'ai bientôt compris que Nena disait vrai.

À notre retour, mère m'a annoncé que j'avais plu à Afzal et qu'il désirait me prendre pour femme. J'ai d'abord cru à une plaisanterie, jusqu'à ce qu'elle remarque que, dans l'incertitude d'un prochain voyage au Pakistan, je ferais aussi bien de l'épouser maintenant. Ses mots m'ont pétrifiée. Elle voulait me donner en mariage maintenant ?

Au matin, je me suis rendue seule à mon arbre préféré, en pleine campagne. Après avoir escaladé une bonne moitié de sa hauteur, je me suis adossée au tronc. Je n'ai plus bougé de ma branche pendant plusieurs heures, dans un état second. D'innombrables pensées se bousculaient dans mon esprit. J'aurais pu fuir si seulement j'avais su où je me trouvais, mais je n'étais jamais sortie du village et j'ignorais ce qui m'attendait au-delà des arbres et des terres. Et puis, où serais-je allée ? Je suis donc restée assise dans mon arbre, à regretter l'Écosse. J'aurais voulu hurler à pleins poumons : « Pourquoi ? Pourquoi ? Qu'ai-je fait pour mériter ça ? » De ma branche, j'ai regardé en contrebas. J'étais si haut. Et la terre était si basse.

La voix de Nena m'a tirée de mes réflexions.

« Sam ! Ça va barder pour toi ! a-t-elle crié du pied de l'arbre, la tête renversée en arrière. Où tu étais passée ? On t'a cherchée toute la matinée !

— Je réfléchissais, c'est tout.

— Eh bien, tu ferais mieux de rentrer. Tout le monde s'inquiète. »

Obéissante, je suis descendue et ai suivi ma cousine en silence. Dès qu'elle a posé les yeux sur moi, mère s'est mise à cracher des jurons et à me battre. C'était la première fois qu'elle levait la main sur moi au Pakistan et, dans ce pays que je considérais comme un sanctuaire, ses coups m'ont fait mal.

« Si tu mets un seul pied hors de cette cour, je te tue ! Tu m'entends ?

— Oui, ai-je murmuré, avec un hochement de tête docile.

— Tu te maries la semaine prochaine. »

Je me suis réfugiée sous les branches ballantes de l'arbre de la cour, où j'ai pleuré pendant des heures. Les meurtrissures laissées par les coups sur mon corps m'élançaient, mais ce n'était pas la douleur qui m'arrachait des larmes.

Kara a fini par m'appeler du seuil de la maison : « Arrête de pleurer et viens te coucher. Tu vas causer du chagrin à ta mère et elle te battra de nouveau. »

Cette nuit-là, j'ai à peine fermé l'œil. Moi qui croyais que la vie commençait à me sourire ! Comme il avait été naïf de ma part d'attendre un changement positif. J'aurais dû me douter que quelqu'un, quelque part, me raillait : « Tiens, tiens, tu crois que tu vas te sortir de ce cauchemar ? »

Quand j'ai enfin sombré dans le sommeil, j'ai rêvé d'un mariage. Assise au beau milieu des festivités, une fille aussi belle que Tara le jour de ses noces souriait. Sous mon regard insistant, elle a levé les yeux et m'a adressé un petit sourire de conspirateur, que je lui ai rendu. À cet instant, les danseuses ont tourbillonné devant elle et je me suis réveillée.

Personne n'a mentionné le mariage au cours des jours suivants. Quant à moi, je me suis gardée de mettre le sujet sur le tapis, gagnée par l'espoir que tout le monde avait oublié, que ce n'était finalement qu'une plaisanterie idiote de ma mère. Autour de moi, le village vaquait à ses occupations quotidiennes dans un train-train inchangé.

Quelques jours plus tard, nous venions de terminer le petit déjeuner quand Akbar a franchi le porche avec sa famille et des inconnus, tous sur leur trente et un. Comme nous n'avions entrepris de préparatifs pour aucune fête au village, j'ai pensé qu'ils passaient simplement chercher ma mère pour l'emmener à quelque rassemblement. Cette dernière est alors sortie de la maison dans d'élégants habits et a donné l'ordre à Kara de m'habiller.

« M'habiller ? Pourquoi ? ai-je demandé à ma tante en la suivant à l'intérieur.

— Pour ton mariage, petite gourde », m'a-t-elle répondu, tout sourire, comme s'il s'agissait d'un jeu.

Mon mariage ? Aujourd'hui ? Quand Tara s'était mariée, nous avions passé un temps fou à tout organiser : les vêtements pour le grand jour avaient été empilés dans un coin, la maison avait été décorée, les amis et les parents étaient venus entonner des chansons, jouer de la musique et danser. L'ambiance avait été à la fête pendant ces préparatifs. La veille des noces, toutes les femmes, jeunes et moins jeunes, s'étaient assises en cercle pour se dessiner des motifs au henné sur les mains. Six jours s'étaient écoulés depuis que mère m'avait parlé de mariage, or personne n'était venu chanter, orner mes mains, coiffer mes cheveux, jouer de la musique ou confectionner des tenues.

Une fois dans la chambre, Kara m'a expliqué qu'elle allait me prêter un ensemble rouge. J'ai aussitôt imaginé la tenue de mariage de ma sœur aînée : la magnifique tunique écarlate couverte de broderies d'or, avec la jupe et l'étole assorties. J'ai revu le visage de Tara si bien maquillé, les points d'or autour de ses yeux, le carmin sur ses lèvres rappelant la couleur de sa tenue, le collier et les bracelets qui scintillaient sur sa peau. Tout compte fait, cela ne serait peut-être pas aussi terrible que je le pensais.

Kara a tiré une grosse valise de dessous un lit pour en sortir un *shalwar kameez*, qu'elle a entrepris de repasser. Le vêtement, uni et défraîchi, ne ressemblait en rien à la tenue éclatante de Tara. Elle m'a expliqué qu'il appartenait à sa fille : « Il a coûté cher, tu sais. Elle l'a ramené il y a deux ou trois ans et ne l'a porté que quelques fois. Après sa grossesse, elle n'a plus jamais pu rentrer dedans. » Elle m'a tendu l'ensemble défripé, me pressant de me changer car le *molvi* n'allait pas tarder à arriver. Je le lui ai pris des mains à contrecœur et l'ai enfilé. Je flottais dans la tunique, dont les manches me tombaient sur les mains, mais ma tante a décrété que j'étais très bien ainsi.

À ce moment, Nena nous a rejointes dans la pièce, attrapant une brosse au passage.

« Attends, je vais te coiffer. »

Je me suis assise sur le lit, muette de stupeur, tandis que ma cousine passait dans mon dos pour me peigner les cheveux et me les attacher. Elle s'est ensuite relevée pour se planter devant moi, me jaugeant d'un œil expert. Elle a souri avec un hochement de tête satisfait.

« Oui, tu es jolie. Tante Kara, est-ce qu'on a des bijoux ?

— Non, elle est parfaite comme ça. »

Je me suis dit qu'il devait s'agir d'une répétition générale, qu'il n'était pas possible que je me marie, pas aujourd'hui. Je ne portais ni maquillage ni bijoux, seulement de vieux vêtements trop grands. Je n'avais pas besoin de miroir pour savoir que j'étais loin d'avoir l'allure de Tara le jour de ses noces. Envahie par la peur, j'ai senti ma gorge se serrer lorsque ma tante m'a tendu un voile rouge, que j'ai posé sur ma tête. Après l'avoir tiré pour m'en recouvrir le visage, elle a quitté la pièce. Je me suis mise à sangloter.

Nena m'a tapoté l'épaule : « Oh, Sam, ne pleure pas. C'est toujours bouleversant de quitter ses parents, mais tu vas voir, tout va bien se passer. » Elle se trompait sur la cause de mon chagrin, mais comment le lui expliquer ?

Kara est revenue avec le *molvi*, qui s'est adressé à moi dans un murmure : « Bonjour ma fille. Contente-toi de répéter tout ce que je dis. » Il a alors récité des paroles en arabe d'une voix à peine audible. J'ai répété les quelques mots que j'avais saisis et marmonné le reste. Quelques minutes plus tard, il est ressorti derrière Kara.

Nena m'a serrée dans ses bras : « Tu vas bientôt t'en aller maintenant, mais je suis sûre que tu pourras revenir nous voir dans quelques jours. »

Mère est entrée dans la pièce : « Il est temps pour toi de partir. Tu vas dans ta nouvelle maison, avec la famille de ton mari. » Mon mari ? Lorsque j'ai tenté de me lever, mes genoux se sont mis à trembler si fort que j'ai dû me rasseoir pour ne pas m'effondrer. J'ai levé des yeux implorants vers mère, secouée de sanglots. Me saisissant par le bras, elle m'a traînée jusqu'à la porte, où elle a désigné du doigt *uncle* Akbar : « C'est ton père à partir d'aujourd'hui. » Son index s'est ensuite pointé sur l'un des fils d'Akbar, qui me regardait en souriant : « Et voici ton mari. »

Non, c'était impossible ! J'allais me réveiller, sortir de ce cauchemar ! Mais mère m'a poussée en direction de ces hommes, dont je ne connaissais rien de plus que le nom : « Allez ! » J'ai essayé de lui dire que je ne voulais pas, mais aucun son n'est sorti de ma bouche, alors j'ai reculé à l'intérieur de la pièce. Mère m'y a suivie et, se dressant de toute sa hauteur, a dardé ses pupilles sur moi : « Ne t'avise pas de faire une scène, Sameem. Lève-toi et rejoins ton mari. »

Je l'ai fixée dans les yeux avec l'espoir qu'elle voie les larmes qui me brouillaient la vue et comprenne ma terreur, mais elle a détourné le regard.

Je n'avais pas le choix. J'ai franchi le seuil, nauséeuse et tremblante, pour suivre ces inconnus.

Avant de monter dans leur voiture, j'ai jeté un dernier coup d'œil par-dessus mon épaule. Le porche était vide. Personne ne s'était attardé pour me dire au revoir.

Nous sommes sortis du village et avons quitté les berges de la rivière pour rejoindre la grand-route. Assise à côté d'Afzal, j'entendais ce qu'il me racontait sans parvenir à le comprendre tant les événements m'avaient sonnée. J'avais l'impression d'errer dans un épais brouillard. Au bout d'une vingtaine de minutes, nous nous sommes arrêtés dans un village et mon prétendu mari s'est penché sur moi : « Voici ta nouvelle maison. »

J'ai passé un gigantesque portail en bois qui ouvrait sur une cour presque identique à celle que je venais de quitter, avec un espace dédié à la cuisine, près d'un foyer, et une pompe à eau dans un coin. Akbar m'a guidée à l'intérieur de la maison jusqu'à une chambre, où il m'a invitée à m'asseoir sur le lit. Lorsqu'il est ressorti, me laissant seule avec son fils, j'ai entendu un glissement métallique puis le fracas d'un verrou qui se ferme.

Je n'avais qu'une envie : bondir sur mes pieds, ouvrir cette porte et courir. Fuir aussi loin que mes jambes me le permettraient, dans n'importe quelle direction. Quand mes poils se sont hérissés sur ma nuque, j'ai su que le pire était à venir. Mon rythme cardiaque s'est accéléré. J'ai baissé les yeux, suivant le parcours d'une fourmi jusqu'à ce qu'elle s'éclipse sous le lit. J'aurais voulu être un insecte moi aussi, disparaître sous un meuble.

Afzal s'est assis près de moi et a posé la main sur mon visage. Comme je tressaillais à son contact, il m'a dit des mots incompréhensibles puis s'est penché sur moi pour m'embrasser. Tatie Peggy me déposait parfois une bise sur le front quand j'étais petite, en particulier pour me consoler, mais je n'avais pas reçu de baiser depuis que j'avais quitté le foyer, et certainement pas de baiser comme celui-ci. Le visage râpé par sa barbe naissante, dégoûtée par son odeur, j'allais repousser Afzal quand j'ai senti avec horreur sa langue s'enfoncer dans ma bouche, où elle s'est mise à décrire des cercles. J'ai reculé pour me dégager de son étreinte, prise de nausée, au bord de l'asphyxie. Je ne comprenais pas ce qui se passait. Je savais que je devais me plier aux ordres pour ne pas recevoir de coups, mais fallait-il encore que je sache ce qu'on attendait de moi. Et ce baiser, c'était tout simplement répugnant !

Lorsqu'il a tenté de recommencer, je lui ai demandé d'arrêter. Une étrange expression a alors traversé son visage. Je me suis détournée pour ne pas avoir à soutenir son regard, mais je sentais ses yeux se promener sur moi, j'entendais sa respiration lourde. J'ai reporté mon attention sur la fourmi, qui avait émergé de sa cachette sous le lit pour s'affairer çà et là. J'aurais tant voulu être à sa place, trouver un recoin où me dissimuler. J'ai songé à hurler : « Laissez-moi partir, je veux rentrer à la maison ! » Mais qui aurait entendu mes cris ? Nous étions enfermés dans une pièce à l'écart et, de toute façon, les rares personnes qui me connaissaient dans ce village ne viendraient pas à mon secours.

M'attrapant par le menton, Afzal m'a forcée à lever la tête, approchant de nouveau son visage. J'ai reculé mais, anticipant mon mouvement, il m'a fait basculer sur le lit. Je me suis dévissé le cou pour échapper à ses baisers. Au fond de moi, une voix lui hurlait de cesser, mais rien d'autre ne troublait le silence de la chambre que sa respiration saccadée. Quand il s'est enfin écarté, j'ai avalé une bouffée d'air, paniquée. Alors il est revenu vers moi, cette fois pour me retirer mes vêtements. Je l'ai regardé me déshabiller sans réagir, paralysée par l'enchaînement des événements, incapable d'extérioriser le cri de terreur qui retentissait à l'intérieur de tout mon être. Quand il a paru satisfait, il a farfouillé dans le bas de sa tunique et m'a écrasée sous son poids. Cette ultime violation de mon corps, dans cette partie de mon être dont j'avais à peine conscience, même si d'instinct je savais qu'elle n'appartenait à nul autre que moi, a fini par m'arracher un hurlement de souffrance. Afzal s'était mis à me souffler des *chut* apaisants dès qu'il avait commencé à se frotter contre moi, comme s'il avait anticipé ma douleur, mais il n'a pas cessé sa torture pour autant. Impuissante, je me suis couvert le visage des mains et j'ai tenté d'oublier l'instant présent, serrant si fort les paupières que les larmes pouvaient à peine s'échapper de mes yeux. En moi, une voix continuait de crier : « Pourquoi me fais-tu ça ? Pitié, pitié, arrête de me faire mal ! »

Soudain, il a semblé entendre mes prières. Après une dernière trépidation, il a roulé sur le côté et, ajustant ses vêtements, s'est levé. J'ai ôté les mains de mon visage et me suis roulée en boule, le bassin à vif, tandis qu'Afzal se dirigeait vers une porte à l'autre bout de la chambre. Dès que j'ai entendu le battant se fermer derrière lui, je me suis empressée de renfiler ma tunique, qui gisait par terre, tout en cherchant du regard mon pantalon, pendu au pied du lit. Je me suis levée pour le mettre, frissonnant au contact du sol, aussi glacé que moi, puis je suis restée immobile devant le lit, les jambes si flageolantes que je tenais à peine debout. Je ne savais pas ce que j'étais censée faire, ce que j'étais censée ressentir. Je ne comprenais pas ce qui venait de m'arriver.

La porte s'est rouverte sur Afzal. J'ai de nouveau fixé mon regard par terre, où trois fourmis filaient en direction de la sortie. Je ne voyais que ses pieds lorsqu'il s'est approché.

« Ça va ? »

J'ai hoché la tête, effrayée à l'idée qu'une réponse négative le pousse à recommencer ses sévices.

« La salle de bains est là », a-t-il indiqué.

J'ai levé juste assez les yeux pour voir son doigt pointé sur la pièce dont il venait de sortir. Il a alors tiré le verrou de l'autre porte, inondant la chambre de lumière. Je n'avais jusque-là pas remarqué l'obscurité qui régnait dans la pièce.

Sans savoir comment, je me suis retrouvée sous la douche, ramenée à la réalité par le battement de l'eau sur mon dos. J'ai lavé les traînées de sang qui me striaient les cuisses, mais la douleur qui me tenaillait l'entrejambe n'a pas disparu aussi aisément. Je me suis laissée glisser sur le sol, mêlant mes larmes au jet d'eau.

Au bout d'un moment, un petit coup a retenti à la porte et une voix de femme m'a sortie de ma torpeur.

« Tout va bien ? »

Comme je ne répondais pas, elle a frappé de nouveau.

« Tout va bien ? a-t-elle répété d'un ton teinté d'inquiétude.

— Un instant ! »

Je ne voulais surtout pas qu'elle me trouve nue sous la douche. Après m'être habillée à la hâte, j'ai ouvert la porte et je me suis plantée devant elle, prenant une grande inspiration.

« Je veux rentrer chez moi.

— Mais chez toi c'est ici, maintenant, m'a-t-elle répondu avec un regard perplexe.

— Je ne veux pas rester ici, je veux voir ma mère. »

Comme Afzal revenait dans la chambre, elle s'est tournée vers lui.

« Elle veut rentrer chez elle.

— Tu ne peux pas rentrer tant que ta mère ne vient pas te chercher.

— S'il vous plaît… ai-je chuchoté, reprenant mon souffle pour donner plus de tranchant à ma voix. Ramenez-moi. Je veux rentrer. Je veux juste rentrer ! ai-je répété, en sanglots.

— Ramène-la chez elle, a déclaré la femme.

— Pas maintenant, a refusé Afzal. Demain matin. Si je la ramène aujourd'hui, sa mère va se demander ce qui s'est passé. »

Il a posé la main sur mon épaule en me promettant de me reconduire chez ma mère le lendemain, ce qui n'a pas suffi à apaiser ma terreur. Cela supposait que je devais passer la nuit chez lui, dans ce lit où il risquait de poser à nouveau les mains sur moi.

La femme m'a demandé si j'avais faim.

« Je vais te chercher à manger », a-t-elle déclaré en s'éloignant, sans attendre ma réponse.

Je m'apprêtais à la suivre, effrayée à l'idée de rester seule dans cette pièce avec Afzal, quand ce dernier m'a barré la porte de son bras.

« Je t'aime. »

Un peu rassurée par le fracas métallique des casseroles à l'extérieur, je me suis assise sur le lit, m'accrochant à l'espoir qu'une présence de l'autre côté du mur le dissuaderait de s'en prendre à moi. Crispée, incapable de me détendre, je me suis demandé pourquoi tous les gens censés m'aimer s'acharnaient contre moi, laissant des traces indélébiles sur mon corps et dans mon esprit. Il y avait d'abord mère, qui me prouvait depuis des années son « amour » à force de corrections, puis Manz et ses coups qui m'avaient à jamais déformé le crâne, et à présent Afzal. Puisqu'il ne restait plus, à l'extérieur de mon être, une seule parcelle qui n'ait été frappée ou meurtrie, j'aurais sans doute dû prévoir que l'on commencerait à s'attaquer à l'intérieur. J'avais désormais la certitude qu'aucune partie de moi ne m'appartenait vraiment, qu'aucune ne pouvait échapper à l'« amour » des autres. Je me sentais inanimée, brisée, méprisable et vaincue.

Lorsque la femme est revenue avec la nourriture, je l'ai regardée pour la première fois. C'était Fozia, la sœur d'Afzal. Elle portait un joli *shalwar kameez* rose et ses cheveux, attachés en une tresse lâche, flottaient autour de ses épaules. En me souriant, elle a posé le plateau sur une petite table, devant un canapé à deux places calé dans un coin de la pièce. Je ne voulais rien avaler, je voulais juste rentrer chez moi.

« Viens manger quelque chose », m'a ordonné Afzal en se dirigeant vers le sofa.

De crainte qu'il ne se mette à hurler ou ne me fasse mal, je l'ai suivi. Un appétissant fumet s'échappait du plateau, qui contenait du riz et deux currys différents, d'agneau et de poulet, ainsi que des *roti*, de la salade et un chutney au yaourt.

Il m'a tendu une assiette, sur laquelle il a déposé un *roti*.

« Qu'est-ce que tu veux ? »

Il se comportait avec douceur à présent, mais je ne me fiais pas à lui, après ce qu'il venait de m'infliger.

« Nous avons toujours de quoi manger à notre faim, a-t-il repris. J'achète la nourriture en gros pour la vendre aux marchands des rues. Je peux prendre soin de toi comme il faut, tu sais. »

J'ai fini par montrer du doigt le curry d'agneau. Il m'a donné la cuillère, avec laquelle je me suis servi une petite quantité de viande, rompant le *roti* en deux. Puis j'ai pris place sur le canapé, où j'ai commencé à manger. Il s'est assis à côté de moi pour remplir son assiette tandis que je grignotais ma galette sans appétit, seulement désireuse de m'éloigner de cet homme.

« Avez-vous besoin d'autre chose ? a demandé sa sœur.

— Non, c'est parfait, Fozia, a-t-il répondu. Pourquoi ne te joins-tu pas à nous ? Tu en as fait plus qu'assez pour nous tous.

— J'ai déjà mangé. »

À mon grand soulagement, Fozia est restée pendant tout le repas. Tout en vidant mon assiette, j'ai observé la cuisine à travers l'encadrement de la porte. Avec ses éléments muraux et son évier, elle ressemblait davantage à notre cuisine de Glasgow qu'à celle que nous avions ici, au village, où les femmes préparaient les repas sur un feu de bois et lavaient la vaisselle à la pompe. Au fond, un escalier conduisait au toit de la maison.

Lorsque nous avons eu terminé, Fozia a débarrassé la table, emportant les plats à la pompe plutôt que de les déposer dans l'évier, comme je m'y attendais. J'ai soudain ressenti le besoin de prendre l'air moi aussi.

« Je dois me laver les mains, ai-je réussi à articuler.

— Utilise le lavabo de la salle de bains », m'a répondu Afzal.

Je me suis sentie plus perdue que jamais. J'avais beau m'être toujours lavé les mains dans un lavabo ou un évier jusqu'à mon arrivée au Pakistan, j'avais tout bêtement présumé que ce prétexte me permettrait d'aller à la pompe.

Avec un soupir, je me suis rendue dans la salle de bains, dont j'ai fermé la porte derrière moi. Je n'avais pas prêté beaucoup d'attention à cette pièce au moment de me doucher, je n'avais donc pas remarqué ses quatre murs carrelés du plancher au plafond et les toilettes nichées dans un coin. La cuvette étant encastrée dans le sol, il fallait toujours s'accroupir, mais la chasse d'eau constituait un luxe à elle seule. Après m'être rapidement passé les mains sous l'eau, je les ai séchées à la serviette pendue à un crochet près du lavabo.

La chambre était vide lorsque je suis sortie. Dehors, Afzal conversait avec Fozia. Il s'est tourné vers moi : « Veux-tu t'asseoir un moment ici ? » À mon hochement de tête, il est allé chercher une chaise de l'autre côté de la cour et, m'invitant à m'y asseoir, est reparti pour en ramener une pour lui. Le crépuscule tombait. Trop intimidée pour regarder autour de moi, je me suis concentrée sur Fozia, qui lavait les plats sous la pompe. Je me sentais toutefois observée par Afzal avec une intensité qui me mettait mal à l'aise.

Au bout d'un moment, des voix se sont élevées derrière le mur et le portail s'est ouvert lentement sur une petite fille.

« *Ami, abu* veut savoir quand tu rentres à la maison », a-t-elle déclaré.

Elle s'est tue en me voyant et m'a dévisagée avec de grands yeux ronds. Je lui ai retourné son regard. Elle devait avoir six ans et portait elle aussi un *shalwar kameez* rouge, quoique plus élégant que le mien.

Fozia s'est redressée pour rapporter la vaisselle à la cuisine.

« Oui, j'arrive dans quelques minutes. »

Pendant ce temps, la fillette a continué son examen.

« Dis *salaam* à ta tante Sameem, lui a commandé Afzal.

— *Salaam* tante Sameem, a salué la petite fille dans un murmure à peine audible en tendant sa menotte.

— Comment t'appelles-tu ? lui ai-je demandé avec un sourire en lui prenant la main.

— Shabnam.

— Viens Shabnam, il est temps de partir, l'a appelée Fozia, qui sortait de la maison, avant de se tourner vers son frère. Tu as besoin d'autre chose avant ?

— Non, non », s'est-il empressé de répondre.

Alors elle a pris la petite fille par la main et s'est éloignée, me laissant en tête à tête avec Afzal. Terrifiée à l'idée de la nuit qui m'attendait, j'ai prié pour trouver la force de tenir, cherchant du courage dans la perspective de retrouver la sécurité du village de mère le lendemain.

Je me suis réveillée au chant familier du coq. Soulagée de sortir de l'horrible cauchemar qui était venu me hanter, j'ai soudain reconnu le crépitement de la douche. Je me suis assise, haletante. Ce n'était pas un cauchemar, mais pis : c'était la réalité.

Après ma douche et le petit déjeuner, que Fozia nous a apporté, Afzal m'a demandé si je tenais toujours à rentrer chez ma mère. Sans l'ombre d'une hésitation, j'ai opiné. Je ne comptais pas rester un instant de plus dans cette maison.

« Je vais chercher la voiture », m'a-t-il informée, tandis que je soupirais de soulagement.

Quelques minutes plus tard, je montais dans le véhicule. Afzal a traversé le village en sens inverse puis suivi la grand-route pendant ce qui m'a paru une éternité. Lorsque nous avons enfin bifurqué sur la piste de terre le long de la rivière, mon cœur s'est emballé. Je rentrais à la maison.

La voiture à peine immobilisée, j'ai bondi à terre pour franchir le porche d'un pas décidé. Quand elle m'a vue, Nena s'est élancée vers moi, mais au lieu de se jeter dans mes bras, comme je m'y attendais, elle m'a attrapée par l'épaule avec un regard accusateur : « Qu'est-ce que tu fais ici ? »

Juste à ce moment, mère est sortie de la maison. Alors que je lui souriais, convaincue qu'elle serait heureuse de me retrouver, elle s'est exclamée : « Pourquoi es-tu rentrée ? Tu ne pouvais pas attendre que je vienne te chercher ? » Mon sourire s'est évanoui. Sans même prendre de mes nouvelles, elle a tourné les talons : « Je vais en ville avec Kara, je n'en ai pas pour longtemps. » Elle se comportait comme si elle ignorait l'épreuve que je venais de traverser, ou s'en moquait complètement.

Je suis restée plantée dans la cour, à fixer mes pieds qui refusaient de se détacher du sol, me laissant paralysée. Afzal s'est assis sur une chaise sous l'arbre : « Je te l'avais dit, tu aurais dû attendre qu'elle vienne. »

Son ton suffisant a fini de me décider. Avec une grande inspiration, j'ai puisé au fond de moi la force de marcher jusqu'à la maison, où je me suis enfermée, le dos collé à la porte. Tout le monde se fichait du mal qu'Afzal m'avait fait subir. Tout le monde se fichait de moi.

Les pensées tourbillonnaient dans mon esprit. Depuis que j'avais quitté le foyer pour enfants, je faisais tout – absolument tout – ce que l'on exigeait de moi. J'astiquais, je cuisinais, je tenais ma langue et je veillais à ne jamais me montrer insolente. Et comment me remerciait-on ? Par des coups, des insultes et des moqueries. On m'avait martyrisée et on me livrait à présent aux tortures du premier venu.

Je n'avais pas ma place parmi ces gens. Je n'avais ma place nulle part. Personne ne m'aimait, personne ne m'accordait d'importance. Ceux qui se prétendaient de ma famille se souciaient de moi comme d'une guigne, il suffisait de voir ce qu'ils venaient de m'infliger : ils m'avaient donnée à un parfait inconnu, comme un objet, pour qu'il fasse de moi son souffre-douleur. Je ne pouvais accorder ma confiance à personne, or c'était cette solitude que je supportais le moins.

J'avais eu ma dose de souffrances. Je pouvais endurer les violences et les insultes, je pouvais assumer les corvées ménagères et l'épuisement constant, mais ce qui m'était arrivé au cours des dernières vingt-quatre heures dépassait tout ce que j'avais subi jusque-là. Dire que je pensais que mère m'avait emmenée en vacances par amour ! Je réalisais à présent qu'elle m'avait toujours menti, qu'elle m'avait trahie. Après m'avoir cédée à un homme qui me torturait encore plus qu'elle, elle m'avait tourné le dos lorsque j'étais revenue vers elle. Qu'allait-elle faire, à présent ? Me donner à quelqu'un qui me livrerait à un supplice plus atroce encore ?

Cette perspective m'a asséné un coup terrible. Je me suis effondrée sur le sol, secouée de tremblements. Et si le pire était encore à venir ? Quelle certitude avais-je que mon calvaire s'arrêterait là ? Qu'est-ce qui empêchait les gens de m'aimer ? Il fallait sans doute que je sois particulièrement détestable pour mériter ces traitements. Si seulement quelqu'un pouvait me dire ce qui clochait chez moi, alors je pourrais changer. Je désirais juste un peu d'affection, était-ce trop demander ?

Ce raisonnement m'a anéantie. Lorsque j'ai redressé la tête, j'ai repéré un petit flacon marron sur une étagère. Après tout, personne ne se poserait de questions si je venais à disparaître. Personne ne me regretterait. À bout de forces, en mal d'espoir, j'ai vu dans la mort la seule issue. J'ai tendu le bras pour attraper le récipient de cachets blancs, dont j'ai vidé le contenu dans ma paume. Ma main ne tremblait presque plus lorsque j'ai gobé une quinzaine de pilules. J'ai patienté un instant et, comme rien ne se produisait, j'ai avalé les dernières.

J'ai ensuite guetté la fin, en me demandant pourquoi elle tardait tant, pourquoi je ne sentais rien de particulier. Soudain, la porte s'est ouverte sur Afzal. Je me suis empressée de reposer le flacon vide à sa place, espérant que ses yeux n'avaient pas encore eu le temps de s'accommoder à la pénombre. Il s'est approché et m'a offert sa main : « Allez viens, on rentre à la maison. »

Vaincue et épuisée, rejetée par tous, y compris par la mort, j'ai refusé son aide et me suis relevée, en sanglots. Au moment de franchir la porte, j'ai senti mes jambes se dérober. Soudain très faible, j'ai titubé jusqu'à un lit et m'y suis écroulée. Emportée dans un tourbillon, j'ai fermé les yeux et prié pour que la mort m'emporte enfin.

12

Quand j'ai rouvert les paupières, un inconnu était assis sur le bord du lit. J'ai compris, à son stéthoscope, qu'il s'agissait d'un médecin.

« Tu nous as fait une belle frayeur, a-t-il remarqué.

— Je veux mourir, ai-je murmuré, un peu sonnée. Pourquoi ne m'avez-vous pas laissée mourir ?

— Ne sois pas idiote, est intervenu Afzal, dont le visage a surgi au-dessus du médecin. Tu ne veux pas mourir. »

Le soleil déversait des flots de lumière par la porte d'entrée. Malgré la chaleur, j'ai frissonné. Je voulais fuir. J'ai tenté de lever la tête, mais elle était aussi lourde que si on l'avait remplie de briques pendant mon sommeil. J'avais l'impression d'avoir avalé de la sciure de bois tant ma bouche était sèche. Discernant des froufrous à côté de moi, j'ai réussi à tourner suffisamment le cou pour voir Kara, mère et une poignée d'enfants en uniforme scolaire.

Le médecin s'est levé et, après m'avoir prescrit de boire beaucoup d'eau, a pris congé, suivi de mère. Afzal est venu s'asseoir sur le lit.

Malgré la brûlure dans ma gorge à vif, j'ai réussi à articuler.

« J'ai très soif. Je voudrais de l'eau. »

Nena s'est aussitôt proposée pour me rapporter un verre. À son retour, j'ai soulevé à grand-peine la tête. Afzal s'est agenouillé près du lit et me l'a soutenue d'une main, posant de l'autre le verre sur mes lèvres. À petites gorgées, j'ai bu l'eau jusqu'à la dernière goutte, savourant sa fraîcheur.

« Tu en veux encore ? m'a-t-il demandé.

— Non.

— Je suis contente que tu te sois réveillée, a remarqué Nena en me tapotant l'épaule. Je reviendrai te voir cet après-midi, après l'école.

— L'école ? ai-je répété, déboussolée. Tu n'as pas école le vendredi.

— On est lundi aujourd'hui, petite tête, a-t-elle répliqué avec un drôle de sourire. Tu as dormi pendant plus de deux jours. »

Sur ce, elle est sortie, emmenant dans son sillage les autres enfants dans un concert d'au revoir.

Resté seul avec moi, Afzal a repris la parole : « Je vais m'occuper de toi. Dis-moi juste ce que tu veux ou ce dont tu as besoin et je te le trouverai. » Il s'est levé lentement et a posé le verre vide par terre avant de poursuivre : « Quand tu iras mieux, je te ramènerai à la maison. »

Ces mots m'ont terrifiée. La mort m'avait peut-être fait faux bond cette fois, mais je ne comptais pas renoncer aussi facilement. Je n'entendais pas me remettre sur pied. Dès l'instant où je pourrais sortir du lit, j'ingurgiterais d'autres médicaments. Il était hors de question que je reparte avec lui.

Étranger à mes pensées, Afzal a continué ses réflexions : « Le médecin dit que tu es peut-être *hamila*. Ça pourrait expliquer ton évanouissement. Il ne comprend pas que tu aies dormi pendant deux jours, mais il dit que le corps d'une très jeune fille réagit parfois violemment à une grossesse. » Il a souri : « Si tu es vraiment enceinte, tu rentreras en Écosse. »

Rentrer en Écosse ? Voilà qui changeait la donne. Je me sentais revigorée à la seule pensée de retrouver Glasgow. J'ignorais ce que signifiait « enceinte », seulement certaine que ce n'était pas la raison de ma longue perte de conscience, mais j'étais déterminée à le devenir si cela me ramenait chez moi.

À la suite de cet épisode, j'ai cessé d'espérer recevoir un jour de l'amour de la part de ma mère. Avec l'échec de ma tentative de suicide, j'ai compris que l'automutilation ne pouvait plus rien m'apporter, pas même une certaine libération, j'ai donc cessé de m'en prendre à moi-même. Je n'étais plus la Sam qui commettait des erreurs et méritait d'être punie, ni celle qui n'avait rien fait de mal et encaissait les coups malgré tout. Rien ne m'a plus ébranlée que de découvrir que ce à quoi j'aspirais, l'objectif qui m'avait permis d'endurer les injures, les gifles, les coups de poing et pis encore pendant toutes ces années, n'existait plus.

Je me fichais bien de me faire aimer de mère. Rien n'avait plus d'importance.

Le lendemain, malgré les vertiges, j'ai réussi à m'asseoir, la tête calée contre un oreiller. À l'approche du déjeuner, Kara m'a proposé de m'installer au soleil. Lorsqu'elle m'a aidée à me lever, la pièce s'est mise à tanguer autour de moi, m'obligeant à plisser les yeux. Une fois dehors, j'ai tenté de me concentrer sur l'arbre de la cour, très vite déstabilisée par son constant balancement, d'abord à droite, puis à gauche, et encore à droite. Je me suis agrippée au bras de Kara pour garder l'équilibre.

« Adosse-toi contre la maison pendant que je t'installe une chaise sous l'arbre », m'a-t-elle suggéré.

J'ai suivi son conseil, collant ma tête contre le mur, qui semblait lui aussi osciller dans mon dos. Ne trouvant rien à quoi me raccrocher, je me suis sentie glisser jusqu'au moment où Kara a réapparu, comme par magie, pour me redresser. Son bras sous le mien, elle m'a escortée vers la chaise. J'ai laissé ma tête basculer contre le coussin, le visage caressé par les rayons du soleil matinal qui filtraient à travers les branchages, puis j'ai fermé les yeux pour mettre fin au martèlement dans mon crâne et aux remous autour de moi.

« Qu'est-ce que tu veux manger ? » m'a demandé Kara.

J'ai rouvert les paupières, surprise. Jamais personne ne m'avait posé cette question. Je me contentais de ce qu'on me donnait, voilà tout.

L'image d'une assiette de frites avec du ketchup m'a aussitôt traversé l'esprit. Je n'en avais pas mangé depuis une éternité.

« J'aimerais beaucoup des frites.

— Des frites ? Qu'est-ce que c'est ? »

Après que je lui ai expliqué comment les préparer, Kara a accepté de tenter l'expérience. Bientôt, la délicieuse odeur des pommes de terre plongées dans l'huile est venue me chatouiller les narines, me mettant l'eau à la bouche. Il me tardait d'en croquer une.

Kara m'a tendu une assiette : « J'espère que c'est bien comme ça. » Son plat avait l'apparence et l'odeur des frites. Pas tout à fait le goût, toutefois, mais mettant cette légère différence sur le compte de l'absence de ketchup, j'ai savouré chaque bouchée de ce repas, déçue de me voir refuser une deuxième portion sur ordre du médecin, qui avait recommandé de ne pas trop me gaver le premier jour. Ma tante m'a apporté un verre d'eau puis m'a dit de me reposer. Je me suis endormie sous l'arbre, ne me réveillant qu'à la tombée du soir, lorsque Afzal m'a tirée de mon sommeil : « Il commence à faire froid. Je vais te ramener à l'intérieur. » J'étais en effet gelée, mais je n'éprouvais plus de vertiges et j'ai pu marcher jusqu'à la maison sans aide. Ce soir-là, Afzal est rentré chez lui en me promettant de revenir le lendemain.

Malheureusement, Afzal a tenu parole et s'est présenté le jour suivant en déclarant : « Aujourd'hui, je te ramène à la maison. »

J'ai accueilli la nouvelle avec sang-froid. Mère venait de m'annoncer que nous retournerions en Écosse dans quelques semaines. Or, tant que je gardais cette perspective en tête, je me savais capable de supporter le pire.

En arrivant chez Afzal, ce soir-là, la maison m'a paru changée. Je l'ai trouvée plus propre, plus claire aussi. Une odeur d'huile nous a accompagnés jusqu'à l'intérieur, où une petite fille d'une dizaine d'années m'a apporté une assiette de frites dès que je me suis assise. La pièce semblait moins sinistre que lors de ma première visite, avec son tapis rouge étendu au sol et ses odeurs pénétrantes d'encens.

Des gens, pour la plupart des femmes, me dévisageaient, installés sur des chaises et sur le lit. J'ai reconnu certains, dont Hatif et Fozia, mais je n'avais jamais vu la majorité d'entre eux. Tandis que je promenais mon regard de l'un à l'autre, chacun m'a saluée d'un petit signe de tête.

Akbar est venu me servir un verre d'eau : « Si tu as besoin de quoi que ce soit, dis-le à Afzal. »

Manger des frites préparées par d'autres, qui nettoyaient aussi derrière moi et m'apportaient de l'eau et tout ce qui me ferait envie... Je pouvais certainement supporter cela pendant les quelques semaines qui me séparaient du départ. À dire vrai, sans Afzal et ce qu'il m'infligeait dans la chambre la nuit venue, le temps aurait filé.

Au cours des jours suivants, je me suis habituée au train-train quotidien. Je me levais le matin, je me douchais puis j'attendais que Fozia, qui vivait dans la maison voisine, apporte le petit déjeuner. Afzal me déclarait son amour tous les jours et me mettait au supplice toutes les nuits.

Je détestais le soir. Au crépuscule, je priais pour que le soleil ralentisse sa course et que les criquets se taisent un peu plus longtemps dans le seul but de retarder mon tête-à-tête avec Afzal. Il me touchait à des endroits où je ne voulais pas sentir ses mains, puis se hissait sur moi et me martyrisait. J'avais tant l'habitude d'être punie sans véritable raison que je croyais qu'il me faisait payer quelque erreur. Lorsqu'il avait terminé, il roulait sur le lit et s'endormait. Alors je me tournais du côté opposé pour pleurer.

La pensée du retour à Glasgow m'aidait à garder courage et accepter le quotidien. Quatre jours après mon retour chez Afzal, mère est venue m'apporter des nouvelles d'Écosse, où Hanif avait donné naissance à une petite fille. De son côté, elle avait annoncé mon mariage à Manz. Au bout de dix minutes, elle m'a ordonné de me préparer car elle me ramenait au village, d'où nous repartirions pour l'Écosse dans environ une semaine.

C'est à peine si je tenais en place pendant le trajet en voiture. Après m'avoir expliqué qu'elle réserverait nos billets dans les jours à venir, une information qu'elle m'a demandé de ne pas ébruiter, elle m'a indiqué quels vêtements je devais ranger dans ma valise.

À notre arrivée, je suis allée aux toilettes, où j'ai découvert que j'avais mes règles. Lorsque j'ai demandé une serviette hygiénique à mère, elle s'est mise à éructer d'affreux jurons.

« Tu n'es pas encore enceinte ? Tu ne rentreras pas à Glasgow tant que tu ne le seras pas, même si je dois, pour cela, te laisser ici !

— M… Mais qu'est-ce que… ? » ai-je balbutié, les yeux brûlants de larmes.

Elle est sortie en furie, me laissant pétrifiée de peur. Je ne pouvais pas rester au Pakistan, il fallait que je rentre. Je me suis enfuie à travers champs, les joues ruisselantes, pour retrouver mon arbre favori. Perchée sur l'une de ses branches, j'ai levé mes yeux inondés de larmes vers le ciel : « Je t'ai prié, je t'ai appelé à l'aide. Je ne sais plus comment faire, c'est pour ça que j'ai fait appel à toi. Je t'en supplie maintenant, aide-moi. »

Nena, qui m'avait suivie, m'a appelée du pied de l'arbre.

« Qu'est-ce qui se passe ? Pourquoi pleures-tu ? S'il te plaît, parle-moi.

— Va-t'en. Laisse-moi tranquille !

— Je monte, m'a-t-elle prévenue avant de grimper jusqu'à une branche proche de la mienne. Alors ? Pourquoi pleures-tu ?

— Parce que je ne suis pas enceinte et que je ne peux pas rentrer en Écosse.

— Je croyais que tu aimais bien la vie ici.

— Oui, jusqu'au mariage. Mais je veux rentrer maintenant, je déteste être ici.

— Oh, Sam, je suis sûre que tu seras bientôt enceinte. Viens, rentrons. Pas la peine de rester ici à pleurer, ça ne servira à rien. »

Nous sommes donc descendues de notre perchoir pour parcourir, d'un pas lent et en silence, le chemin qui nous séparait de la maison.

Je suis restée une semaine chez mère avant de retourner chez Afzal. J'ai bien songé à tenter à nouveau de me donner la mort, mais tant qu'il restait un infime espoir de revoir Glasgow, je préférais m'y accrocher, même si cela me vouait à une existence de zombie pendant plusieurs mois. Je faisais ce qu'on me disait, je m'asseyais là où on me l'indiquait, j'allais là où on m'envoyait.

Exception faite de ses sévices nocturnes, Afzal me traitait bien mieux que mère. Il ne me laissait exécuter aucune tâche ménagère, s'assurait que mon assiette était toujours pleine et s'enquérait chaque jour de mes besoins. Il grossissait constamment ma garde-robe d'éblouissantes tenues de toutes les couleurs de l'arc-en-ciel. Rien de cela ne m'enlevait cependant le sentiment d'être prisonnière.

Contrainte de rester dans l'enceinte du village, je passais le plus clair de mon temps chez Fozia, dont le mari partait chaque matin au travail avec Afzal, Hatif et Akbar. Après leur départ, Fozia préparait le petit déjeuner pour les enfants et pour nous.

Sa maison ressemblait à celle où je vivais avec Afzal : elle possédait une petite cuisine et une salle de bains, au fond, ainsi qu'un escalier menant à deux pièces supplémentaires, qui, comme la cuisine, servaient à peine. Je me demandais pourquoi Fozia s'acharnait à préparer le repas au feu de bois, dehors, alors qu'elle possédait une pièce spéciale pour le faire.

« Pourquoi n'utilises-tu pas la cuisine ? lui ai-je demandé un jour.

— Il fait trop chaud pour s'en servir l'été. Je ne cuisine à l'intérieur qu'en hiver ou quand il pleut. »

Encouragée par la douceur et la patience qui transparaissaient dans sa voix, j'en ai profité pour lui poser une question qui me tracassait. Depuis mon arrivée, des mois auparavant, il n'était pas tombé une seule goutte de pluie.

« Quand va-t-il enfin pleuvoir ?

— Pas avant plusieurs semaines, je crois.

— Plusieurs semaines ! me suis-je exclamée, surprise. Comment le sais-tu ?

— C'est pareil tous les ans. Il ne pleut pas tant que le temps ne change pas. »

Ces petites conversations venaient agrémenter notre quotidien, tandis que je la regardais vaquer à ses occupations routinières. Les enfants s'éclipsaient chez un cousin après le petit déjeuner et ne revenaient en général pas avant l'heure du dîner. Fozia profitait de ce laps de temps pour réaliser des travaux de couture pour les villageois en échange de quelques pièces. Chaque jour lui apportait au moins la visite d'un client, avec lequel nous bavardions autour d'un thé. Avant de partir, il confiait à ma belle-sœur un grand morceau d'étoffe, qu'elle transformait devant mes yeux en *shalwar kameez* en quelques heures. Venait ensuite l'heure de préparer le dîner avant le retour des travailleurs.

Un jour sur deux, une fille déguenillée venait nettoyer la salle de bains et balayer la maison et la cour. Très souvent, elle accomplissait ses tâches en me dévisageant avec des yeux inexpressifs.

Une fois, Fozia l'a surprise les pupilles rivées sur moi et l'a réprimandée : « Tu es là pour faire le ménage, pas pour observer. » La pauvre fille a aussitôt détourné le regard, balayant avec un regain d'énergie.

Elle me faisait de la peine, à moi qui savais ce que c'était que de travailler sans jamais recevoir de marque de reconnaissance. Un jour, alors que je ressortais de la salle de bains, je me suis approchée d'elle avec un sourire amical.

« Bravo, tu as fait du beau travail dans la salle de bains. Elle brille de mille feux.

— Hein ? s'est-elle étonnée, arrêtant de balayer et levant la tête vers moi.

— La salle de bains, bravo ! »

J'ai vu un large sourire se poser sur son visage avant qu'elle ne baisse la tête. À l'évidence, personne ne lui avait jamais fait de compliment. À compter de ce jour, elle a balayé avec le sourire. Quant à moi, je ne manquais jamais une occasion de la féliciter.

« Tu sais, je la paie pour ça, a remarqué un jour Fozia.

— Peut-être, mais ce que je lui dis n'a pas de prix. »

Un mois plus tard, nous avons rendu visite à mère.

« Tes règles sont venues, ce mois-ci ? » m'a-t-elle interrogée dès qu'elle m'a vue.

J'ai hoché la tête d'un air penaud, consciente que ce n'était pas la réponse qu'elle souhaitait entendre, ni celle qui me ramènerait en Écosse.

Ce soir-là, je suis retournée dormir sous le toit d'Afzal.

Une quinzaine de jours plus tard, j'ai appris, le cœur serré, qu'elle prévoyait de repartir dans trois semaines. La nuit venue, j'ai pris ma décision : si elle m'abandonnait au Pakistan, je ne manquerais plus mon rendez-vous avec la mort. Je ne pouvais pas survivre seule ici. Mère avait beau me traiter comme une quantité négligeable, elle restait mon seul lien avec l'Écosse. Sans elle, je n'aurais plus rien. Si elle me laissait derrière elle, je ne reverrais peut-être jamais le Royaume-Uni.

Deux semaines plus tard, je suis retournée chez elle. Comme la fois précédente, elle m'a demandé si j'avais eu mes règles. J'ai secoué la tête, étonnée de son intérêt pour la question. Je devinais que ma réponse avait un lien avec le fait d'être enceinte ou pas, et donc avec mon retour en Écosse, mais j'ignorais la nature précise de ce lien.

« Tu es sûre ?

— Oui.

— Ne t'agite pas trop, m'a dit Kara en me serrant dans ses bras. Nous ne voulons pas que tu retombes malade. »

Ce soir-là, j'ai dormi chez mère.

Les jours suivants, Afzal m'a entourée d'attentions. Il m'achetait quotidiennement des fruits et des légumes frais et cherchait à pourvoir au moindre de mes besoins : cette fois, j'étais enceinte. Je ne comprenais pas pourquoi il en faisait toute une histoire, je ne comprenais d'ailleurs même pas le mot « enceinte », « *hamila* » en panjabi. Tout ce que je comprenais, c'est que cela m'offrait mon billet de retour pour l'Écosse, et je n'en demandais pas plus. D'autant que mère s'était adoucie, elle aussi, et qu'Afzal avait cessé de me faire souffrir la nuit. Il fallait croire que j'avais fini par leur donner satisfaction.

Une fois les billets d'avion réservés, j'ai passé ma dernière semaine chez Afzal, où Fozia m'a traitée comme une reine. Elle s'était toujours montrée très prévenante avec moi, mais elle me servait à présent le petit déjeuner au lit et me répétait constamment de me reposer. Je ne parvenais pas à expliquer cet empressement soudain. Je n'étais pas malade, alors pourquoi tous ces égards ?

La veille de mon départ, Afzal m'a raccompagnée chez mère. Au cours de la soirée, il m'a attirée à l'écart : « Ne m'oublie pas quand tu seras là-bas. Nous nous reverrons dès que tu auras fait ma demande d'entrée au Royaume-Uni. » J'ai hoché docilement la tête, sans vraiment chercher à comprendre, tandis qu'il continuait : « Prends soin de toi, là-bas. Et si tu as besoin de quoi que ce soit, préviens-moi. » J'ai de nouveau acquiescé sans un mot. À dire vrai, je ne prêtais guère attention à ses propos tant j'étais excitée à la perspective du retour en Écosse. Je me gardais cependant d'afficher mon enthousiasme, redoutant au plus profond de moi que mes règles n'arrivent avant le départ et que mère ne m'abandonne.

Lorsque est venue l'heure de faire les valises, j'ai plié avec soin la grande majorité de mes vêtements neufs, impatiente de montrer ma nouvelle garde-robe à Mena.

Ce soir-là, la maison n'a pas désempli. La plupart des villageois étant passés nous dire au revoir, nous ne nous sommes pas couchées avant deux heures du matin. Afzal et son père ont dormi dans la pièce voisine tandis que Nena et moi partagions mon petit lit, où nous avons discuté une bonne partie de la nuit.

« Tu vas me manquer, tu sais, a remarqué ma cousine. C'était bien de t'avoir ici. J'espère que tu reviendras nous voir. »

Elle pouvait toujours compter là-dessus ! Si ça ne tenait qu'à moi, je ne remettrais plus jamais les pieds dans ce pays ! De peur de la blesser, je ne lui ai toutefois pas révélé le fond de ma pensée, me contentant de répondre par un hochement de tête avant de m'endormir.

Lorsque nous nous sommes réveillées, de bon matin, le soleil brillait dans le ciel et une brise rafraîchissante soufflait dans la cour. Après une toilette rapide, j'ai pris le petit déjeuner sous l'arbre aux branches ballantes.

« À quelle heure pars-tu ? m'a demandé Nena en m'y rejoignant.

— Je ne sais pas.

— À quelle heure elle part, Sam ? a-t-elle crié à Kara, qui ramassait les œufs dans le poulailler dans le coin de la cour.

— Après le déjeuner.

— Ça laisse le temps pour une promenade, a remarqué ma cousine, tout sourire. Ça te dit, quand on aura fini le petit déjeuner ?

— Oui, d'accord. »

Après le repas, nous avons donc traversé le village en direction des champs.

« Viens, on va grimper une dernière fois à ton arbre ! a proposé Nena. Et après, on ira à la rivière ! »

Perchées sur les hautes branches, nous avons contemplé les terres embrasées par la chaleur de cette journée de mai. Je m'étais accoutumée au temps et à la nourriture et j'appréciais les villageois. En fait, une partie de moi aimait cette vie, ce calme, cette paix. Si seulement cette sérénité n'avait pas été troublée par mon mariage… Qui sait ? Peut-être aurais-je même souhaité rester. Peut-être n'aurais-je pas attendu le retour en Écosse avec autant d'impatience.

Je souffrais néanmoins du mal du pays. Si quelqu'un m'avait prédit cela un an plus tôt, je l'aurais traité de fou, mais je devais reconnaître que mon quotidien à Glasgow me manquait. J'avais la nostalgie des tâches ménagères, des fils de Hanif et, surtout, de Mena. Et puis, là-bas, je restais au moins maître de mon corps. On le frappait, on le maltraitait, on le meurtrissait, certes, mais toutes ces blessures finissaient par cicatriser avec le temps. La plaie qu'Afzal avait ouverte en moi en violant mon intimité, me déchirant de l'intérieur, resterait à jamais béante. J'allais rentrer en Écosse accompagnée d'une certitude : maintenant que j'avais compris combien mère faisait peu cas de moi, je ne me plierais plus à sa volonté. Plus jamais.

Lorsque nous avons retrouvé la maison, Afzal et Ghani chargeaient les valises sur la charrette. Celle-ci devait nous conduire jusqu'à la ville la plus proche, d'où nous prendrions le taxi pour l'aéroport. Je me suis assise au milieu du banc, flanquée de Kara et de mère, tandis qu'Afzal prenait place devant avec Ghani. Nena, Amina et d'autres enfants nous ont suivis à pied jusqu'aux portes du village, d'où ils nous ont regardés nous éloigner avec des grands signes d'adieu : « Au revoir, *auntie* ! Au revoir, Sam ! Vous allez nous manquer ! »

J'ai agité la main en souriant, soulagée de laisser derrière moi cet endroit et un peu honteuse de ne pas partager leur sentiment.

La brise fraîche, qui adoucissait la brûlure du soleil le long de la rivière, s'est chargée de poussière et réchauffée sur la grand-route, pendant les dix minutes de trajet jusqu'à la ville. J'ai profité de ce dernier tronçon pour détailler Afzal, à qui j'avais à peine jeté un coup d'œil jusque-là, sans doute réticente à donner un visage à mon tortionnaire. J'étais familière de son corps mince, mais pas de ses traits. Sans barbe ni moustache, sa figure étroite s'accordait à ses yeux minuscules. Lorsqu'il m'a surprise en train de l'observer, sa large bouche s'est incurvée et ses yeux ont pétillé. J'ai soudain pris conscience que, malgré des mois de vie commune, je ne le connaissais pas vraiment. Les autres pouvaient bien voir en lui mon mari, il n'était pour moi qu'un homme comme n'importe quel autre. Au moment de prendre congé, je l'ai donc salué puis j'ai tourné les talons.

Sur le chemin de l'aéroport, tout m'a semblé différent du premier trajet que j'avais effectué. Les villes se succédaient et se ressemblaient, avec leurs vendeurs ambulants sales, leurs parfums d'épices qui couvraient des odeurs humaines moins appétissantes, leurs maisons de plain-pied à l'écart de la chaussée qui se fondaient dans le paysage poussiéreux. Non, je ne regretterai rien de tout cela.

Au bout d'une heure, nous avons atteint Lahore, où d'immenses maisons se dressaient tout au long de la route arborée en direction de l'aéroport, au milieu de grands jardins grillagés surveillés par des gardes. Les odeurs d'égouts ont disparu et la poussière a laissé place au macadam. Devant la majestueuse université, je me suis demandé si nous avions déjà quitté le Pakistan, tant cet environnement ressemblait peu au pays où j'avais vécu les huit derniers mois.

Le chauffeur nous a déposées à l'aéroport. La chaleur y était moins intense que sur la route, mais elle restait assez élevée pour me mettre en sueur. J'ai suivi ma mère et Kara jusqu'au comptoir de l'enregistrement, où cette dernière nous a étreintes en nous souhaitant bon voyage. Mère et moi nous sommes alors dirigées vers la salle d'embarquement. Je me suis retournée pour adresser un dernier signe d'adieu à ma tante, qui nous observait, immobile.

Les places assises ne manquaient pas dans la salle d'embarquement, où nous nous sommes installées, savourant la fraîcheur de la climatisation. Épuisée, je m'assoupissais lorsque mère m'a ramenée à la conscience: « Allez viens, c'est l'heure. »

J'ai dormi pendant tout le vol, soulagée de quitter le Pakistan. Je pouvais enfin me détendre et goûter un sommeil dans lequel Afzal ne pouvait pas venir m'inquiéter. Je n'ai rouvert les yeux qu'à l'atterrissage à Londres, où nous avons pris une correspondance pour Glasgow. N'ayant rien avalé depuis mon petit déjeuner au village, j'ai passé le vol d'une heure et demie éveillée pour ne pas manquer le petit en-cas arrosé de thé servi par les hôtesses.

Le centre-ville de Glasgow m'a paru époustouflant, avec ses rues propres aux odeurs de frais. Quel bonheur ! Émerveillée par tout ce qui m'entourait, j'avais envie de crier à tue-tête : « Regardez, regardez ! Je suis de retour ! »

Toute la maisonnée dormait quand nous avons frappé à la porte. Au bout d'une bonne minute, Mena nous a ouvert avec un bâillement, ses yeux mi-clos s'écarquillant à ma vue. Elle m'a sauté dans les bras en hurlant : « Tu es rentrée ! Tu es rentrée ! » Je lui ai rendu son étreinte avec un sourire.

Ma sœur nous a aidées à porter les valises à l'intérieur, puis mère a pris congé en se plaignant d'une migraine, insistant pour que personne ne vienne troubler son sommeil.

J'ai suivi Mena à la cuisine, où nous nous sommes préparé du pain grillé. Elle m'a alors expliqué que, en l'absence de mère, ils avaient mangé « anglais » tous les jours, ce qui, dans son langage, signifiait qu'ils s'étaient essentiellement nourris de frites, comme moi. Je leur enviais la liberté dont ils avaient joui pendant toute cette période exempte de règles et d'interdits maternels.

Mena s'est alors mise à me bombarder de questions sur le Pakistan.

« C'était comment ? Il faisait chaud ? Il est comment ton mari ?

— Horrible, ai-je enchaîné. Oui, il faisait très chaud. Et lui aussi était horrible.

— C'est Manz qui m'a annoncé la nouvelle. Tu sais que Hanif a eu une fille ?

— Oui, mère me l'a dit. »

J'ai promené le regard sur la cuisine, notant sa propreté et la vaisselle lavée et empilée sur l'égouttoir. Aucun bruit ne provenait des autres pièces. J'ai demandé l'heure à Mena.

« Il doit être dans les huit heures. Tout le monde dort encore.

— On devait se lever à six heures au Pakistan, même le dimanche, pour participer aux travaux. Mais ça ne me dérangeait pas jusqu'au mariage, ai-je soupiré avant de lui sourire. Qu'est-ce que je suis contente d'être rentrée ! Je ne veux plus jamais remettre les pieds là-bas. Comment ça se fait que les enfants de Hanif ne sont pas encore réveillés ?

— Oh, tu ne sais pas ? Hanif et Manz ont déménagé après votre départ. Ils vivent dans un logement social à Govanhill. Et tu sais que Saber s'est marié ? »

Une vague réminiscence m'a chatouillé l'esprit. Mère l'avait mentionné, mais avec tous les autres événements, cela m'était sorti de la tête.

« Comment est sa femme ? ai-je demandé. Raconte-moi.

— Elle s'appelle Tanvir. Elle est arrivée du Pakistan quelques jours seulement après votre départ. C'est une cousine éloignée. C'est *paji* qui a arrangé le mariage, mais les noces n'étaient pas aussi grandioses que celles de Tara. Tanvir reste dans sa chambre la plupart du temps et n'en sort que lorsque Saber veut manger ou pour faire sa lessive. Mais je n'ai rien à lui reprocher, a remarqué Mena avec un haussement d'épaules. Elle s'occupe bien de Saber. Quant à lui, il l'adore. Oh, regarde ! Il lui a même acheté un lave-linge et un four à micro-ondes ! s'est-elle enthousiasmée en pointant le doigt sur les nouveaux appareils électroménagers.

— Il travaille, maintenant ? ai-je demandé, curieuse de savoir comment il avait pu s'offrir tout cela.

— Oui, comme serveur dans un restaurant en ville. Et tu sais, il y aura bientôt d'autres enfants dans cette maison : Saber m'a dit que Tanvir est enceinte.

— Moi aussi », me suis-je empressée de lui apprendre.

Mena m'a dévisagée une seconde.

« Ce n'est pas possible ! s'est-elle exclamée. Tu n'as que quatorze ans ! Tu n'as pas le droit d'avoir un bébé avant seize ans, au moins. »

Avoir un bébé ? C'était donc cela que signifiait « *hamila* » ? J'allais avoir un bébé ? À mesure que les pièces du puzzle se mettaient en place dans mon esprit, j'ai eu l'impression que tout s'éboulait à l'intérieur de moi. J'ai éclaté en sanglots.

« Ne pleure pas, Sam, m'a consolée Mena en me prenant dans ses bras.

— Mais ils m'ont juste dit que j'étais enceinte, je ne savais pas que ça voulait dire que j'allais avoir un bébé.

— Ça va bien se passer, ne t'inquiète pas, a tenté de me rassurer ma sœur en me serrant fort, avant de s'écarter pour m'essuyer une larme au bord de l'œil. Et puis, imagine un peu : tu vas avoir quelqu'un rien qu'à toi à aimer et avec qui jouer. »

Mena avait beau dire, je ne ressentais qu'une immense frayeur et un terrible désarroi. Nous étions en mai 1983. J'avais quatorze ans et deux mois, et j'allais avoir un enfant.

13

Au fil des semaines, j'ai repris mon train-train, rythmé par le travail domestique, que les acquisitions de Saber me rendaient toutefois moins pénible. Je supportais bien la grossesse, à l'inverse de Tanvir, qui souffrait de nausées le matin, l'après-midi et, à dire vrai, à n'importe quel moment de la journée.

Tout le monde s'affairait autour d'elle : « Ne mange pas ci, ne mange pas ça », « Bois beaucoup d'eau. Tiens, va lui chercher un verre de jus de fruits », « Ça va, tu es bien installée ? Rehausse tes pieds, repose-toi ». J'étais heureuse de ne pas vomir à tout bout de champ, mais je n'aurais pas refusé une fraction de l'attention qu'elle recevait. Moi aussi, j'étais enceinte, alors pourquoi fallait-il que je continue à assumer mes tâches habituelles ? Pourquoi n'avais-je pas droit à un peu de repos, comme elle ?

Mes corvées quotidiennes se trouvaient heureusement allégées par le départ de Hanif et de sa progéniture. Avant de quitter l'appartement, ma belle-sœur m'avait toutefois laissé une mauvaise surprise : elle avait fait le tri dans mes affaires, se débarrassant d'une bonne partie d'entre elles, notamment de mon *shalwar kameez* orangé confectionné par mère. Même si je ne pouvais plus le porter, cet infime témoignage de l'intérêt maternel gardait une grande valeur sentimentale à mes yeux et sa perte m'a beaucoup peinée sur le moment. Bien entendu mère, de son côté, n'a pas accordé la moindre importance à mes états d'âme.

J'imagine que ma mère espérait me mater en me mariant. Ce que j'avais vécu au Pakistan avait toutefois changé la donne, que ce soit le jour où elle m'avait unie à Afzal ou celui où elle m'avait renvoyée chez lui alors que j'étais à peine rentrée au bercail. J'avais alors compris qu'elle ne prendrait jamais soin de moi, que je ne pouvais compter que sur moi-même. À notre retour à Glasgow, si mère est restée égale à elle-même, je n'étais, quant à moi, plus la même. Elle ignorait cependant que ses plans avaient échoué, certaine qu'elle pouvait encore me mener à la baguette, comme tous les autres, y compris la famille d'Afzal. Elle passait son temps au téléphone avec eux, à leur donner des ordres, menaçant de rompre le mariage s'ils ne lui obéissaient pas. Elle cherchait à tout contrôler, en permanence. Afzal devant attendre que j'aie atteint la majorité pour pouvoir entrer légalement au Royaume-Uni, elle se servait de sa position de force pour obtenir ce qu'elle voulait de sa famille.

Une fois, j'ai reçu une lettre de lui. Il y exprimait son amour et sa hâte de me retrouver en Écosse, sans toutefois mentionner ma grossesse ou se préoccuper de mon état de santé. Il m'arrivait, de temps en temps, de songer à lui. Je pensais à ce qu'il m'avait fait et je lui pardonnais. Je supposais qu'il viendrait s'occuper de moi et du bébé, certainement dans les mois à venir, avant la naissance, mais il n'est pas venu. En voyant la lettre, mère a remarqué : « Il aurait tout de même pu envoyer un petit quelque chose avec. » Je me suis demandé ce qu'elle entendait par là, ce qu'il aurait pu m'expédier. Elle l'a ensuite déchirée, sans doute parce que j'étais mineure, mais avant tout pour exercer son contrôle sur moi. Je n'étais pour elle qu'un instrument, qu'elle utilisait pour parvenir à ses fins. Jamais elle ne s'est demandé ce qui était le mieux pour moi, convaincue que mon intérêt se trouvait là où reposait le sien.

Glasgow semblait réussir à mère, qui multipliait les sorties chez *auntie* Fatima et d'autres connaissances. Sa vie sociale, bien vide à Walsall, s'est remplie. Elle s'est inscrite à un groupe de prière, au sein duquel elle s'est fait quatre ou cinq amies avec qui elle se réunissait régulièrement, chez l'une ou chez l'autre. Elle n'avait jamais montré d'intérêt pour ce genre d'activités auparavant, pas même au Pakistan. Mena et moi restions à l'écart, notre seul impératif consistant à assister avec elle aux grands rassemblements de prière, environ deux fois par an. Rien d'insurmontable. Mère est devenue très stricte en matière de religion, quoique guère pieuse entre les murs de la maison. Nous la soupçonnions de ne participer à ces rendez-vous que parce que Fatima y allait et qu'elle y avait trouvé son cercle d'amies. Nous ne nous en plaignions pas car elle avait infiniment plus de compagnie à Glasgow qu'à Walsall et y semblait beaucoup plus heureuse.

Tara habitait à une dizaine de minutes de marche, mais elle passait la majeure partie de son temps à la maison, comme si elle ne l'avait jamais quittée. Avec Hanif et mère, elles restaient assises pendant des heures à s'échanger les nouvelles du Pakistan. Tara se plaignait ensuite de son mari, qui rentrait ivre tous les soirs. Le conseil de mère sur ce point ne variait jamais : « Fiche-le dehors, donne-lui une bonne leçon. » Comme mon père, mon beau-frère se voyait souvent flanqué à la porte de chez lui.

Un beau matin, trois mois après notre retour, mère m'a annoncé sans plus de détails que j'avais rendez-vous chez le médecin dans la journée. Je ne lui avais jamais réclamé d'explications, je n'allais pas commencer maintenant. Cependant, comme je ne lui accordais plus aucune confiance, je me suis demandé si cette visite avait pour but de confirmer ma grossesse et si, dans l'éventualité où elle révélerait que je n'étais pas enceinte, je serais renvoyée au Pakistan.

En arrivant au cabinet médical, mère m'a donné ses instructions : « Quand le docteur te posera des questions sur le bébé, laisse-moi parler. »

Bien que de la vieille génération, le docteur Walters, qui nous suivait depuis notre arrivée à Glasgow, s'est adressé à moi avec beaucoup de bienveillance après m'avoir examinée.

« Que comptes-tu faire ? Comment vas-tu t'occuper d'un bébé ? Tu n'es toi-même qu'une enfant. »

Mère a posé la main sur ma jambe pour me signifier de me taire.

« Je l'ai emmenée au Pakistan. Elle a couché avec un garçon, une nuit, c'est comme ça qu'elle est tombée enceinte, docteur. »

J'ai retenu mon souffle, me mordant la lèvre inférieure pour ne pas la traiter de menteuse. Ce n'était pas l'envie qui m'en manquait, mais je n'ai pas osé devant le médecin. Mon estomac s'est noué face à cette ignoble manifestation de mépris. Pour la première fois depuis le début de ma grossesse, j'ai eu envie de vomir. De rage et d'écœurement. J'ai dardé les yeux sur elle mais, comme de coutume, elle a fui mon regard.

« Bien sûr, je serai là pour l'aider jusqu'au bout », s'est-elle empressée d'ajouter, de peur que je ne dévoile la vérité.

Avec un haussement d'épaules, le docteur Walters m'a prescrit des comprimés de fer à raison d'un par jour, puis m'a expliqué qu'il prendrait rendez-vous pour moi à la maternité.

Sur le chemin de la maison, mère m'a réclamé l'ordonnance, qu'elle a déchirée en petits morceaux : « Tu ne prendras pas ces médicaments. Ils rendront le bébé trop gros, tu auras du mal quand il voudra sortir. » Sans un mot, j'ai continué à marcher à son côté, les yeux brûlants de larmes.

Mon rendez-vous au service de consultation prénatale a été fixé quelques semaines plus tard. Le jour venu, Tara m'a accompagnée à l'hôpital, mais je ne me faisais pas d'illusion : je savais qu'elle était là pour s'assurer que je tienne ma langue.

« Si on te pose la moindre question, dis que tu as couché avec un garçon et qu'il a disparu de la circulation », m'a-t-elle commandé alors que nous patientions dans la salle d'attente.

Ses mots m'ont remplie d'un irrépressible sentiment de culpabilité, au point que j'ai cru déceler un froncement de sourcils désapprobateur sur le visage de l'infirmière lorsque j'ai pénétré dans la salle. Et si le médecin avait annoté mon dossier et qu'elle avait pris connaissance de ses remarques ? J'aurais voulu clamer mon innocence au monde entier.

Après m'avoir auscultée, l'infirmière a étalé une sorte de gelée sur mon ventre arrondi. Elle y a ensuite passé un petit appareil relié à une télévision qu'elle n'a pas quittée des yeux pendant toute l'opération. Des formes grises floues se sont mises à dériver sur l'écran.

« Ah, nous y voilà, a-t-elle commenté d'une voix tranchante. Voici le bébé. Là, c'est sa tête, et là son bras. Tu vois ? »

J'ai suivi des yeux son index, découvrant pour la première fois mon enfant. La tête ne se détachait pas très nettement, mais j'ai vu avec clarté le petit cœur lorsqu'elle me l'a indiqué. J'en ai presque eu le souffle coupé. Un bébé grandissait à l'intérieur de moi, et son cœur battait là, juste sous mes yeux. C'était bien vrai, j'allais avoir un enfant !

Après m'avoir fait une prise de sang, l'infirmière a cédé sa place à la sage-femme. D'une voix chaleureuse qui m'a tout de suite mise plus à l'aise, celle-ci m'a expliqué que j'en étais à seize semaines de grossesse et qu'il m'en restait encore vingt-quatre à attendre avant la naissance.

« As-tu déjà senti le bébé bouger ?

— Je ne savais pas qu'il bougeait, ai-je répondu avec une secousse de la tête.

— Bien sûr qu'il bouge, a-t-elle souri en me serrant l'épaule. Peut-être ne l'as-tu pas encore remarqué, mais maintenant que tu le sais, je suis certaine que tu vas le sentir. »

Sur le chemin du retour, j'ai partagé cette information avec Tara.

« Tu sais, la sage-femme m'a dit que je devrais sentir le bébé bouger.

— Qu'est-ce que tu veux que j'en sache ? Taistoi, maintenant ! »

Son ton brusque m'a cloué le bec pour le restant du trajet, me vidant lentement de l'allégresse qui m'avait envahie à la vue des images sur l'écran. Pas pour longtemps, toutefois. Comme par magie, après m'être couchée ce soir-là, j'ai senti mon enfant bouger. Émerveillée, j'ai posé les deux mains sur mon ventre, désireuse de revivre cette sensation unique. Lorsqu'il a recommencé, des larmes m'ont brouillé la vue. Des larmes de joie. Je n'ai partagé cette expérience avec personne, puisque personne ne s'intéressait à mon bébé. Comme toujours, Mena se tenait à carreau pour ne pas contrarier mère, qui, fidèle à elle-même, m'ignorait.

Je manifestais pour ma part moins de scrupules vis-à-vis de cette dernière. J'avais commencé à m'opposer à elle au Pakistan et, confrontée à sa froideur, j'ai persévéré à notre retour. Si elle a d'abord répondu à mon insolence par des bordées d'insultes, je n'ai pas tardé à recevoir une première claque, puis une autre, et encore une autre. Elle évitait toutefois soigneusement mon ventre, se satisfaisant de tapes trop douces pour laisser des marques. Les coups constituant mon unique contact avec elle, j'ai continué à me rebeller, juste pour qu'elle me touche. Tout idiot que cela pouvait paraître, la violence me coûtait moins que l'indifférence.

Manz ne passant que rarement chez nous, il me posait moins de problèmes que par le passé. À bien des égards, j'avais l'impression de retomber en enfance : j'étais libre de rester à la maison, sans école, sans Manz. Malgré la grossesse, je rattrapais les années d'innocence que je n'avais pas eues. Moi qui m'étais tant sentie adulte au Pakistan, je me suis mise à sauter sur les lits avec Mena. Petit à petit, j'ai pris mes distances vis-à-vis de mère, dont l'emprise s'érodait. Jamais ce qu'elle disait, ce qu'elle faisait, ne m'avait moins importé. Tout cela m'était bien égal.

J'ai beaucoup grossi les mois suivants, au point de peiner pour assumer mon lot de corvées quotidiennes. En dépit de mon épuisement et de mes pieds enflés, qui m'empêchaient de rester debout très longtemps, on attendait encore de moi que je fasse la cuisine et le ménage. Mena m'aidait autant qu'elle le pouvait, mais son secours ne me permettait tout de même pas de rester au lit toute la journée, un privilège qui n'appartenait qu'à Tanvir. Ma grossesse n'a cependant été gâtée par aucun autre symptôme plus désagréable et j'attendais chaque jour la naissance de mon enfant avec une exaltation accrue.

Lorsque ses amies lui rendaient visite, mère me reléguait à la cuisine, mon gros ventre couvert d'un châle. Elle m'interdisait également de faire les courses, prétendant que j'attirerais les regards. À l'entendre, j'aurais dû avoir honte d'être enceinte, mais c'était tout le contraire. Lorsque je sortais, ne serait-ce que pour vider la poubelle, je prenais le temps de savourer l'air frais et le soleil.

À l'approche des neuf mois de grossesse, mère m'a dit de la prévenir si des crampes me prenaient, en particulier à intervalles réguliers : « Ça voudra dire que le bébé est prêt à sortir. » Ce soir-là, dans mon lit, tandis que je prêtais attention aux coups et aux mouvements de mon enfant, j'ai repensé à l'instruction de mère. Je n'avais encore jamais vraiment songé à la façon dont le bébé viendrait au monde. Je me figurais simplement qu'il apparaîtrait, tout beau, tout propre, emmailloté dans une couverture, tandis que je serais étendue sur un lit d'hôpital, à bout de forces mais le sourire aux lèvres. Je n'avais jamais vu de nouveau-né ailleurs qu'à la télévision, où c'étaient les images qui revenaient toujours.

Comme je me penchais sur la question, je me suis souvenue du récit d'une camarade de classe qui avait eu un petit frère. Elle nous avait raconté que le ventre de sa mère avait été découpé pour sortir le bébé, puis recousu, une histoire qui nous avait arraché à toutes des cris stridents de dégoût.

Je me suis imaginée dans une chambre d'hôpital, le ventre béant, une vision atroce que j'ai été incapable de chasser de mon esprit jusqu'à ce que j'étudie le cas de Hanif, qui n'avait jamais paru souffrir au retour de ses accouchements. Peut-être que cette opération n'avait pas lieu d'être dans notre famille. Les jours suivants, je me suis accrochée à cet espoir à défaut de pouvoir interroger quelqu'un sur ce qui m'attendait.

Plusieurs jours après, j'ai été réveillée à l'aurore par une contraction à la base du ventre. J'ai très vite compris qu'il s'agissait des crampes dont m'avait parlé mère. J'ai attendu un moment et, les spasmes ne cessant pas, j'ai estimé qu'il était temps de la réveiller.

« Maman ! Maman ! »

Je craignais qu'elle ne me réprimande pour l'avoir tirée du lit de si bon matin mais, à ma grande surprise, elle a tout de suite accouru de la chambre où elle avait récemment pris ses quartiers.

« Combien de temps y a-t-il entre chaque contraction ? Quand ont-elles commencé ?

— Environ une demi-heure… Je ne sais pas.

— Préviens-moi à la prochaine, m'a-t-elle ordonné en tournant les talons.

— Maintenant, lui ai-je lancé, tentant de réprimer le tremblement de ma voix. Là, j'en ai une.

— Très bien. Reste couchée et appelle-moi quand ça recommence. »

La contraction s'est prolongée pendant une quinzaine de secondes. D'intensité modérée, elle me causait une sensation plus désagréable que douloureuse.

« Quelle heure est-il ? a demandé Mena, réveillée par nos voix.

— Rendors-toi, a crié mère de sa chambre. Il n'est que 7 h 20. »

Ma sœur s'est pelotonnée sous sa couverture sans pour autant replonger dans le sommeil. Elle a gardé les yeux ouverts, fixés sur moi. Je me suis concentrée sur elle pour ne pas céder à la panique. Au bout d'un moment, j'ai senti une autre crampe.

« J'en ai une autre ! ai-je crié à mère.

— D'accord. Vingt minutes d'écart, j'appelle l'ambulance. »

Mena m'a tenu la main tandis que la douleur parcourait mon corps de part en part. Petit à petit, je me suis laissé gagner par une terrible frayeur. J'avais toujours été heureuse de sentir mon bébé se mouvoir dans mon ventre, mais c'était différent à présent que je souffrais. J'aurais tellement voulu avoir quelqu'un pour me réconforter, m'assurer que tout allait bien se dérouler, m'expliquer ce qui allait se produire. Postée sur le palier, mère guettait l'ambulance.

Lorsqu'elle est arrivée, dix minutes plus tard, les deux ambulanciers m'ont demandé de sortir sur le trottoir avant de m'aider à grimper à bord. Juste avant de monter dans le véhicule, je me suis retournée pour sourire à Mena, qui m'avait accompagnée jusqu'à la porte d'entrée, et la saluer de la main.

Personne ne m'a escortée à l'hôpital, comme si mon gros ventre entachait l'honneur de ma famille et devait à tout prix être ôté de sa vue. Manz avait toujours suivi Hanif dans l'ambulance lors de ses accouchements, mais moi je n'avais personne.

À mon arrivée, une armée d'infirmières s'est affairée autour de moi, disparaissant aussi vite qu'elle était apparue. Alors que les contractions commençaient à se durcir, un médecin est passé me voir.

« Tu as encore un bon moment à attendre. Je vais te faire une péridurale. »

Comme je ne connaissais pas ce mot, j'ai pensé qu'il s'agissait du terme médical désignant l'éventration décrite par ma camarade de classe. Terrifiée à l'idée de me voir étripée, j'ai jeté un regard paniqué à l'infirmière à côté de lui. Elle a posé une main sur ma tête.

« Ne t'en fais pas, ce n'est qu'une piqûre dans le dos. C'est pour stopper la douleur. »

J'ai soupiré, soulagée. Voilà au moins quelque chose que je parvenais à comprendre dans cette situation déroutante, inconnue.

Comme l'infirmière me l'avait annoncé, le médecin m'a fait une injection dans le dos et les crampes ont cessé quelques instants plus tard.

« Bien, ça va aller maintenant, m'a-t-elle rassurée. Nous allons te laisser seule un moment, mais si tu as besoin de quoi que ce soit, appuie ici et quelqu'un viendra tout de suite, m'a-t-elle dit en pointant le doigt sur un interrupteur juste au-dessus du lit. Il y a peut-être un membre de ta famille dehors ? Tu peux recevoir des visites maintenant.

— Non, je suis toute seule, ai-je souri en secouant la tête. Vous pensez que je pourrais avoir un peu de lecture ? »

Elle a disparu pour revenir aussitôt avec quelques magazines. Je me suis plongée dedans, interrompue de temps à autre par ses passages pour vérifier mon état, jusqu'à ce que je m'assoupisse.

L'effet de la péridurale a dû se dissiper à 17 h 30 car une nouvelle contraction, bien plus impitoyable que les précédentes, m'a tirée de ma somnolence. Un élancement de douleur m'a traversée du bas-ventre au plexus, puis dans le sens inverse. J'ai expulsé tout l'air de mes poumons dans un cri de surprise, saisie du besoin urgent de pousser. Mes flancs et mon dos se sont raidis et j'ai cru que j'allais exploser. Mon hurlement a dû résonner dans le couloir car, avant même que j'appuie sur le bouton pour appeler de l'aide, plusieurs personnes ont accouru pour faire rouler mon lit jusqu'à la salle de travail.

Tandis que ces terribles spasmes se succédaient, des infirmières se sont agitées autour de moi, déposant des couvertures au pied du lit, retirant celle qui me couvrait. Un instant fugitif, j'ai mesuré combien il me paraissait étrange d'être au centre de l'attention. Le cours de mes pensées a toutefois été très vite interrompu par de nouvelles contractions, qui m'ont assaillie par vagues. J'aurais voulu demander qu'on me soulage, mais je n'arrivais qu'à haleter et m'efforçais de taire mes braillements. Je ne saurais expliquer ce qui me retenait de crier, si ce n'est le pli laissé par des années de silence imposé.

Après m'avoir examinée, une infirmière a annoncé au reste de l'équipe que le bébé était sur le point de se présenter.

« Je… dois… aller… aux… toilettes, ai-je haleté, prise de nouvelles douleurs.

— Non, trésor, c'est juste une impression quand le bébé sort, m'a expliqué une autre infirmière, qui essuyait la sueur sur mon visage. Ne t'en fais pas, tout va bien.

— Mais… j'ai… vraiment… env… Ah ! »

J'ai hurlé. Un spasme beaucoup plus violent que les autres venait de me déchirer le ventre, menaçant d'arracher une partie de moi.

L'infirmière à mon chevet a glissé un bras sous mes épaules pour me redresser un peu, calant deux oreillers supplémentaires sous ma nuque.

« Remonte un peu, c'est plus facile pour pousser. »

Je n'ai pas compris ce qu'elle voulait dire, d'autant que la douleur m'obscurcissait les idées. Autour de moi, tout n'était que confusion. J'entendais des voix mais, à travers le brouillard, plongée dans les affres de l'accouchement, je ne saisissais rien. Bientôt, je n'ai plus cherché à comprendre, je voulais juste que la douleur se taise.

J'ai senti mon dos se fendre en son milieu quand deux infirmières m'ont écarté les jambes. Une autre est alors entrée et s'est postée au pied du lit.

« Continue ! Continue ! a-t-elle lancé d'une voix forte et encourageante. Tu t'en tires très bien ! »

De quoi parlait-elle ? L'infirmière qui m'épongeait le front a balayé les cheveux de mon visage avec une telle douceur que, dans un infime instant de clarté, mon corps a cessé de se déchirer. Personne ne m'avait touchée avec autant de tendresse depuis des années.

L'instant d'après, la masse qui faisait pression sur mon bas-ventre a glissé avec une rapidité alarmante. Le monde entier semblait s'être ébranlé.

« Plus longtemps cette fois, m'a exhorté une voix de je ne sais où. Allez, pousse le plus fort possible. Pousse ! Pousse !

— Je n'en peux plus ! ai-je crié, le visage inondé de larmes. Je n'en peux plus. S'il vous plaît, aidez-moi. S'il vous plaît… »

L'infirmière à côté de moi m'a donné la main. J'ai serré ses doigts de toutes mes forces.

« C'est bientôt fini, m'a-t-elle dit d'une voix douce. Encore quelques petits efforts. Tu peux y arriver. »

C'était à présent au tour de mes hanches de s'écarteler. J'ai hurlé, sentant tout à coup une masse entre mes jambes.

« Sortez-le ! Sortez-le ! ai-je beuglé, paniquée.

— Pousse une dernière fois. Allez, une dernière fois. De toutes tes forces.

— Aaarrggghh ! »

Soudain, la douleur a disparu et la pièce a sombré dans un profond silence, très vite brisé par un vagissement. Les infirmières ont déposé mon bébé sur mon ventre.

« C'est un garçon. »

Dans un rire entrecoupé de sanglots, j'ai posé les mains sur mon enfant.

« Chut, bébé, chut... », ai-je murmuré.

Les souffrances de l'accouchement se sont effacées face à l'immense amour qui m'a submergée. Une paire de bras s'est alors glissée sous les miens pour s'emparer du nourrisson.

« Je le reprends pour le peser et lui mettre son bracelet.

— Non ! »

Je me suis accrochée à lui, déterminée à le garder près de moi. Je ne comprenais pas ces histoires de pesée et de bracelet. Je m'imaginais avec terreur que si on me le prenait je ne le reverrais plus jamais, que je rentrerais chez moi sans lui. Alors qu'une infirmière me nettoyait et me suturait, je me suis mise à pleurer.

« Je suis désolée, s'est-elle excusée, interprétant mal mes larmes. J'essaye de faire le plus délicatement possible, mais il faut y passer. On ne peut tout de même pas te laisser attraper une infection, hein ?

— Où est mon bébé ? ai-je réussi à articuler, la gorge serrée. Est-ce que je peux le revoir, s'il vous plaît ?

— Non, pas tout de suite, trésor, parce que je... »

Elle s'est interrompue en voyant une collègue entrer dans la salle.

« Tu en as encore pour longtemps ?

— Non, j'ai presque fini.

— Peux-tu la ramener dans sa chambre quand elle sera prête ?

— Oui, dès que j'ai terminé. »

Peu après, l'infirmière m'a assise dans un fauteuil roulant et poussée jusqu'à ma chambre, sans mon bébé. Je voulais leur crier de me le rendre, mais une boule me bloquait la gorge, me permettant tout juste de respirer.

Dans la chambre, elle a rabattu les couvertures du lit : « Tu vas pouvoir y arriver seule ? » Avec un hochement de tête las, j'ai pris appui sur les accoudoirs pour me hisser hors du fauteuil. Dans le lit voisin, une femme tenait un minuscule bébé sur sa poitrine. Je me suis demandé pourquoi elle avait eu le droit de garder son enfant et pas moi, et si mon âge expliquait cette différence de traitement. En m'étendant, j'ai songé à la minuscule vie que j'avais touchée un instant plus tôt, incapable de retenir mes larmes alors que l'infirmière m'aidait à m'installer confortablement.

À ce moment, une autre est apparue, poussant un chariot devant elle. Elle s'est arrêtée au pied du lit.

« Je le laisse ici ou je le mets près de toi ? »

Mon fils ! Il dormait dans un couffin de verre monté sur roues.

À travers mes larmes, j'ai adressé à l'infirmière le plus beau sourire qui ait jamais éclairé mon visage, mue par un bonheur inédit et une fierté sans pareille.

« À côté de moi, s'il vous plaît. »

L'infirmière m'a rendu mon sourire et a poussé le berceau près du lit.

« Si tu as besoin de quoi que ce soit ou s'il se réveille, appuie sur le bouton », m'a-t-elle indiqué avant de s'éclipser.

J'ai contemplé le petit visage de mon fils et sa main, encore plus minuscule, qui reposait sur sa poitrine dans son sommeil. Je la lui ai caressée, l'effleurant à peine, juste pour ancrer ce moment dans la réalité. Une immense joie m'a envahie, malgré la fatigue qui m'alourdissait les paupières. La chair de ma chair ! Mon bébé ! Mon fils !

J'avais été entraînée au Pakistan par la ruse, donnée en mariage contre mon gré et même forcée à concevoir cet enfant. Cependant, à la seconde où il a vu le jour, je lui ai voué un amour farouche, certaine, dès l'instant où j'ai posé les yeux sur lui, où je l'ai pris dans mes bras, que je l'aimerais plus que tout. Une chaleur intense s'est répandue dans mon corps perclus de douleurs et le supplice de ces dernières heures est sorti de ma mémoire, tandis que je l'observais avec le sentiment d'avoir accompli un miracle. J'avais donné la vie à ce petit être, qui était à présent à mon côté. La tête tournée vers lui, j'ai tout doucement glissé vers le sommeil, remplie d'une paix dont je n'avais pas fait l'expérience depuis des années.

Mon repos a été interrompu par une infirmière. Tandis que je m'asseyais, un peu sonnée, elle a sorti mon fils de son berceau pour le déposer dans mes bras. J'ai souri devant son beau visage.

« Tu as pensé à un prénom ?

— Azmier. Il s'appelle Azmier. »

Mère avait toujours dit que le premier petit-fils que lui donnerait une de ses filles se prénommerait ainsi. Elle l'avait promis à sa mère, qui avait visité le lieu saint indien de ce nom. Elle n'avait jamais douté que, de ses trois filles, ce serait Tara qui enfanterait la première un fils. Lorsque Hanif avait voulu utiliser le prénom pour son aîné, elle avait donc refusé : ce serait sa fille, et personne d'autre, qui appellerait son fils Azmier.

« C'est un très joli prénom, a remarqué l'infirmière. Je crois qu'Azmier a faim. Si on essayait de l'allaiter ? »

J'avais vu Hanif donner le sein à ses enfants mais, bien que tentée d'en faire autant, j'ai présumé que c'était moins facile qu'il n'y paraissait. L'infirmière a ouvert ma blouse et posé sur mon mamelon la bouche d'Azmier, qui y a mordu goulûment.

« Eh bien ! s'est-elle exclamée. Je n'ai jamais vu ça ! D'habitude, il faut plusieurs tentatives avant que le bébé ne tète. »

Je lui ai souri, puis j'ai reposé les yeux sur mon fils. Tout cela semblait irréel. J'ai caressé ses fins cheveux pour m'assurer que je ne rêvais pas. Bien que je sorte à peine d'une sieste, j'ai senti l'épuisement reprendre le dessus, menaçant de m'emporter vers le sommeil. L'infirmière devait s'attendre à me voir m'écrouler d'un instant à l'autre, car elle revenait nous jeter un coup d'œil toutes les cinq minutes.

Azmier a fini par s'endormir avant moi. Je ne l'ai pas recouché tout de suite. Non seulement je n'en trouvais pas la force, mais je prenais également un immense plaisir à sentir ce petit être contre moi. Je l'ai couvé des yeux, souriant de sa perfection. Je m'abandonnais à une douce somnolence, mon fils dans mes bras, quand l'infirmière a réapparu.

« Est-ce que vous pourriez le remettre dans son lit, s'il vous plaît ? », ai-je demandé.

Elle l'a soulevé avec précaution pour le replacer dans le berceau de verre, où il a tout de suite trouvé sa position, comme s'il n'avait pas remarqué qu'on le déplaçait. L'infirmière a caressé ses cheveux bruns d'une main tendre, le sourire aux lèvres, avant de reporter son attention sur moi.

« Veux-tu une tasse de thé ou un toast ? »

Je n'avais pas pensé à manger depuis mon arrivée à l'hôpital.

« Oui, s'il vous plaît.

— Avec ou sans sucre ?

— Sans.

— Très bien. Je reviens tout de suite. »

Tandis que j'attendais, il m'a traversé l'esprit que personne ne m'avait jamais proposé de thé auparavant. Cela me donnait le sentiment d'être très adulte. Le fait est que je l'étais : j'avais un enfant, à présent.

Quelques minutes plus tard, l'infirmière m'a apporté un plateau. Elle l'a posé sur une table roulante, qu'elle a poussée jusqu'au bord du lit : « Voilà pour toi ! »

J'ai dévoré le toast avant de boire le thé à petites gorgées. Quel régal ! La grossesse ayant anesthésié mes papilles gustatives, j'appréciais pleinement le goût des aliments pour la première fois depuis des mois.

Le lendemain matin, lorsque je me suis réveillée, à 6 heures, j'ai trouvé Azmier sagement étendu dans son berceau, ses jolis yeux brun sombre grands ouverts. Je me suis penchée sur son lit pour caresser sa peau douce : « Bonjour, toi ! Comment vas-tu ce matin ? » Je peinais encore à croire qu'il s'agissait de mon enfant.

Une infirmière est entrée.

« Le petit déjeuner sera bientôt servi. Veux-tu te doucher avant ?

— Oh, oui, ça me ferait du bien, ai-je répondu en me levant avec prudence.

— Tes affaires sont rangées là ? m'a-t-elle demandé en se penchant pour ouvrir la table de nuit.

— Quelles affaires ?

— Tes affaires personnelles, a-t-elle précisé avec un drôle de regard.

— Je n'ai rien apporté.

— Même pas une chemise de nuit ? Ou des chaussons ?

— J'ai mes chaussures, ai-je remarqué d'une petite voix, le visage en feu.

— Je vais voir ce que je peux trouver », a-t-elle soupiré.

Je me sentais ridicule. Même si personne ne m'avait précisé que je devais prendre une valise avec moi, j'étais gênée de ne pas y avoir pensé. Enfant, j'étais toujours partie les mains vides à l'hôpital, qui fournissait tout le nécessaire sur place : pyjama, serviette, brosse à dents… J'espérais que l'infirmière réussirait à me trouver de quoi me changer, car je rêvais d'une douche.

Quelques minutes plus tard, elle est revenue avec un petit ballot sous le bras et m'a remis une serviette, un savon, un pyjama et des pantoufles : « Voilà. La douche se trouve juste après le coin. J'ai vérifié, elle est vide. Mais commence par enfiler ces chaussons, je ne veux pas que tu attrapes froid. Et tiens… » Elle a ouvert un paquet de serviettes hygiéniques pour en sortir une : « Tu vas en avoir besoin tout de suite. Je range le reste dans ta table de nuit. » Après m'avoir tendu une culotte en papier, elle s'est éclipsée.

Je me suis rendue à la salle d'eau avec les chaussons verts fournis par l'infirmière, la serviette et le pyjama sur un bras, l'autre passé dans mon dos pour maintenir ma blouse fermée.

Je me suis sentie plus propre après une bonne douche chaude, mais je flageolais un peu sur mes jambes quand j'ai regagné ma chambre. À ce moment précis, Azmier s'est mis à pleurer. Ma voisine, qui allaitait son bébé, s'est tournée vers moi.

« On dirait que ton bébé a faim. C'est un garçon ou une fille ?

— Un garçon. »

J'ai pris Azmier dans les bras et, après m'être assise sur mon lit, lui ai offert mon sein.

« Et vous ?

— Une fille. »

Elle a baissé les yeux sur son enfant, le visage éclairé par un sourire empreint de tendresse.

« Le travail a été très long. Je suis arrivée il y a deux jours, mais elle n'est sortie qu'un peu avant que tu arrives.

— Ah bon ? »

Repensant à mon propre accouchement, qui n'avait même pas duré un jour entier, je me suis soudain estimée très chanceuse.

« Si longtemps !

— Oui, mais ça en valait la peine.

— Oui, je sais, lui ai-je souri, avec l'inexplicable certitude que nous partagions un moment unique.

— Je m'appelle Julie, au fait.

— Moi, Sam.

— Tu as l'air très jeune, Sam. »

Je me suis contentée de sourire, sans répondre à ce qui était, à l'évidence, plus une question qu'un constat. Je ne tenais pas à parler de mon âge et des circonstances qui m'avaient amenée à devenir maman aussi tôt.

Alors que le silence s'installait entre nous, une infirmière est entrée dans la chambre.

« Il dort ? a-t-elle demandé.

— Non, il ouvre des yeux ronds comme des billes. Il me regarde, ai-je précisé en souriant à mon fils.

— Veux-tu que je te montre comment le changer ? »

J'ai hoché la tête. Elle m'a alors invitée à la suivre jusqu'à une salle qui contenait six tables à langer, alignées contre un mur, et des baignoires en plastique, empilées près d'un lavabo niché dans un coin.

« Installe-le sur une table, sur le dos. »

J'ai déposé mon fils sur la table à langer la plus proche, sous le regard attentif de l'infirmière.

« Bien. Maintenant, déboutonne ses vêtements. »

J'ai déshabillé Azmier, comme je l'avais fait d'innombrables fois pour les enfants de Hanif, et ai changé sa couche par automatisme, sans attendre les instructions.

« Toi, tu as déjà fait ça ! Je me trompe ? a-t-elle gloussé.

— Des tas de fois, ai-je souri.

— Ça se voit. D'habitude, il faut tout expliquer aux jeunes mamans, étape par étape. Alors, dis-moi, sur qui t'es-tu entraînée ?

— J'ai deux neveux et une nièce. Je m'occupe beaucoup d'eux.

— Je vois. J'imagine que tu sais donner le bain, alors ? »

J'ai répondu par un large sourire, qui lui a arraché un soupir théâtral.

« Si seulement toutes les mamans étaient comme toi ! »

Nous avons continué à bavarder, des nourrissons en général et d'Azmier en particulier, pendant que je préparais le bain de mon fils. Quand l'eau est entrée en contact avec sa peau, Azmier a poussé un vagissement indigné, que j'ai apaisé d'une voix douce. Bien que je ne sois pas une débutante en la matière, j'avais l'impression de donner mon premier bain tant l'expérience différait de ce que j'avais vécu avec les enfants de Hanif. La toilette terminée, l'infirmière m'a donné une grenouillère bleue et un maillot de corps.

« Allez, on va te ramener. »

Après avoir habillé Azmier, je l'ai enveloppé dans une couverture en laissant ses petits bras dégagés, puis j'ai suivi l'infirmière jusqu'à la chambre, imprégnée d'une appétissante odeur de pain grillé. Tandis que je replaçais mon fils dans son berceau de verre, j'ai entendu une voix de femme derrière moi.

« Qu'est-ce qui te ferait plaisir pour ton petit déjeuner, trésor ?

— Est-il possible d'avoir des toasts et du thé, s'il vous plaît ?

— Bien sûr, m'a-t-elle répondu avec un hochement de tête et un sourire. Veux-tu des céréales avec ? Tu dois mourir de faim.

— Ça oui, ai-je reconnu en grimpant dans mon lit. Pourrais-je avoir des corn flakes, s'il vous plaît ? »

J'ai tiré la table de lit devant moi pour qu'elle y dépose le plateau. Avec un pincement au cœur, j'ai pris conscience que, depuis mon départ du foyer, personne ne m'avait jamais servi le petit déjeuner. Si simple que soit ce geste, il signifiait beaucoup pour moi.

La dame a ensuite posé un petit carton et un stylo sur ma tablette.

« Coche ce que tu veux pour midi, je passerai le ramasser dans un moment. »

J'ai mangé en consultant le menu du déjeuner, optant pour des pommes de terre en robe des champs et de la salade, suivies, en dessert, d'un *crumble* aux pommes accompagné de crème anglaise. Le simple fait d'imaginer ce festin m'a mis l'eau à la bouche. Je n'avais pas mangé ces plats depuis une éternité.

Julie m'a tirée de mes pensées : « Je déteste la nourriture d'hôpital. » J'ai répondu par un murmure évasif, certaine que, pour ma part, j'en raffolerais, et ravie à l'idée de manger autre chose que les plats auxquels j'avais fini par m'habituer.

Mon petit déjeuner terminé, j'ai poussé la table roulante et réglé le lit en position horizontale. Azmier dormait à poings fermés et je commençais moi aussi à ressentir la fatigue. Je me suis allongée et, les couvertures remontées jusqu'au cou, j'ai songé aux soins dont j'avais été entourée, enfant ; à Tatie Peggy, la femme la plus gentille et la plus merveilleuse que j'aie connue jusque-là ; à l'attention et la considération qu'elle m'avait portées pendant toute ma vie au foyer. Je me suis alors juré de prendre exemple sur elle, d'offrir à mon fils un environnement d'amour et de sécurité dans lequel il pourrait s'épanouir. En d'autres mots, de ne pas marcher sur les pas de mère. Je me sentais mue par une nouvelle force que je puisais dans Azmier, mon amour pour lui, mon besoin de le protéger. J'ai regardé mon fils dans son berceau, le sourire aux lèvres, et me suis endormie.

Les deux jours suivants se sont déroulés à un rythme merveilleux, au gré des activités qui avaient rempli ma première matinée de maman. Je me réveillais, me douchais, allaitais Azmier, mangeais puis faisais un somme. De temps en temps, je parlais avec Julie, lisais des magazines ou regardais mon superbe fils, tout simplement.

L'après-midi du troisième jour, je reposais Azmier dans son berceau après l'avoir changé quand j'ai entendu la voix de Tara derrière moi.

« Qu'est-ce que tu fais ? »

Je me suis retournée pour la découvrir au pied du lit. Julie étant partie donner le bain à sa fille, nous étions seules dans la chambre. Je lui ai souri, heureuse d'avoir enfin une visite.

« Je viens de le changer. Il est réveillé, tu veux le voir ? »

Persuadée qu'elle répondrait par l'affirmative, je me suis penchée sur le petit lit pour en sortir mon fils.

« On t'a posé des questions sur le bébé ? »

Je me suis redressée, mon sourire s'évanouissant sur mes lèvres. Moi qui pensais qu'elle aurait hâte de voir son neveu.

« Quelles questions ?

— Quelles questions ? Tu sais très bien quelles questions ! a-t-elle rétorqué d'un ton brusque. On t'a demandé où était son père ?

— Non, ai-je répondu avec un froncement de sourcils. Pourquoi me le demanderait-on ? »

Sans un mot de plus, elle a tourné les talons et s'est dirigée vers la porte. Je l'ai regardée s'éloigner, interdite. Elle n'avait pas manifesté le moindre intérêt pour ma santé ou celle du bébé, ni même cherché à savoir combien il pesait ou à le prendre dans ses bras. Elle ne m'avait même pas demandé si j'avais besoin de quelque chose.

Je n'étais pas sortie de ma stupeur qu'elle revenait sur ses pas.

« Tu rentres à la maison après-demain, je viendrai te chercher à midi », m'a-t-elle annoncé, un accent dur dans la voix.

Puis elle est partie à grandes enjambées, sans plus se retourner.

Le jour de notre sortie, j'ai dû demander à garder une couverture et les habits qu'Azmier portait sur lui car je n'avais rien d'autre à lui mettre. L'infirmière m'a adressé un regard compatissant : « C'est-à-dire que nous ne sommes pas censés les donner, mais on va faire une exception dans ton cas. » Je l'ai remerciée, soulagée, tout en me demandant ce que « mon cas » avait de si particulier.

De mon côté, j'ai enfilé les vêtements avec lesquels j'étais venue, désormais beaucoup trop grands. Dans la poche de mon gilet, j'ai trouvé une poignée de piécettes, que j'ai comptées avant de les faire tinter dans ma paume. J'ai ensuite pris quelques couches en coton pour les emporter et me suis assise en attendant l'arrivée de Tara. Les aiguilles de l'horloge semblaient tourner au ralenti : 13 heures, puis 14 heures… Qu'est-ce qu'elle fabriquait ? 15 heures… Elle aurait dû être là depuis très longtemps. 16 heures… Fatiguée d'attendre, j'ai décidé de rentrer en bus, puisque j'avais suffisamment de monnaie pour un billet. J'ai sorti Azmier de son berceau et je me suis dirigée vers le bureau des infirmières pour les prévenir de mon départ.

« Personne n'est venu te chercher ? m'a demandé l'une d'elles, surprise.

— Non, ai-je répondu d'une voix que je voulais ferme. Je vais prendre le bus. »

Les deux infirmières ont suffoqué, affichant une expression choquée. La première s'est éclairci la gorge.

« Je ne peux pas t'interdire de prendre le bus, Sam, mais il va falloir que tu patientes un peu pour que je t'accompagne jusqu'au hall d'entrée.

— D'accord. Où est-ce que je dois attendre ?

— Tu n'as qu'à regagner ta chambre. Je viendrai te chercher dans quelques minutes. »

Je suis donc retournée m'asseoir sur mon lit. À 16 h 15, je m'apprêtais à partir revoir les infirmières, à bout de patience, lorsque Tara a débarqué.

« Tu es prête ?

— Qu'est-ce qui s'est passé ? Ça fait un temps fou que j'attends !

— Je t'avais dit que je venais te chercher, non ?

— Allons-y », ai-je simplement répondu en secouant la tête.

Au moment où nous passions devant le bureau des infirmières, l'une d'elles s'est exclamée : « Ah, eh bien voilà, quelqu'un est venu ! On s'inquiétait un peu de te voir rentrer en bus. »

Tara s'est retournée vers moi.

« Quoi ? Tu comptais prendre le bus ? Tu es folle ou quoi ?

— Je pensais que tu ne viendrais pas.

— Elle est folle ! a-t-elle lancé aux deux femmes en s'éloignant.

— Non, je ne suis pas folle ! » ai-je répliqué sèchement.

Elle a pilé pour me toiser d'un regard glacial, que j'ai soutenu sans ciller. Je ne lui avais jamais tenu tête auparavant, mais j'avais changé. À présent que j'étais mère, je devais me montrer forte pour mon fils. Après avoir détourné les yeux la première, Tara n'a plus ouvert la bouche jusqu'à la maison.

« Quelle insolente, cette fille ! », s'est-elle écriée à l'instant où nous avons pénétré dans le salon. Mère nous attendait sur le canapé.

Le voyage en voiture m'ayant exténuée, je me suis assise sans chercher à me défendre. Aussitôt, mère m'a pris Azmier des bras.

« Va te reposer, ne t'en fais pas pour le petit. »

Un je-ne-sais-quoi me déplaisait dans cette situation. Non, je ne pouvais pas lui confier mon enfant. En voyant Azmier dans les bras de ma mère, je m'y suis vue à mon tour.

« Laisse-moi m'occuper de lui », a-t-elle dit alors, finissant de m'inspirer une certaine méfiance.

S'occuper de lui comme elle s'était occupée de moi ? Était-ce ce qu'elle entendait par là ?

Épouvantée à cette pensée, je me suis dépêchée de délivrer mon fils de son étreinte.

« Ça va aller, je ne suis pas fatiguée. »

Au même moment, Mena est entrée dans le salon, les mains et la moitié du visage couvertes de farine. En m'entendant partir d'un éclat de rire, elle a détaché les yeux d'Azmier et m'a considérée avec une moue déconcertée.

« Qu'est-ce qui te fait rire ? Ne t'inquiète pas, je ne vais pas le prendre. Je faisais les *roti* mais j'avais trop envie de le voir.

— J'aurais pu deviner, ai-je répondu en gloussant. Il y a autant de farine sur ton visage que sur tes mains. »

Mena était loin d'être un cordon-bleu. Ce n'était pas faute d'essayer, mais ses tentatives débouchaient toujours sur des plats pas assez ou trop cuits. J'ai soulevé Azmier pour le placer face à elle.

« Qui c'est, Azmier ? C'est ta grosse bêtasse de tata qui fait le clown ?

— Qu'est-ce qu'il est mignon ! s'est exclamée Mena en s'approchant. Regarde-moi ces minuscules doigts ! Les *rotis* peuvent bien attendre, je vais me laver les mains pour le porter. »

Je l'ai regardée s'éloigner avec reconnaissance. C'était la première réaction positive à mon fils que je recueillais dans la famille, et cela comptait beaucoup pour moi.

Affamé, Azmier s'est mis à pleurer. Je suis allée l'allaiter dans notre chambre, où Mena m'a rejointe quelques minutes plus tard. Elle s'est assise à mon côté et l'a regardé téter avidement avec une expression stupéfaite.

« Ça ne fait pas mal ?

— Un peu. As-tu fini de préparer le repas ? Je meurs de faim.

— Oh ! Bien sûr que tu as faim ! Attends, je vais te chercher à manger. »

Elle est revenue quelques minutes plus tard avec un curry de poulet très épicé et du riz. Ce n'était évidemment pas le genre de plat que je commandais à l'hôpital, mais je me suis tout de même régalée et j'ai fini mon assiette en moins de deux.

Cette nuit-là, Azmier a dormi dans mon lit, puisque personne n'avait prévu de berceau pour lui. Ni même d'habits d'ailleurs, si bien qu'il n'avait rien de plus à se mettre sur le dos que les vêtements dont l'hôpital m'avait fait don.

Le lendemain matin, une infirmière est passée contrôler que tout allait bien et que nous ne manquions de rien. J'ai dû lui avouer, non sans embarras, que je n'avais aucun vêtement pour mon enfant. Quand, après avoir promené son regard sur la chambre, elle m'a demandé où dormait le bébé, j'ai bien été obligée de lui dire la vérité.

« Je vais voir ce que je peux faire », m'a-t-elle assuré avant de partir.

Le soir, elle m'a rapporté un lit d'enfant et quatre sacs remplis de vêtements. Tandis que Mena et moi casions le meuble dans un coin de la chambre, mère a déballé les affaires. Dans un éclair de lucidité, j'ai compris qu'elle avait toujours su que si elle ne levait pas le petit doigt pour Azmier une infirmière se chargerait de nous fournir le nécessaire. J'ai ressenti une vive colère à l'idée que ma propre mère ne daignait pas acheter de quoi couvrir mon enfant alors que Hanif avait reçu tout ce qu'elle désirait, voire davantage. Mère a trié les vêtements en diverses piles avant d'emporter ceux qui étaient trop grands. J'ai fouillé parmi les habits qu'elle avait laissés : bien que de récupération, tous étaient relativement neufs et propres. L'infirmière m'avait également remis un sac de couvertures. J'en ai disposé quelques-unes dans le petit lit avant d'y déposer Azmier.

Au cours des jours suivants, j'ai découvert le bonheur de se dévouer à quelqu'un. Accorder toute mon attention à mon fils et veiller sur lui me donnait plus de joie que tout le reste. Cela me rappelait un peu l'époque lointaine où Amanda et moi jouions à la poupée, en plus important et gratifiant. En outre, la maternité m'aidait à me concentrer sur quelque chose de constructif, ce qui constituait, en soi, un changement considérable.

Une nuit, j'ai observé attentivement Azmier pendant qu'il tétait, ses pupilles plongées dans les miennes. Une fois qu'il fut repu, ses paupières ont glissé tout doucement et ses superbes cils ont papillonné, le temps qu'il trouve lentement le sommeil. Je sentais son petit torse se gonfler et s'affaisser au rythme de sa respiration. Sa vie avait tant de prix à mes yeux que je lui ai chuchoté une promesse, tout bas pour qu'elle reste entre nous : « Tu n'endureras pas ce que j'ai enduré. Je ne les laisserai pas faire. On ne te lancera pas de jurons, on ne t'insultera pas, on ne te giflera pas et on ne te battra pas, je te le promets. Je ne t'infligerai pas ça et je ne laisserai personne d'autre te l'infliger. Je te protégerai. Tu n'auras pas à faire leur quatre volontés, tu mèneras ta vie comme tu le voudras et t'épanouiras comme une fleur. » Je me suis alors penchée sur lui pour sceller ce serment d'un baiser sur son front.

14

Huit mois après la naissance d'Azmier, Manz a racheté une quincaillerie, où il a envoyé travailler Mena. Après avoir partagé pendant des mois les corvées domestiques avec ma sœur, je me suis donc retrouvée une fois de plus seule à assumer ce travail, qui me laissait éreintée à la fin de la journée. Au fil des semaines, je me suis vue évincée de ma place de maman. Dès qu'il s'agissait de mon enfant, mère avait toujours raison. Quoi que je veuille faire, elle en décidait autrement. Je ne pouvais pas l'emmener prendre l'air, lui donner ce que je voulais à manger ou encore le prendre dans les bras quand il pleurait, sous prétexte que cela lui donnerait des habitudes d'enfant gâté.

Curieusement, les mêmes règles ne s'appliquaient pas au fils de Tanvir et Saber, Sham, d'un mois le cadet d'Azmier. Ses parents l'emmenaient tout le temps en promenade, l'habillaient à leur goût, le nourrissaient comme bon leur semblait. Quant à mère, elle était la première à le cajoler quand il pleurnichait.

Malgré des journées bien remplies, je trouvais toujours du temps pour Azmier, que ce soit pour le nourrir, le changer ou jouer avec lui. De nature joyeuse, il pleurait peu, en tout cas moins que les enfants de Hanif, il me semblait. Il a été propre à quatorze mois et a commencé à marcher à la même période. Tanvir et Saber étaient aux anges, comme tout le reste de la famille d'ailleurs, lorsque Sham a fait ses premiers pas, mais lorsque Azmier l'a imité, une ou deux semaines plus tard, personne d'autre que moi n'y a accordé la moindre attention, hormis Mena, qui l'a félicité avec un bonbon et un baiser.

Je n'ai reçu aucune nouvelle d'Afzal après que mère lui a annoncé la naissance d'Azmier. Rien, pas même une petite carte d'anniversaire à son fils. J'espérais qu'il viendrait prendre soin de nous, mais son manque d'efforts évident pour prendre contact avec son enfant m'a beaucoup déçue. Je m'accrochais cependant à ma volonté de nous tirer de là. Il ne s'agissait plus seulement de moi à présent, mais aussi de mon fils, dont la protection devait être mon principal souci. C'était difficile, certains jours, et il m'arrivait de verser des larmes quand il dormait dans mes bras.

Je racontais à Azmier les histoires du foyer dont j'avais gardé le souvenir et lui fredonnais des comptines que Tatie Peggy m'avait chantées en me câlinant. J'inventais une multitude de récits d'aventures sur des enfants vivant dans les bois de Cannock Chase, que je lui racontais, le soir, à l'abri des oreilles indiscrètes.

Petit à petit, j'ai changé. J'ai commencé à défendre mes intérêts, à aller en ville avec Azmier sans demander l'autorisation, à dire non si je n'avais pas envie d'obéir. Au fil des mois, j'ai gagné une certaine indépendance, inspirée par l'exemple de mon père.

Alors qu'Azmier approchait de ses deux ans, nous avons hébergé papa pendant quelques nuits. Un beau jour qu'il rentrait de courses avec un sac, il a hurlé en me voyant dans la cuisine: « Dégage ! »

J'ai sursauté. Mon père n'avait jamais haussé le ton avec moi. Il a promené son regard sur la pièce et, repérant une casserole sale, l'a jetée dans l'évier: « Nettoie-moi ça ! »

Je me suis exécutée, tremblante, tandis que mère, Tara et Mena accouraient, alertées par le tapage.

« Qu'est-ce que tu fais ici ? Qu'est-ce que tu veux ? Sors d'ici ! a hurlé mère.

— Va te faire voir, sale garce ! » a-t-il rétorqué en lui faisant face.

Mère nous a alors ordonné de nous réfugier dans notre chambre pendant qu'elle prévenait la police. À l'inverse de mes sœurs, qui ont déguerpi au trot, je suis sortie de la cuisine d'un pas tranquille en prenant le temps d'observer mon père. Découvrir cette dimension de sa personnalité a changé ma vision des choses: ce fut l'électrochoc dont j'avais besoin, le signal m'engageant à suivre la voie de la rébellion. J'ai puisé dans cet épisode le courage de tenir tête à mon entourage. Si père en était capable, alors moi aussi.

Peu après, des agents de police sont arrivés et ont appelé une ambulance. Mère leur a expliqué que papa n'avait pas pris son médicament et qu'il lui fallait une piqûre de calmant. Mon père les a suivis sans histoire, sans savoir ce qu'il venait de m'apporter. Au moment où il a franchi le seuil, je n'étais plus la même.

Mère s'est servie de la visite de la police pour terrifier Azmier : « Si tu n'es pas sage, les agents vont venir te chercher. Ils t'enfermeront dans une pièce tout seul, où ils te laisseront sans nourriture ni eau. Et si tu essaies de t'échapper, ils te taperont. Alors sois un gentil petit garçon et fais ce que je te dis. » Je lui en ai terriblement voulu de l'avoir épouvanté avec ces salades, mais les mots étaient prononcés et le mal déjà fait.

La colère que j'ai ressentie à ce moment paraît toutefois bien douce au regard de la fureur qui s'est emparée de moi le jour où elle lui a ordonné de m'appeler « *baji* ». Je me suis indignée : « Non, c'est un mensonge ! Je suis sa mère, pas sa grande sœur. Il doit m'appeler "maman" ! » En hurlant, elle a rétorqué que j'étais trop jeune pour être mère, avec mes airs de fillette, et qu'elle ne voulait pas que ses nouvelles amies lui posent des questions embarrassantes. Et si quelqu'un venait à décréter que je ne devais pas avoir d'enfant à mon âge et me l'enlevait ? Je me suis pliée à sa volonté à contrecœur, en partie par honte de ma situation de fille mère.

Cependant, j'ai appris à Azmier à me dire « maman » dès qu'elle n'était pas là. S'il lui arrivait, par mégarde, de me nommer ainsi en sa présence, elle intervenait d'une voix sévère : « Qu'est-ce que tu as dit ? » Azmier s'empressait alors de rectifier le tir, tremblant face à sa colère. De mon côté, je payais ma désobéissance d'une claque, un bien faible prix pour le plaisir d'entendre mon fils m'appeler « maman ».

Chaque nuit, un rêve étrange venait me visiter. Envahie par un intense sentiment de solitude, je découvrais autour de moi une pièce, plus précisément un grenier. J'entendais, au loin sous mes pieds, des gens que je connaissais. Des piles de cartons se dressaient un peu partout, entre des vitrines de verre aux rayons garnis de bijoux qui scintillaient dans la lumière tamisée. Je ne sais pas précisément qui, mais quelqu'un m'invitait à me servir : « Je t'en prie, choisis-en un, cela ne pose aucun problème. » Je contemplais donc le contenu des vitrines avant d'arrêter mon choix sur un objet, un pendentif terni orné d'une rose rouge éclatante qui m'éblouissait de ses feux. Je tendais la main, mais je me réveillais toujours avant de le toucher. Je demeurais alors immobile dans le noir, les yeux rivés au plafond, à chercher la signification de ce rêve. Au matin, j'étais de mauvaise humeur et irascible avec tout le monde pendant un moment.

J'aurais dû m'en douter : ma nouvelle indépendance n'a pas tardé à m'attirer des ennuis. Quelques mois après avoir racheté la quincaillerie, Manz a fait l'acquisition d'un magasin de fruits dans la même rue. Lorsqu'il a donné à mère la consigne de m'envoyer au travail avec Mena chaque matin, je me suis insurgée. Qui s'occuperait d'Azmier en mon absence ? Il était hors de question que je le laisse à la garde de mère.

« Ne compte pas sur moi pour bosser gratuitement pour toi ! ai-je contesté. Je joue déjà les esclaves à la maison et tu voudrais que je trime aussi dans ta boutique ! »

Les passages à tabac de Manz, que je croyais révolus depuis mon séjour au Pakistan, ont alors repris. J'ai compris que je n'avais d'autre choix que d'obéir lorsque je me suis retrouvée meurtrie par terre, aux pieds de mon frère qui beuglait : « Tu vas venir au magasin, maman peut s'occuper de ton crétin de fils ! De toute façon, Tanvir est aussi là pour ça ! »

Depuis la naissance d'Azmier, chaque matin m'apportait son lot de bonheur. Je prenais un plaisir inouï à me réveiller pour le serrer dans mes bras, le regarder ouvrir les yeux et commencer une nouvelle journée auprès de lui. Après le petit déjeuner, je m'acquittais de mes tâches ménagères pendant qu'il jouait à mon côté. À compter de ce jour, tout a changé. Le lendemain matin, je me tenais prête à partir alors qu'Azmier dormait encore à poings fermés. Lorsque Manz a donné un coup de klaxon, auquel Mena et moi étions supposées accourir, j'ai déposé un baiser rapide sur son front et filé avant de laisser couler des larmes sur son petit corps endormi.

Manz s'est garé dans une rue bordée de commerces, qui débouchait sur une grande artère. Il nous a ensuite menées jusqu'à la quincaillerie, où Mena lui a pris les clés sans un mot avant de disparaître derrière la porte. Il a continué sans se retourner : « Par ici. » Je l'ai suivi en traînant des pieds jusqu'à une boutique portant le nom de « Green Pastures », dont il a ouvert les volets.

À l'intérieur, des rayons remplis de boîtes de conserve et de bocaux se dressaient face au comptoir. Manz m'a tirée de mes réflexions : « Tu vas commencer par préparer les pommes de terre. Les sacs sont dans le coin. » Il a indiqué du doigt le fond du magasin avant de continuer : « Pèses-en cinq livres avec la balance qui se trouve à côté, mets-les dans un sac et fais un nœud. Après ça, tu formeras une belle pile de sacs ici. Viens me voir quand tu auras fini, je te dirai quoi faire. »

Je me suis mise au travail dans le recoin, mais il fallait bien que Manz trouve quelque chose à redire : « Tu ne vas pas aller loin comme ça. Pousse-toi, je vais te montrer comment on fait. » Il a attrapé un sac vide, dans lequel il a fourré une poignée de pommes de terre : « Tu commences par remplir le sac et après tu le pèses, tu vois ? Presque cinq, ça ira bien comme ça. » J'ai jugé plus sage de ne pas lui faire remarquer que n'importe qui pouvait deviner que ce sac pesait bien moins de cinq livres, je ne tenais pas à recevoir de nouveaux coups. Je l'ai donc regardé en silence ôter le paquet de la balance et le fermer avec de la ficelle. Il le posait par terre quand un client est entré dans le magasin : « Continue. Et accélère le rythme ! »

Je me suis attelée à la tâche, toutefois incapable de détourner mes pensées d'Azmier. Je me demandais s'il s'était réveillé, si quelqu'un s'apprêtait à lui servir le petit déjeuner ou s'il allait devoir pleurer pour attirer l'attention.

Une fois toutes les pommes de terre ensachées, je suis retournée voir Manz.

« J'ai faim, je peux aller me chercher à manger ?

— Oui. Prends aussi quelque chose pour Mena tant que tu y es. Mais dépêche-toi. »

Comme je ne savais pas quoi acheter, j'ai décidé d'aller demander à Mena ce qu'elle souhaitait et me ranger à son choix. Les clients ne se bousculaient pas dans la quincaillerie, où ma sœur m'a accueillie avec le sourire : « Alors, comment ça se passe ? » Je lui ai expliqué mon début de journée avant de prendre sa commande, qu'elle m'a donnée en ouvrant son tiroir-caisse pour me tendre un billet de cinq livres : « Je veux bien que tu ailles me chercher des sandwiches à la boulangerie un peu plus bas dans la rue. Œufs mayonnaise, s'il te plaît. »

À la boulangerie, j'ai acheté les sandwiches de Mena, ainsi qu'un pâté en croûte et un gâteau à la crème pour moi. Je suis ensuite retournée à la quincaillerie, où nous avons mangé notre petit déjeuner derrière le comptoir.

« Tu ne t'ennuies pas toute la journée ici ? ai-je demandé à ma sœur.

— Non, pas vraiment. C'est mieux que de rester assise à la maison, à recevoir des claques et des injures de mère. »

Elle n'avait pas tort, mais je me faisais du souci pour mon fils.

« C'est vrai. J'espère qu'Azmier va bien. Je regrette de ne pas pouvoir l'emmener avec moi.

— Je suis sûre que tout va bien pour lui, Sam. C'est un petit garçon solide, m'a-t-elle rassurée, enfournant sa dernière bouchée de sandwich. Tu ferais mieux d'y aller, maintenant, si tu ne veux pas que Manz pique encore une colère. »

Les ordres de mon frère aîné ont fusé dès que j'ai poussé la porte du magasin : « Je veux t'apprendre à utiliser la caisse enregistreuse pour pouvoir aller chez le grossiste demain. Tu regardes ? Alors, tu tapes les nombres et tu appuies sur cette touche, c'est tout ce que tu as besoin de savoir. Tiens, va me chercher quelques articles. Tu vas faire comme si tu étais un client, que je te montre. »

J'ai rempli un panier et l'ai rapporté à Manz, qui m'a expliqué et réexpliqué le fonctionnement de la machine. Lorsque j'ai su l'utiliser, il m'a postée derrière le comptoir, où j'ai servi les clients jusqu'à la fermeture.

J'étais éreintée lorsque Mena et moi sommes rentrées ce soir-là, mais toute ma fatigue a disparu à l'instant où Azmier s'est jeté dans mes bras. Personne ne m'avait jamais accueillie avec autant de chaleur. Émue, je l'ai serré fort contre moi et lui ai couvert le visage de baisers, lui arrachant des éclats de rire.

« Tu as passé une bonne journée ? Maman t'a manqué ? »

Avec des gloussements, il m'a réclamé à manger. Mère est justement apparue pour m'annoncer que je devais non seulement préparer le dîner pour le soir, mais également veiller à prévoir assez pour le déjeuner de tout le monde le lendemain, si je voulais qu'Azmier soit nourri en mon absence.

J'ai reposé mon fils par terre et me suis dirigée vers la cuisine en maudissant tout bas cette satanée famille. J'avais passé la journée debout à la caisse et je ne rêvais que d'une chose : m'asseoir et me reposer, comme Hanif et Tanvir. Au lieu de cela, je devais cuisiner pour tout le monde, et deux repas. J'ai préparé suffisamment de curry et de riz pour le dîner et le déjeuner, puis j'ai mangé avec Azmier avant de le coucher, l'imitant quelques minutes plus tard. À 20 heures, nous dormions tous les deux profondément.

Il m'a semblé que seulement quelques minutes s'étaient écoulées quand Mena m'a secouée.

« Sam ! Sam !

— Quoi ? ai-je demandé, l'esprit embrumé.

— Dépêche-toi, Manz va bientôt arriver. »

Comme la veille, Azmier était endormi au moment où j'ai pris congé de lui avec un baiser. Lorsque nous sommes arrivés aux magasins, Mena a pris la direction de la quincaillerie tandis que je suivais Manz. Après l'avoir aidé à réapprovisionner les rayons, je suis allée chercher le petit déjeuner pour Mena et moi.

« Reviens dans un quart d'heure, je dois aller au magasin de gros », m'a prévenue mon frère.

Tandis que nous avalions notre sandwich, j'ai confié mon inquiétude à Mena.

« Et si quelque chose tournait mal pendant qu'il n'est pas là ? Et si je fais payer le mauvais montant ? Je n'ai pas envie de rester toute seule à la boutique.

— Ça m'a fait pareil la première fois que Manz s'est absenté. Mais tu sais, ce n'est pas grave si tu fais une erreur, il suffit de t'excuser. Écoute, si jamais il y avait un gros problème, demande à quelqu'un d'aller me chercher. Je fermerai pour venir t'aider. »

Curieusement, Manz s'est lui aussi voulu rassurant avant de partir : « Tout se passera bien. Il n'y a pas beaucoup de gens à ce moment de la journée et je serai de retour dans deux heures. »

Je priais pour que personne ne pénètre dans le magasin mais, bien entendu, des dizaines de clients ont passé la porte dès que je me suis retrouvée seule. J'étais si occupée que je n'ai pas vu le temps passer jusqu'au moment où mon frère est revenu avec des marchandises plein son camion et m'a lancé : « Viens me donner un coup de main pour décharger. »

Inutile d'espérer un mot agréable, un « Comment t'en es-tu sortie ? » ou un « Bravo pour avoir tenu la boutique toute seule », de la part de Manz. Après l'avoir aidé à vider la marchandise, j'ai passé le restant de la journée à remplir les étagères et servir les clients. En milieu d'après-midi, fatiguée et affamée, je lui ai demandé l'autorisation d'aller me chercher à boire. Il a refusé : « Non, nous allons bientôt rentrer. Tu boiras à la maison. »

Sur le trajet du retour, je me suis laissé gagner par le sommeil. Arrivée à la maison, j'ai fouillé le réfrigérateur et les placards en quête d'un en-cas à me mettre sous la dent. En vain. Comme Azmier se plaignait d'avoir faim, je nous ai préparé du pain grillé – nature puisqu'il n'y avait plus de beurre – pour nous remplir l'estomac en attendant le dîner. Puis je me suis mise aux fourneaux.

En sentant l'odeur du curry, mère a crié de sa chambre : « Pas de riz aujourd'hui, Sam. Des *roti*. » Comme Azmier se trouvait avec moi dans la cuisine, j'ai gardé le silence, comptant lentement jusqu'à dix dans ma tête. Je n'ai cependant pas pu m'empêcher de tirer la langue en direction de la chambre de mère, un geste qui a fait sourire Mena.

« Écoute, Sam, je vais t'aider à faire les *roti*, m'a-t-elle proposé. Tu n'auras qu'à donner le premier à Azmier, il a l'air de mourir de faim. »

De fait, Azmier a englouti sa galette d'une seule bouchée.

« D'habitude, il n'est pas aussi affamé, Mena, ai-je remarqué. Je crois qu'on ne lui donne pas à manger. »

Ce soir-là, j'ai caché une assiette de nourriture sous mon lit.

« Qu'est-ce que tu fais ? m'a demandé ma sœur en me surprenant.

— À ton avis ? Comme ça, on aura de quoi manger, demain, en rentrant. »

Le lendemain, à la fin de la journée, je suis allée trouver Manz.

« Mère m'a dit qu'on commençait à manquer de certaines choses à la maison. Elle veut que je rapporte du pain, des œufs, du beurre et du lait.

— Dépêche-toi de prendre tout ça, alors ! m'a-t-il répondu d'un ton brusque. Je dois fermer. »

J'ai rangé tout ce que mère m'avait commandé dans un sac, y glissant en douce quelques barres chocolatées. Une fois à la maison, j'ai fourré les friandises sous mon oreiller avant de rejoindre la cuisine.

« Comme d'habitude, il n'y a rien à manger, a remarqué Mena. Je meurs de faim. »

Posant mon index sur mes lèvres pour lui signaler de se taire, je suis allée chercher l'assiette que j'avais dissimulée sous mon lit la veille. Après l'avoir réchauffée au four à micro-ondes, je l'ai partagée entre Mena, Azmier et moi. Nous avons mangé ce reste avec du pain pendant que je préparais le dîner pour les autres. À compter de ce jour, j'ai pris l'habitude de cacher tous les soirs de la nourriture sous mon lit afin qu'Azmier puisse manger dès mon retour du travail.

Les journées loin de mon fils m'infligeaient une véritable torture car il ne faisait aucun doute que personne ne s'occupait de lui. Le soir, Mena et moi le retrouvions toujours affamé et sale. Personne ne pensait à lui donner le bain, ou ne serait-ce qu'à lui débarbouiller le visage et les mains. J'ignorais à quoi il occupait sa journée, ainsi livré à lui-même. Lorsque je le questionnais, il semblait toujours heureux, mais je savais que personne ne jouait avec lui ou ne lui manifestait le moindre intérêt.

À peine arrivée à la maison, je le nourrissais, le baignais, lui lisais des histoires et lui fredonnais des chansons, inventais des jeux avec ses doigts ou ses orteils, puis le couchais. L'impossibilité de lui donner tout ce dont il avait besoin, à commencer par la présence protectrice d'une mère à chaque instant, me fendait le cœur. Étendue sur mon lit, je le regardais dormir en priant pour un miracle.

Je ne savais pas exactement ce que je souhaitais, si ce n'était lui offrir une existence plus douce que la mienne.

Pendant mes longues heures au magasin, je pensais à lui, à la vie que nous pourrions mener si nous prenions tous les deux la fuite. Je nous imaginais dans une maisonnette avec un jardin où nous jouerions toute la journée au soleil. À cette pensée, je ne pouvais réprimer un sourire.

« Qu'est-ce que tu fais ? râlait alors Manz. Encore en train de rêvasser ? »

S'il n'y avait personne dans le magasin, il me rappelait à la réalité, d'une taloche qui brisait mon beau rêve en mille morceaux.

15

Le troisième anniversaire d'Azmier s'est déroulé dans la plus stricte intimité. Et pour cause, personne ne s'en est souvenu, hormis Mena et moi. Dès que nous nous sommes retrouvés seuls tous les trois, nous l'avons fêté autour d'une poignée de chocolats subtilisés au magasin. Inutile de préciser que, trois semaines plus tard, l'anniversaire de Sham a davantage mobilisé l'attention : Tara lui a offert un jouet, mère des vêtements neufs et Tanvir et Saber, un peu plus de tout ce qu'il possédait déjà.

La nuit de ses trois ans, Azmier, qui partageait mon lit depuis qu'il ne tenait plus dans le sien, s'est agité dans son sommeil. Le croyant un peu surexcité par sa petite fête d'anniversaire, j'ai voulu le calmer en le caressant doucement, mais il a tressailli au contact de ma main sur son dos. Prise de court, je n'ai pas su quoi faire. Je ne tenais pas à troubler davantage son repos pour chercher la cause de cette réaction inhabituelle, pas plus que je ne pouvais l'examiner pendant qu'il dormait sans allumer la lumière, ce qui réveillerait Mena.

J'ai donc attendu qu'il fasse suffisamment jour, le lendemain matin, pour soulever son maillot.

Mon cœur s'est arrêté de battre. Là, au beau milieu de son dos, s'étalait une énorme ecchymose toute fraîche, une marque qu'il n'avait pu se faire en tombant dans l'escalier de la cave ou en se cognant dans le jardin. Des larmes silencieuses ont roulé sur mes joues. Mon petit garçon était maltraité, comme moi. Je n'avais pas tenu promesse, je n'avais pas su le protéger.

J'ai alors remarqué qu'il avait mouillé le lit, ce qui ne lui était jamais arrivé auparavant. Soudain, il s'est retourné. Le sourire qui lui chatouillait le coin des lèvres s'est évanoui à la vue des larmes dans mes yeux. Il a jeté ses bras autour de moi.

« Ne pleure pas, maman. Ça va aller. Chut… »

Je lui ai souri en reconnaissant les paroles avec lesquelles je le consolais quand il avait du chagrin. Après m'être essuyé les joues, je l'ai serré dans mes bras.

« Tu as raison, mon ange. Ça va aller. »

Je l'ai sorti du lit pour l'habiller. J'ai ensuite défait les draps, que j'ai fourrés dans la machine à laver avec le pyjama d'Azmier afin que personne n'apprenne l'accident et ne le punisse par des coups. Cela fait, je nous ai fait griller du pain pour le petit déjeuner. Lorsque le coup de klaxon de Manz a retenti, j'étais malade d'angoisse à l'idée de laisser mon fils seul dans cette maison, et de ce qui arriverait en mon absence.

Sur la route du magasin, j'ai pris une décision : j'allais m'enfuir avec lui. Je n'avais plus le choix, à présent. Je ferais notre valise et nous partirions n'importe où, pourvu que ce soit loin.

J'ai attendu la pause du petit déjeuner pour confier mes projets à Mena.

« Où irez-vous ? m'a-t-elle demandé.

— Je ne sais pas. Peu importe, ce ne pourra jamais être pire qu'ici.

— Mais où vivrez-vous ? Que ferez-vous ? Ne pars pas, Sam. Ils te retrouveront et te renverront au Pakistan pour toujours, s'ils ne te tuent pas. »

Je l'ai considérée un instant. Elle avait raison : ils nous traqueraient. Et s'ils me retrouvaient ? M'enverraient-ils au Pakistan ? Ce qui était certain, c'était qu'ils me battraient, peut-être jusqu'à ce que mort s'ensuive. Ce dénouement ne constituerait pas le premier drame du genre dans notre communauté. À Glasgow, où personne ne me connaissait, les miens pouvaient m'ôter la vie en toute impunité. Même Mena ne parlerait pas, elle avait bien trop peur du reste de la famille pour aller voir la police. Or, sans moi, qu'adviendrait-il d'Azmier ?

Certes, ce ne serait pas facile, mais je trouverais un moyen ou un autre de sortir mon fils de cet enfer. Sans destination, sans un sou en poche et sans personne pour me protéger contre les représailles familiales, j'étais pour l'instant coincée. Je ne pouvais compter que sur moi-même, mais je devais trouver une issue.

J'ai passé les jours suivants à tourner et retourner la situation dans mon esprit sans trouver de solution. Un soir après le travail, alors que je m'apprêtais à préparer le dîner, j'ai découvert avec surprise mère en train de s'affairer dans la cuisine. Comme d'habitude, elle œuvrait dans un capharnaüm de paquets ouverts, de jattes et de casseroles sales empilées dans l'évier. Songeant au ménage qui m'attendait, je me suis demandé la cause de cette agitation.

« Nous attendons un invité demain, a déclaré mère. Sors plus de beurre et donne-moi les oignons. »

Il ne manquait que cela : une bouche supplémentaire à nourrir en plus du nettoyage ! Mère s'est alors mise à me commander à la baguette, comme si je n'avais jamais mis les pieds dans la cuisine : « Sors-moi la marmite. Lave ce saladier. » À croire qu'elle avait oublié qui préparait tous les soirs le repas pour l'ensemble de la famille. J'ai mieux compris la raison de ce branle-bas lorsque, tout en hachant les oignons, elle s'est montrée un peu plus bavarde sur le visiteur : « *Hadji* Osghar arrive du Pakistan. Il vient d'une famille très riche et renommée. Ne mets pas trop d'épices dans le curry. Je vais préparer ce que je peux ce soir, je ferai le riz demain. »

C'était donc cela ! Mère ne voulait surtout pas que, de retour au Pakistan, *hadji* Osghar raconte à sa famille et ses amis qu'elle l'avait mal reçu ou nourri. C'était là l'unique motif de son affairement dans la cuisine ce soir. Je me suis mordu la lèvre inférieure pour contenir un rire moqueur.

Seuls les musulmans ayant fait le *hadj*, le grand pèlerinage à La Mecque, pouvaient accoler leur nom au terme honorifique *hadji*. Je m'attendais donc à rencontrer un homme pieux à barbe et coiffure blanche, comme le *molvi* qui nous enseignait le Coran, lorsque Mena et moi sommes revenues du travail le lendemain soir. Mais à peine avions-nous poussé la porte d'entrée que mère m'envoyait à la cuisine faire la vaisselle. Non seulement tout le monde avait déjà dîné, mais Azmier avait lui aussi été nourri, une grande première. Des restes avaient même été conservés pour Mena et moi. Après les avoir mangés, nous nous sommes mises à la vaisselle. Nous venions juste de terminer quand un coup a été frappé à la porte de la cuisine, qui s'est ouverte sur un jeune homme rasé de frais en jean et tee-shirt. Il nous a adressé un sourire courtois.

« Salut, je suis Osghar. Est-ce que je peux me laver les mains ? »

Il avait parlé avec tant de politesse et de calme que je suis restée muette un instant. Personne ne s'exprimait avec autant de civilité sous ce toit.

« Oui, bien sûr », ai-je fini par balbutier.

Son affabilité s'opposait aux manières avec lesquelles Mena et moi étions généralement traitées au retour du travail. Quand je lui ai tendu le torchon pour s'essuyer les mains, il m'a remerciée d'un sourire. À cet instant, Manz est entré dans la pièce.

« Tu es prêt ? Viens, je vais te montrer la ville. »

De nouveau seules dans la cuisine, Mena et moi avons échangé un regard, portant la main à la bouche pour étouffer un rire.

« Oh, mon Dieu ! Il ne ressemble pas du tout à un *hadji* ! me suis-je exclamée, le rouge aux joues. Il n'est pas mal du tout !

— Sam ! a lâché Mena dans un petit cri surpris. Je te rappelle que tu es mariée ! » a-t-elle ajouté d'un ton taquin.

J'avais complètement oublié ce détail...

« Oh, c'est vrai. Bah, rien n'empêche de regarder ! »

Nous sommes parties d'un nouvel éclat de rire.

Le lendemain matin, j'étais la première debout. Après avoir réveillé Mena, je suis allée dans la cuisine. Déjà levé, Osghar m'y a accueillie avec un sourire. Nous avons échangé un bonjour poli mais, avant que je n'aie le temps d'entamer la conversation, Manz est arrivé en déclarant qu'il était bientôt l'heure. Je me suis dépêchée de faire griller du pain pour tout le monde et nous sommes partis au travail.

Osghar est venu au magasin avec Manz, qu'il a accompagné chez le grossiste en milieu de matinée. À leur retour, je suis sortie de la boutique pour les aider à décharger les marchandises, comme je le faisais toujours. Osghar, qui tirait des caisses de l'arrière du camion, s'est alors tourné vers moi avec un sourire : « Pas la peine, merci. On va se débrouiller. »

Je l'ai remercié d'un hochement de tête avant de regagner le comptoir, envahie d'une douce chaleur. Les membres de ma famille ne me regardaient que rarement lorsqu'ils m'adressaient la parole, et aucun ne me parlait avec autant de gentillesse. Sans compter qu'Osghar me souriait tout le temps, ce qui me donnait l'impression d'être spéciale. Sa bonté et sa prévenance en faisaient un hôte formidable. Malheureusement, il partirait bientôt et je retrouverais ma triste routine.

Ce soir-là, alors que je lavais les derniers plats, j'ai prévenu Azmier qu'il était l'heure d'aller au lit. À cette annonce, il a déguerpi de la cuisine à toutes jambes. Je l'ai alors entendu dire à mère et Osghar : « Chut, lui dites pas que je suis là, je me cache. »

Je l'ai suivi dans le salon, où il était tapi derrière le rideau.

« Est-ce que vous avez vu Azmier ? ai-je demandé d'une voix forte. C'est l'heure de se coucher.

— Non, nulle part, a souri Osghar, se joignant à mon jeu.

— Tiens, tiens… Je me demande où il a bien pu passer…

— Il n'est pas dans le jardin ? » a-t-il suggéré.

Je me suis alors approchée à pas de loup de la fenêtre pour ouvrir le rideau d'un coup sec.

« Bou ! »

Azmier a poussé un hurlement qui s'est transformé en éclat de rire lorsque je l'ai pris dans les bras. Il s'est mis à crier d'une voix vibrante de joie.

« Non, pas le lit ! Pas le lit ! »

Le lendemain, Manz s'est absenté pour une course, laissant Osghar à la boutique en ma compagnie. Après avoir tripatouillé pendant quelques minutes les articles disposés près de la caisse, ce dernier a posé les yeux sur moi.

« Ta mère m'a raconté une histoire hier soir, a-t-il commencé d'une voix hésitante.

— À quel sujet ?

— J'étais étonné de voir que tu avais un fils de trois ans... Tu as l'air si jeune... alors je lui ai demandé ce qui s'était passé.

— Et ? l'ai-je encouragé en croisant les bras sur mon ventre dans l'attente du jugement.

— Et elle m'a dit que tu avais couché avec un homme au Pakistan, et que ta famille avait été obligée de te marier à lui. »

J'ai senti une colère froide déferler sur moi.

« Mais je ne la crois pas », s'est empressé d'ajouter Osghar en avisant mon expression.

Des larmes me sont montées aux yeux. Je n'arrivais pas à imaginer que mère ait pu proférer de tels mensonges devant un ami de la famille. Bien sûr, j'aurais dû me douter qu'elle déformerait la réalité à sa guise, mais il n'en restait pas moins douloureux d'entendre sa version calomnieuse dans la bouche d'Osghar.

« Hé, excuse-moi, a-t-il repris d'une voix douce. Je ne voulais pas te faire de peine.

— Non, non, ça va. J'aurais dû m'habituer à leurs mensonges depuis le temps, ai-je répondu en m'essuyant les yeux et me mouchant. Tu veux savoir ce qui s'est vraiment passé ? »

Il a hoché la tête.

« Ma mère m'a emmenée au Pakistan par la ruse lorsque j'avais treize ans et elle m'a forcée à me marier à un inconnu. »

Je lui ai alors tout dit, libérant le torrent de sentiments que j'avais si longtemps refoulés : la colère, la frustration, la tristesse, la solitude. Il m'a semblé qu'un énorme poids s'ôtait de ma poitrine. J'ai pris conscience que je n'avais jamais vraiment pu parler de ce qui s'était produit au Pakistan. Je ne pouvais pas tout raconter à Mena, qui ne souhaitait pas connaître la menace qui pesait également sur elle.

« Voilà, j'ai maintenant dix-sept ans et un fils de trois ans que j'aime mais dont je ne peux pas m'occuper parce que je suis coincée dans cette fichue boutique à longueur de journée. Tu sais, avant-hier, c'est la première fois qu'Azmier a mangé à sa faim et qu'il était propre à mon retour. Il y a quelques jours, j'ai découvert qu'ils le battent quand je ne suis pas là. Il fait pipi au lit, maintenant. »

Je me suis soudain sentie gênée de m'être autant épanchée auprès d'un homme que je connaissais à peine.

« Je ne sais pas pourquoi je te raconte ça. Tu as dit que tu voulais connaître la vérité, la voilà. Je te jure que c'est ce qui s'est réellement passé. »

En réalité, je savais parfaitement ce qui m'avait poussée à me confier à lui : personne ne m'avait regardée avec des yeux si tendres et traitée avec autant de gentillesse depuis longtemps. Je n'avais fait que répondre à la bienveillance qui se dégageait de lui.

« Je ne sais pas quoi te dire, a-t-il déclaré après un instant de silence. Quel genre de mère ferait ça à sa fille ? »

Il s'est subitement interrompu. Manz venait de pousser la porte du magasin.

« Tu as un rendez-vous avec l'avocat demain, m'a annoncé mon frère en s'approchant du comptoir. Il a des papiers à te faire signer. Je t'y conduirai.

— Quels papiers ? ai-je répondu, dans l'ignorance la plus totale.

— On ne te demande que de signer, pas de poser des questions ! » a-t-il grondé, tandis qu'Osghar rivait son regard au sol.

Je n'ai plus ouvert la bouche de la soirée. Après le dîner, Osghar est venu se laver les mains dans la cuisine.

« Je suis désolé pour ce matin. Je ne voulais pas te faire de peine.

— Ce n'est rien, j'avais besoin d'en parler. Je me sens mieux depuis notre conversation. »

Il s'est écarté de l'évier, les mains dégoulinantes. Alors que je lui avançais le torchon, nos doigts se sont effleurés. Nous nous sommes regardés dans les yeux jusqu'à ce que Tanvir vienne rompre le charme.

« Tu as besoin de quelque chose, Osghar ?

— Non, tout va bien. »

Après avoir reposé le torchon, il l'a suivie dans le salon.

Je n'ai pas réussi à trouver le sommeil cette nuit-là. Étendue dans le noir, j'ai songé pendant des heures à Osghar. Quelque chose se produisait, mais je ne parvenais pas à déterminer quoi. Pas encore. Je n'avais aucune raison d'être moins en colère ou moins effrayée, mais je ne pouvais penser à rien d'autre qu'à son sourire et au contact de ses mains.

Le matin suivant, Manz a proposé à Osghar de rester à la quincaillerie avec Mena pendant qu'il m'accompagnait chez l'avocat.

Ce rendez-vous m'était complètement sorti de la tête. De quoi pouvait-il bien s'agir ? Pourquoi ma présence était-elle requise ? Pourquoi aurais-je besoin des services d'un avocat ? Était-ce pour prononcer mon divorce ? Ou y avait-il un problème avec le certificat de naissance d'Azmier ? Je n'ai bien sûr formulé aucune de ces questions à Manz, qui m'aurait rabrouée en hurlant. Au moment où nous partions, Mena m'a adressé un regard interrogateur, auquel j'ai répondu par un imperceptible haussement d'épaules.

Manz et moi avons patienté en silence dans la salle d'attente du cabinet jusqu'à ce qu'un homme de grande taille nous conduise vers son bureau, où il m'a invitée à m'asseoir. Je suis convaincue que ce n'était pas le but recherché par l'avocat, mais je me suis sentie très petite dans ce décor. Son costume chic, son accent distingué, la vaste pièce avec son gigantesque bureau d'acajou, les papiers empilés sur le meuble… Tout semblait conçu pour m'intimider.

« Je n'ai besoin que de quelques signatures pour votre demande de titre de séjour pour votre mari », a-t-il annoncé.

Le sol s'est soudain mis à tanguer sous mes pieds, m'obligeant à m'agripper aux accoudoirs du fauteuil. Mon mari ? Je n'avais jamais songé à l'homme au Pakistan en ces termes. Une rage brûlante est remontée le long de ma gorge, mais je ne pouvais pas contester, pas devant un étranger. Voilà donc pourquoi Manz ne voulait pas me révéler de quoi il retournait. Il m'avait piégée, comme mère avant lui, pour m'attirer dans ce cabinet. Je sentais ses yeux peser sur moi, veillant à ce que je ne fasse rien qui puisse contrarier ses plans. La tête bourdonnante, je me suis rendu compte que l'avocat me présentait des papiers. Il a tracé une croix au bas de la première feuille : « Signez ici, s'il vous plaît. Et ici. »

Manz s'est penché en avant, s'appuyant d'un bras sur le bureau, près des documents. Il s'est ensuite tourné vers moi, m'encourageant de son autre main à signer. La menace contenue dans ce geste qui, vu de l'extérieur, pouvait être interprété comme une marque d'affection fraternelle ne faisait pour moi aucun doute : je n'avais pas le choix. D'une main tremblante, j'ai apposé ma signature sur les documents.

« Et une dernière ici, s'il vous plaît. »

Cela fait, l'avocat a signé les papiers à son tour : « Ce que je fais là sert à certifier l'authenticité de votre signature. » Il a ensuite glissé la liasse de feuilles dans une enveloppe, qu'il a posée dans une corbeille devant lui en concluant : « Merci. Je vais soumettre votre demande aux services de l'immigration. Je vous contacterai dès que j'aurai une réponse. » Puis il s'est levé pour nous raccompagner à la porte.

Je n'ai pas ouvert la bouche de tout le chemin de retour, mais au fond de moi, je bouillais de rage. Lui, ici ! Cet être qui n'était personne à mes yeux, cet homme qui m'avait mise au supplice puis n'avait fait aucun effort pour connaître son enfant. J'imaginais qu'on comptait sur moi pour lui faire la tambouille et laver son linge. Le souffle presque coupé d'horreur, j'ai songé que j'allais devoir partager de nouveau son lit.

Pas ça ! Non, pas ça ! Je ne pouvais pas laisser cela se produire. La seule pensée de ses mains sur mon corps me révoltait.

Et mère et Manz qui avaient rempli ces formulaires en mon nom ! De quel droit agissaient-ils ainsi ? Dans un éclair de lucidité, j'ai compris que Manz aurait certainement imité ma signature sans m'en parler si elle n'avait pas dû être authentifiée par l'avocat. Un beau jour, en rentrant du travail, j'aurais trouvé cet homme assis sur le canapé, Azmier sur ses genoux, comme si de rien n'était.

J'étais dans une telle fureur que j'ai dû me tourner vers la vitre pour ne rien trahir devant Manz. Je me suis efforcée de respirer lentement et profondément, comme Tatie Peggy me l'avait appris pour contrôler mon bégaiement, mais rien ne pouvait apaiser ma colère.

De retour au magasin, je n'ai prêté aucune attention aux propos de Manz jusqu'à l'heure du déjeuner. Comme je m'apprêtais à rejoindre Mena à la quincaillerie, il m'a ordonné : « Dis à Osghar de venir me retrouver. »

Ma sœur a commencé l'interrogatoire à l'instant où j'ai passé le seuil de sa boutique.

« Alors, c'était pour quoi, ce rendez-vous ?

— Attends, je vais t'expliquer dans une minute, lui ai-je dit avant de me tourner vers Osghar. Manz veut que tu retournes dans l'autre magasin.

— Allez, Sam ! Dis-moi ce qui s'est passé », s'est impatientée Mena.

Dès que la porte s'est refermée sur notre invité, j'ai laissé libre cours à ma rage.

« Les salauds ! Ils ont rempli des formulaires derrière mon dos pour le faire venir ici. Il n'a jamais écrit pour prendre des nouvelles de son fils. Ça fait plus de trois ans ! Azmier n'a jamais reçu ne serait-ce qu'une carte d'anniversaire ! Non mais, pour qui ils se prennent ? Je ne veux pas de lui ici, mais je n'ai rien pu dire parce que Manz me surveillait. Qu'est-ce que je vais faire, Mena ? Dis-moi, qu'est-ce que je vais faire ?

— Mère et Manz font venir ton mari ici ? a résumé Mena, aussi choquée que moi.

— Oui ! Mena, je ne connais pas cet homme, je ne sais même plus à quoi il ressemble. J'ai vécu avec lui quelques mois, puis je suis tombée enceinte et je suis revenue en Écosse. Tout ce dont je me souviens, c'est que c'est un être horrible qui m'a fait du mal. Tu sais, je ne crois pas que nous soyons vraiment mariés. Je n'ai pas prononcé mes vœux, je ne comprenais rien à ce que racontait le *molvi*. Oh non, Mena, je ne veux pas qu'il vienne. Surtout pas...

— Mais qu'est-ce que tu vas faire, Sam ?

— Je ne le sais pas encore, mais je vais trouver une solution. Hors de question qu'il arrive ici ! »

Nous sommes toutes les deux retombées dans le silence. J'attendais de Mena un conseil ou une parole de consolation, mais elle s'est contentée de soupirer.

« Je ne sais pas toi, mais moi je meurs de faim. Tu veux bien aller me chercher des frites, s'il te plaît ? »

Je l'ai dévisagée. Elle n'avait pas compris, ou quoi ? Visiblement non, donc je n'ai pas insisté.

« D'accord. Donne-moi de l'argent. »

Je patientais dans la file d'attente de la friterie lorsque j'ai senti une main se poser sur mon bras. J'ai levé les yeux, découvrant le sourire d'Osghar. Devant moi dans la queue, il avait fini par venir me retrouver après m'avoir en vain invitée à le rejoindre par de grands signes. Perdue dans mes pensées, je n'avais rien vu.

Nous avons commencé par nous dire ce que nous allions manger. Puis, au bout d'un moment, il a remarqué :

« Manz m'a expliqué la raison de ton rendez-vous. À en juger par la tête que tu faisais, je n'ai pas l'impression que cela t'a réjouie. »

Si Osghar connaissait mon histoire depuis notre conversation de la veille, je doutais encore qu'il soit bien sage de lui confier ce qui me traversait l'esprit. Pas pour le moment.

« Je te raconterai ça plus tard, lui ai-je dit en sortant de la boutique. Manz doit attendre son repas. S'il nous voit trop souvent ensemble, il va m'avoir à l'œil, et je n'ai vraiment pas besoin de ça maintenant. »

Il s'est éloigné avec un hochement de tête tandis que je regagnais la quincaillerie, où Mena et moi avons mangé en silence. Mon esprit bourdonnait de pensées et de plans inachevés. J'avais beau me creuser les méninges, je ne voyais pas comment je réussirais à me sortir de cette impasse.

Le soir, mère est venue me trouver à la cuisine après le dîner : « Tu n'iras pas au magasin demain, tu resteras ici pour garder les enfants. Tanvir et moi avons des courses à faire. » Puis elle a aussitôt tourné les talons.

J'étais si enchantée par la perspective d'avoir Azmier rien que pour moi pendant toute une journée que je n'ai pas vu passer la soirée. Je me suis couchée un peu plus optimiste.

Le lendemain matin, une fois tout le monde parti et la vaisselle du petit déjeuner placée sur l'égouttoir, j'ai joué avec Azmier et Sham, d'abord à cache-cache dans la maison, puis à chat dans le jardin. Nous faisions de temps en temps une pause, lors de laquelle je leur racontais des histoires, Azmier sur mes genoux et Sham à mon côté. Quand ils en avaient assez, ils se relevaient d'un bond pour reprendre leurs activités. J'aurais tant aimé que chaque jour ressemble à celui-ci…

Laissant les garçons cavaler dans le jardin, je suis rentrée préparer le déjeuner. Alors que je m'affairais à la cuisine, j'ai entendu frapper à la porte. Le facteur se tenait sur le seuil, une grande enveloppe plate en papier kraft dans la main : « Un pli pour Sameem Aktar. Signez ici, s'il vous plaît. »

Après avoir signé l'avis de réception, j'ai refermé la porte, les yeux rivés sur le courrier. Une lettre pour moi ? De quoi pouvait-il s'agir ? Je n'attendais rien, personne ne m'envoyait jamais de courrier.

Déchirant l'enveloppe, j'ai découvert mon passeport et un courrier de l'ambassade du Pakistan déclarant que le visa d'entrée dans le pays y avait été apposé.

Cela ne suffisait donc pas à mère et Manz de faire venir cet homme, ils comptaient visiblement m'envoyer le chercher là-bas ! À cet instant, j'aurais pu tout démolir dans l'appartement, tout ravager autour de moi, mais j'ai ravalé ma fureur. D'un pas calme et décidé, je me suis dirigée vers ma chambre, où j'ai glissé le passeport sous mon matelas. Cela fait, j'ai regagné la cuisine pour finir de préparer le déjeuner des enfants. J'ai exécuté le reste des corvées domestiques en mode automatique, vidée de toute émotion. J'avais l'impression d'être morte à l'intérieur. Comment ma propre famille pouvait-elle me traiter ainsi ?

Lorsque Tanvir et mère sont rentrées de courses, chargées de sacs de tissu pour confectionner de nouvelles tenues, elles ont également rapporté une valise neuve.

« Je pars au Pakistan, a expliqué mère quand je lui ai demandé quel usage elle pensait en faire. Une urgence, si on veut. Tu veux venir avec moi ? Je m'en vais la semaine prochaine.

— Non, merci, ai-je refusé du ton le plus dégagé possible. Je dois rester pour m'occuper d'Azmier. Vous voulez manger ? »

Après leur avoir servi leur repas, je suis retournée à la cuisine pour préparer le dîner. Pour une fois, j'étais heureuse de trimer aux fourneaux, le travail me donnant un prétexte pour rester à l'écart. J'ai haché et émincé avec soin et lenteur, la tête remplie de scénarios cauchemardesques.

Quand comptaient-ils m'annoncer mon départ ? Mère pensait-elle boucler ma valise à mon insu et, un beau matin, monter en voiture avec Manz et moi, comme si nous allions au travail ? « Tiens, c'est l'aéroport ! Et si on partait au Pakistan ? » Comment espéraient-ils s'y prendre ? Me croyaient-ils terrifiée au point de leur obéir au doigt et à l'œil ?

À 18 heures, Mena est rentrée, suivie d'Osghar et de Manz. Après le dîner, ce dernier a annoncé qu'il s'absentait pour quelques heures. Saber et Tanvir étaient sortis pour la soirée et mère, fatiguée par ses emplettes, n'a pas tardé à s'éclipser dans sa chambre. Quant à Mena, elle s'est couchée aux environs de 19 h 30 pour profiter d'une longue nuit de sommeil.

Après qu'Azmier s'est endormi, vers 20 heures, je suis allée m'asseoir dans le salon à côté d'Osghar, qui m'a adressé un regard interrogateur.

« Aucun danger, l'ai-je rassuré. Tout le monde dort. »

J'ai considéré un moment mes mains croisées sur mes genoux, puis j'ai pris une grande inspiration.

« Ils me renvoient au Pakistan, Osghar. Les papiers que j'ai signés chez l'avocat sont pour le jour où j'y retournerai avec lui. Ils ont envoyé mon passeport à l'ambassade pour le visa. Mère part la semaine prochaine, elle veut que je l'accompagne. Ils ne savent pas que j'ai découvert leurs projets, ai-je précisé en le regardant droit dans les yeux. Le facteur a rapporté mon passeport aujourd'hui, quand mère était sortie. Elle ignore que je l'ai récupéré et que je sais ce qu'ils manigancent. Je ne dois pas y aller, Osghar, je ne le peux pas. Et je ne veux pas que ce… que cet homme vienne. Jamais ! »

La rage m'empêchait de m'apitoyer sur mon sort et tarissait mes larmes avant même qu'elles ne coulent. Je bouillais.

Après avoir répété pour lui-même une partie de mes propos, Osghar s'est tu un moment, sous le choc.

« Je n'arrive pas à y croire. Comment peuvent-ils faire ça à quelqu'un comme toi ? »

À ces mots, j'ai retenu ma respiration un infime instant.

« Qu'est-ce que tu comptes faire ? m'a-t-il demandé.

— Je ne sais pas. »

Je me suis tordu les doigts dans tous les sens, comme si je cherchais une solution.

« Je vais m'enfuir avec Azmier, loin d'ici, où ils ne pourront jamais nous retrouver. »

Le silence est retombé entre nous, jusqu'à ce qu'Osghar le brise.

« Je pars dans quelques jours. Viens avec moi. »

16

Je l'ai dévisagé. Partir avec lui ? Loin de cette maison ?

« Je vais à Manchester, chez des amis, a-t-il repris.

— Quoi ? ai-je réussi à bafouiller. Tu n'es pas sérieux !

— Tu veux partir, moi je pars, a-t-il résumé, comme s'il n'y avait raisonnement plus logique. Je veillerai à votre sécurité, à Azmier et toi. Écoute, je suis ici parce que c'est la destination la plus lointaine qui m'est venue à l'esprit. Je n'ai acheté qu'un aller simple. Tu es allée au Pakistan, tu sais comment c'est. Je ne compte pas retourner là-bas de sitôt. Je ne te dis pas que ce sera facile, ce serait faux, mais j'ai quelques économies et la volonté de travailler. Je te promets de m'occuper de vous. »

J'ai écouté sa voix paisible en me demandant s'il apportait la solution à mes problèmes, le miracle pour lequel j'avais prié.

« Je dois y réfléchir », ai-je répondu en me levant.

M'imitant, Osghar m'a effleuré le front des lèvres puis m'a prise tendrement dans ses bras.

C'était la première fois que quelqu'un d'autre que Mena m'offrait un geste de réconfort, de douceur, depuis que j'avais quitté le foyer pour enfants, dix ans plus tôt. J'aurais voulu demeurer à jamais dans cette étreinte sécurisante.

Le lendemain, au terme d'un jour comme les autres au magasin, j'ai trouvé mère en train de boucler sa valise.

« Je pars pour le Pakistan demain...

— Et Sam ? Tu ne l'emmènes pas avec toi ? est intervenu Manz.

— Son passeport n'est pas encore arrivé, mais je compte sur toi pour la mettre dans le premier vol lorsque vous l'aurez reçu. »

Un frisson m'a parcouru la colonne vertébrale. Sur le moment, je n'ai pu taire une protestation.

« Pourquoi faut-il absolument que j'y aille ? Je n'ai pas envie. »

J'ai soudain senti un coup impitoyable s'écraser dans mon dos. Mes genoux ont lâché et je me suis effondrée dans un cri. Manz armait son poing serré, prêt à récidiver, lorsque Osghar a fait irruption dans la pièce. Quand il a vu ce qui se passait, il a éloigné mon frère, qui s'est mis à hurler à pleins poumons :

« Tu iras au Pakistan chercher ton mari ! Tu m'entends ? C'est clair ? »

Osghar l'a poussé vers le salon, se dressant face à lui, la voix vibrante de colère.

« Tu as perdu la tête ou quoi ? Tu ne dois jamais frapper ta sœur. Ni aucune autre femme, d'ailleurs. »

La porte s'est refermée sur eux, étouffant les éclats de voix et m'empêchant de distinguer leur échange.

Mère a baissé les yeux sur moi, hargneuse : « Tu l'as cherché, c'est bien fait pour toi ! » Je l'ai ignorée, l'esprit ailleurs. La douleur du coup de Manz s'était éclipsée sous l'effet de la surprise provoquée par l'intervention d'Osghar. Personne n'avait jamais pris ma défense. Personne n'avait jamais trouvé le courage d'affronter ma mère, et encore moins mon frère aîné. Personne, jusqu'à ce jour. Jusqu'à Osghar, qui l'avait fait pour moi. Cela m'a remplie d'un grand sentiment d'humilité. Quelqu'un se souciait de moi, m'accordait assez d'importance pour contester la façon dont on me traitait, et même s'y opposer. À cet instant, j'ai su qu'Osghar était la réponse à mes prières. J'ai su que je voulais qu'il me protège à jamais.

Je me suis relevée et, une main appuyée sur mes reins, ai regagné la cuisine, où Mena s'était réfugiée avec Azmier. Osghar nous y a rejointes et m'a observée avec attention.

« Ça va ?

— Ce n'est rien, ai-je répondu, forçant un petit sourire. D'habitude, ce n'est que l'échauffement. »

Il a rempli un verre d'eau du robinet. Après me l'avoir tendu, il en a servi un autre et l'a apporté à Manz, qui fulminait toujours dans le salon : « Alors, madame ne veut pas aller au Pakistan, c'est ça ? Putain de merde, croyez-moi, elle va y aller, même si je dois l'y envoyer dans une housse mortuaire ! »

Ce soir-là, trop occupée par ses préparatifs pour prêter attention à ce qui se passait autour d'elle, mère n'a pas décelé la joie tapie au fond de mon cœur. J'attendais avec impatience de la voir quitter la maison, angoissée à l'idée qu'elle puisse trouver mon passeport. C'était une chance pour moi qu'elle parte aussi vite, car je n'aurais pas pu cacher les documents très longtemps sans que Manz et elle ne commencent à se renseigner auprès de l'ambassade.

Le soir, étendue dans mon lit, les yeux grands ouverts, j'ai écouté le murmure des voix d'Osghar et de Manz dans le salon jusqu'à 2 heures. Dans le calme de la nuit, j'ai pris ma décision : j'allais partir avec Osghar. Je ne supportais plus de recevoir des coups et de voir Azmier condamné à une enfance aussi malheureuse que la mienne. J'en avais assez. Plus qu'assez, même. Quels que soient les projets d'Osghar, quelle que soit l'incertitude à laquelle nous étions voués, rien ne serait jamais pire que le cauchemar dans lequel nous vivions. Je ne savais pas ce que l'avenir nous réservait, mais je savais que je n'en aurais aucun si je demeurais dans cette maison. Osghar était d'un naturel calme, je me sentais bien avec lui. Que pouvais-je espérer de plus ? Après la menace de Manz de m'envoyer au Pakistan morte ou vive, je n'avais de toute façon plus le choix. Si un malheur m'arrivait, qui prendrait soin d'Azmier ?

Le lendemain matin, personne n'a prononcé un mot de tout le trajet jusqu'aux magasins. À peine arrivée, je me suis plongée dans le remplissage des sacs de pommes de terre, au fond de la boutique, jusqu'à ce que Manz m'appelle.

« Sameem, viens tenir la caisse pendant que je conduis mère à l'aéroport. Tu viens, Osghar ? On y va.

— En fait, je pensais aller acheter des chaussures aujourd'hui, a répondu Osghar. Tu peux me déposer dans le centre sur le chemin de l'aéroport ?

— Bien sûr. »

Avant de partir, mère a rappelé à Manz de me mettre dans l'avion dès que mon passeport arriverait. Je lui ai souri avec un hochement de tête docile en pensant : *Jamais de la vie.* Elle avait perdu toute autorité sur moi. Je n'étais plus la petite Sam qui, recroquevillée dans un coin, subissait ses attaques. J'étais une adulte, une femme en droit de décider seule de son existence. J'en avais assez subi de sa part, je prenais désormais un malin plaisir à la laisser dire, forte de la certitude que ses paroles ne me concernaient plus, que j'allais être débarrassée d'elle.

Quand Manz et elle se sont enfin mis en route, j'ai tourné les talons pour regagner le magasin sans lui accorder un dernier regard. Elle partait. Eh bien moi aussi !

Environ vingt minutes plus tard, Osghar a poussé la porte de la boutique, les mains vides.

« Et tes nouvelles chaussures ? »

Il m'a répondu par un haussement d'épaules, suivi d'un sourire désarmant.

« Je n'ai rien trouvé à mon goût. »

Toute troublée et angoissée que j'étais, je lui ai rendu son sourire.

« Tu n'as pas dû bien regarder. Ça ne fait même pas une demi-heure que tu es parti. »

Une expression sérieuse s'est alors posée sur son visage.

« Je suis revenu parce qu'il faut qu'on parle. Il est hors de question que je te laisse ici, Sam. Je t'aime, je veux prendre soin de toi. D'Azmier, aussi, a-t-il ajouté en sortant une bague de sa poche. C'est pour ça que je suis allé en ville. Sam, veux-tu m'épouser ? »

Tout s'est figé. Tout, sauf mon cœur, qui s'est mis à battre la chamade.

« Tu as oublié ? Je suis déjà mariée.

— Non, c'est faux, a-t-il rétorqué avec ardeur. Tu étais trop jeune, tu n'as pas compris ce qui se passait. Tu ne savais même pas ce que signifiaient les mots que tu as répétés. Alors, c'est oui ou non ? »

À ces mots, je me suis sentie lavée d'une souillure. Il avait raison, ce qui s'était produit au Pakistan n'était pas un vrai mariage, je n'avais pas la moindre idée de ce qui m'arrivait à l'époque. J'avais été laissée dans l'obscurité toute ma vie ; à présent, Osghar m'accueillait dans la lumière. Tout s'est soudain éclairci et mon cœur s'est gonflé d'espoir. Osghar me promettait un avenir et le bonheur. J'ai glissé la bague à mon doigt.

« Bien sûr que je le veux ! J'ai pris ma décision hier soir, je viens avec toi. Je ne peux plus continuer comme ça. Je t'écoute, quel est le plan ?

— Le plan ? Eh bien, maintenant que ta mère est partie, il n'y a plus que ta belle-sœur à la maison dans la journée. Nous devons trouver un moyen de sortir ta valise en cachette. »

Je n'ai pas eu à chercher longtemps avant de trouver une idée.

« Je sais ! Tanvir doit emmener Sham chez le médecin pour sa toux, demain. Je resterai forcément à la maison pour garder Azmier. Nous pouvons filer dès qu'elle sera partie. »

Maintenant que tout se mettait en place, je commençais à avoir le trac. Osghar a serré ma main entre les siennes.

« Tu es sûre que c'est ce que tu veux ?

— Oui, ai-je acquiescé avec un hochement de tête décidé. Sûre et certaine. En fait, je n'ai jamais été aussi sûre de ma vie, mais ça ne m'empêche pas d'avoir un peu peur. Il faudra que j'en parle à Mena, je ne peux pas partir sans lui dire au revoir. Azmier va lui manquer. »

Nous avons donc mis au point notre plan pour le lendemain. Avant de relâcher ma main, Osghar m'a embrassée tendrement sur la bouche. La douce caresse de ses lèvres m'a accompagnée pour le restant de la journée.

Le soir venu, lorsque je me suis retrouvée seule dans la cuisine avec Mena, je l'ai attirée dans un petit coin à l'écart.

« Mena, il faut que je te dise quelque chose. Je ne peux pas rester ici, pas maintenant que je sais ce qu'ils manigancent. Osghar a proposé qu'on parte avec lui, Azmier et moi. Il m'a demandée en mariage. Je m'en vais demain.

— Quoi ? s'est-elle écriée. Non, non, non ! Tu ne peux pas !

— Chut, pas si fort ! Si quelqu'un nous entend...

— Oh, Sam, Manz va te retrouver et te tuer. Pense à Azmier. Qui s'occupera de lui ? »

Elle disait vrai. Si Manz découvrait mes projets, il me tabasserait tant que je ne pourrais certainement plus tenir debout. Et encore était-ce le scénario le plus optimiste. Cela étant, c'était probablement ma seule et unique chance. J'ai serré les mains de Mena dans les miennes.

« S'il m'arrive quelque chose, je veux que tu t'occupes d'Azmier. D'accord ? »

Avec un petit hochement de tête, elle a éclaté en sanglots. À la vue de ses larmes, je n'ai pu retenir les miennes. Nous nous sommes enlacées, en pleurs.

« Tu comprends, Mena ? ai-je insisté au bout d'un moment. Je n'ai pas le choix. Je ne peux plus supporter de voir Azmier vivre ce cauchemar. Il a besoin d'amour et d'attention, pas d'une claque par-ci et d'un coup par-là.

— Je sais, je te comprends, Sam. J'ai juste peur que Manz te retrouve... Oh, je ne préfère pas imaginer ce qu'il te fera. »

Nous nous sommes encore étreintes, secouées par de nouveaux sanglots.

Je savais que Mena ne risquait rien, qu'il ne lui arriverait rien. Elle avait ses propres moyens de défense : quand on lui criait après, elle pleurait ;

quand on lui attribuait une tâche, elle se coupait le doigt ou se débrouillait d'une façon ou d'une autre pour que ce travail ne lui soit plus jamais confié. Elle était moins naïve que moi : elle avait compris qu'on ne lui reconnaîtrait jamais aucun mérite et qu'il valait donc mieux adopter un profil bas et rester en dehors de tout. Elle savait qu'il faisait bon vivre dans l'ignorance, un état qu'elle entretenait soigneusement. C'était moi qui n'avais rien compris ou, plus justement, qui n'avais rien retenu d'autre que la leçon de Tatie Peggy. C'était moi qui avais cherché à apporter satisfaction à ma famille, qui m'étais mise en quête d'un ersatz de l'affection de Tatie Peggy. En étreignant le corps mince de ma sœur, je savais donc que mère et Manz ne s'en prendraient pas à elle.

Nous nous sommes finalement détachées et avons séché nos larmes.

« Prends soin de toi et occupe-toi bien de mon neveu préféré. Et essaye de me donner des nouvelles, m'a-t-elle dit, avant de marquer une pause. Non, ne me donne pas de nouvelles. Prends juste soin de toi, a-t-elle conclu avec un regard rempli de larmes. Oh, je n'arrive pas à croire ce qui arrive.

— Je t'aime, Mena.

— Moi aussi, je t'aime. »

Le lendemain matin, j'ai préparé le petit déjeuner pour tout le monde. Avant de partir au travail, Mena est venue me trouver dans la cuisine et m'a étreinte, me chuchotant à l'oreille : « Tu vas me manquer. Je t'aime. » Puis elle a pris

Azmier dans ses bras et l'a serré fort contre elle : « Je veux que tu reviennes me voir quand tu seras plus grand. Et tu n'as pas intérêt à m'oublier. Je t'aime plus que n'importe qui. »

Une boule s'est formée dans ma gorge au moment où elle s'est retournée sur le seuil de la porte pour m'adresser un dernier regard. Déglutissant péniblement, j'ai articulé en silence : « Au revoir. Je t'aime. » Puis elle a disparu.

J'ai guetté le vrombissement décroissant du camion de Manz. Jusqu'ici, tout allait bien. Je devais juste m'assurer qu'Azmier ne répéterait pas devant Tanvir les paroles de Mena. Je l'ai donc emmené dans la chambre pour lui raconter une histoire, mimant les personnages avec les deux mains et insistant sur les chatouilles pour le faire rire aux éclats. Au bout d'un moment, ma belle-sœur est entrée dans la pièce.

« J'y vais, je devrais être de retour dans une heure.

— D'accord, ai-je répondu en m'efforçant de garder une voix ferme. J'espère que le docteur pourra soulager Sham. »

Quelques minutes plus tard, j'ai entendu la porte d'entrée claquer. Je me suis précipitée à la fenêtre pour regarder à la dérobée Tanvir et Sham s'éloigner. Une fois certaine qu'ils ne risquaient plus de faire demi-tour, je me suis empressée d'aller chercher une valise.

Cet unique bagage devant contenir tout ce que je voulais emporter, j'ai mis beaucoup d'application à l'organiser, même si dans ma hâte j'étais tentée d'y jeter mes habits en vrac. J'y ai d'abord placé mes affaires – quelques *shalwar kameez*, un vieux soutien-gorge, deux paires de chaussures, deux ou trois bijoux et mon passeport, avec son visa indésirable et à présent inutile –, puis j'ai rempli l'espace restant de vêtements destinés à Azmier.

Ayant trouvé dans cette activité un nouveau jeu très drôle, ce dernier s'amusait à sortir les affaires de la valise dès que je les y avais rangées. En temps normal, je me serais jointe à la plaisanterie, mais nous n'avions pas le temps. Je l'ai grondé, sans toutefois trop durcir le ton : « Azmier, non, pas maintenant, mon ange. Je dois boucler cette valise. Assieds-toi sagement et regarde maman. » M'évertuant à ne pas trahir mon inquiétude, j'ai conclu d'une voix joviale : « On va prendre le train aujourd'hui, ce sera amusant, non ? »

La valise enfin pleine, je l'ai refermée et l'ai tirée jusqu'à la porte d'entrée. J'ai ensuite fait le tour de l'appartement, en profitant pour porter le bagage d'Osghar dans le vestibule, à côté du mien. Je ne ressentais pas la plus petite pointe de tristesse à l'idée de quitter ce logement dans lequel je ne m'étais jamais sentie chez moi.

Les bagages prêts, je suis allée préparer des tartines de pain grillé pour Azmier. J'ignorais quand je pourrais lui donner un vrai repas ; je préférais donc qu'il parte l'estomac plein.

Je venais d'essuyer les dernières miettes autour de sa bouche quand un coup a été frappé à la porte. J'avais beau attendre la venue d'Osghar, les battements de mon cœur résonnaient dans mes oreilles lorsque je suis passée dans l'entrée. J'ai jeté un œil par le judas, poussant un soupir de soulagement en le reconnaissant. Mon rythme cardiaque n'a toutefois pas décéléré. J'étais sur le point de fuguer. Je n'avais pas encore considéré la situation sous cet angle et mes paumes se sont couvertes d'une sueur moite. Je n'avais jamais été aussi terrifiée de ma vie.

J'ai ouvert la porte et croisé le regard d'Osghar, mais nous étions tous les deux trop tendus pour sourire.

« Tu es prête ?

— Oui, les valises sont là. Tu peux t'en occuper pendant que je vais chercher Azmier ? »

Tandis qu'il portait les bagages dans le taxi, j'ai filé à la cuisine pour prendre Azmier dans les bras. Quand je suis revenue, Osghar, qui avait déjà chargé le coffre, nous tenait la porte : « Tu as tout ? » J'ai acquiescé de la tête et, tandis qu'il fermait derrière moi, j'ai franchi l'allée sans un regard en arrière. Nous étions le 17 novembre 1987. Je quittais enfin ma famille.

« Central Station, s'il vous plaît, a dit Osghar au chauffeur, avant de se tourner vers moi. J'ai acheté les billets avant de venir. Le train part dans vingt minutes. »

Je suis restée silencieuse pendant tout le trajet, incapable de prononcer un seul mot. Sur mes genoux, Azmier pointait du doigt le paysage derrière la vitre. Lorsque nous sommes enfin arrivés à la gare, je tremblais de tout mon corps. J'ai guidé Azmier, sa petite main serrée dans la mienne. À côté de nous, Osghar tirait les deux valises, ma grosse et sa petite.

« Quai numéro huit », a-t-il indiqué.

Nous avons marché d'un pas pressé vers le quai, Azmier trottinant entre nous deux. Je l'ai pris dans mes bras pour monter dans le wagon et chercher des places pendant qu'Osghar rangeait nos valises dans les compartiments à bagages. Au moment de m'asseoir, j'ai jeté un coup d'œil inquiet par la fenêtre, m'attendant à voir apparaître Manz ou d'autres. Nous devions encore patienter dix longues minutes avant le départ du train, un laps de temps durant lequel le pire pouvait se produire. La peur me poussait à imaginer des scénarios tous plus ridicules les uns que les autres, à tel point que j'ai évité de les partager avec Osghar.

Et si Tanvir était rentrée et, découvrant notre disparition, avait prévenu Manz ? S'il était en chemin, ou déjà à l'intérieur de la gare ? Ou même dans le train, à parcourir les voitures pour me traîner par les cheveux jusqu'à la maison ? Mon cœur battait si vite et si fort que je pouvais l'entendre.

« Où on va, maman ? m'a demandé Azmier.

— On part en voyage dans le tchou-tchou, mon chéri, ai-je répondu en le serrant contre moi. Chut ! Regarde par la fenêtre et préviens-moi quand il démarre.

— Tout va bien se passer, m'a rassurée Osghar, assis sur le siège d'en face. Il faut environ quatre heures pour arriver à Manchester, je téléphonerai à mon ami une fois là-bas. »

J'ai soudain senti une secousse.

« On bouge, maman ! »

Azmier avait raison. Le train s'ébranlait enfin. Je l'ai serré dans mes bras.

« Oui, Azmier, on s'en va. »

Lorsque nous avons laissé la gare de Glasgow derrière nous, les pensées ont cessé de se bousculer dans ma tête, mes épaules se sont décrispées et mon cœur a retrouvé son rythme normal. Manz ne pouvait plus nous rattraper, il ne pouvait plus nous nuire. Nous étions en sécurité.

Osghar a passé une grande partie du voyage à m'aider à divertir Azmier, riant autant que lui à mon récit des aventures rocambolesques de deux garnements qui jouaient des tours aux voyageurs d'un train. J'ai ensuite inventé des histoires sur Cannock Chase et les lutins de la forêt.

« Ta maman, elle était là ? » m'a demandé Azmier, d'une voix innocente.

Un visage s'est imposé à mon esprit, mais pas celui de mère : celui de Tatie Peggy.

« Non, elle n'était pas là, non. »

Azmier a reporté son attention sur le paysage, nous décrivant d'une voix enjouée ce qui défilait devant ses yeux. J'ai serré fort la main d'Osghar. Je venais de prendre réellement conscience de ce que je pressentais sans doute depuis toujours : mère, même si elle m'avait donné la vie, m'avait témoigné peu d'attention et encore moins d'amour. Si je devais penser à la femme qui m'avait élevée et aimée, qui m'avait appris à être forte et inculqué les principes selon lesquels je menais mon existence, je voyais Tatie Peggy. Elle ne m'avait peut-être pas portée, mais elle avait été plus une mère pour moi que ma propre mère. Osghar est allé me chercher à boire pour faire passer la sensation de sécheresse dans ma gorge.

« Les jouets d'Azmier sont dans la valise ? m'a-t-il demandé en revenant. Je peux lui en sortir quelques-uns pour l'occuper.

— Il n'a pas de jouets, ai-je répondu, déglutissant péniblement.

— Tu ne les lui as pas pris ? s'est-il étonné.

— Non, il n'a pas de jouets, il n'en a jamais eu. Tous ceux qui sont à la maison appartiennent à Sham. »

Osghar m'a dévisagée puis il a secoué la tête.

Azmier s'est endormi peu après, la tête sur mes genoux. Osghar m'a alors expliqué que son ami nous aiderait à trouver un logement et qu'il prendrait le premier travail qu'il trouverait pour survenir à nos besoins. Quant à moi, je pourrais rester à la maison pour veiller sur Azmier. Je l'ai écouté en silence. Je n'arrivais pas à croire que je m'étais enfuie, que je roulais vers le sud à l'insu de ma famille. Il fallait s'attendre que Manz cherche à retrouver ma trace. Je n'osais pas imaginer ce qui se passerait s'il y parvenait. Il n'y avait plus qu'Azmier et moi, à présent, il y avait aussi Osghar. Si mon frère le découvrait avec nous, il ne l'épargnerait pas.

Chassant aussitôt cette pensée de mon esprit, j'ai souri à Osghar. Nous étions en route vers nulle part, sans argent, sans nourriture et sans toit, mais rien de cela n'importait vraiment. Pour la première fois en dix longues années, je goûtais à la liberté et au bonheur d'être au côté de quelqu'un. Je connaissais à peine cet homme, mais sa gentillesse et sa douceur ne laissaient aucun doute. Je serais en sécurité avec lui, et Azmier aussi.

Lorsque nous sommes arrivés en gare de Manchester, à 15 heures, Osghar a téléphoné à son ami Iqbal, qui est arrivé un quart d'heure plus tard.

« Je ne peux vous héberger que quelques semaines, nous a-t-il prévenus. Je viens d'acheter une maison et je n'ai pas encore rendu les clés du logement social dans lequel je vivais. Vous pouvez y rester en attendant. »

Il nous a directement conduits jusque-là, nous précédant dans l'entrée avant de nous remettre le trousseau de clés : « C'est la clé de devant, l'autre ouvre la porte de derrière. »

Nous avons découvert un intérieur sale qui empestait l'humidité. Un canapé noir à trois places et une petite table, calée dans un coin, meublaient un salon aux murs crasseux et à la moquette grise miteuse. Le radiateur à gaz semblait cassé, ce qui expliquait le froid qui régnait dans la pièce. Située à l'arrière de la maison, la cuisine, éclairée par une fenêtre au-dessus de l'évier, ne renfermait qu'une gazinière à quatre brûleurs qui n'avait *a priori* jamais vu une éponge et une casserole propre, abandonnée dans l'évier. Aucun revêtement ne couvrait le sol de béton.

Nous avons grimpé l'escalier pour visiter les chambres, en meilleur état que le rez-de-chaussée. La première, dotée d'une moquette propre ainsi que d'un sommier et d'un matelas doubles, donnait sur le jardin de derrière par une fenêtre dans un angle. La deuxième, équipée d'un lit simple, était décorée d'un papier peint couvert d'oursons et d'une moquette de couleur vive. La dernière porte de l'étage ouvrait sur une salle de bains immonde. Osghar m'a observée, inquiet de ma réaction.

« Eh bien, il va falloir frotter ! ai-je remarqué en le regardant. Mais j'ai l'habitude et ça ne va pas me donner beaucoup de mal. Avec toutes mes années d'expérience, je ne me fais vraiment pas de souci ! »

En présence d'Iqbal, je me suis retenue d'ajouter que cette maison prenait à mes yeux des airs de palais, pour la bonne raison qu'elle allait nous abriter, Osghar, Azmier et moi, loin de ma famille. Brosser et frotter pour ceux que j'aimais me paraissait presque un plaisir.

Nous sommes redescendus au rez-de-chaussée.

« Où se trouvent les magasins les plus proches ? a demandé Osghar. Je dois acheter des draps et de la nourriture.

— Je vais t'y conduire en voiture, a répondu Iqbal. Sam n'a qu'à rester ici avec le petit. »

Osghar m'a gratifiée d'une brève étreinte.

« Je reviens vite. »

Je me suis assise sur le canapé, imitée par Azmier.

« J'aime bien ici, a-t-il remarqué. C'est ma chambre, celle avec les nounours sur le mur ?

— Oui, ta chambre à toi tout seul. »

Je l'ai serré contre moi, mais il s'est dégagé de mes bras en gigotant et a déguerpi vers l'escalier.

« Je vais jouer dans ma chambre ! » a-t-il crié.

J'ai souri en l'entendant parler comme n'importe quel petit garçon de trois ans, gai et plein de vie, sans l'ombre d'un souci. Quoi qu'il puisse arriver, je ne regretterais rien, ne serait-ce que pour la joie d'entendre cet accent guilleret dans la voix de mon fils et la sérénité de le savoir en sécurité.

L'image de mère est apparue dans mon esprit. Lorsqu'elle apprendrait que ses projets me concernant tombaient à l'eau, elle piquerait une colère plus terrible que jamais. Mais peu m'importait, trop de distance nous séparait pour qu'elle m'inspire encore de la crainte. Je me suis étendue sur le canapé et me suis lentement abandonnée au sommeil, bercée par les joyeux gloussements d'Azmier.

Deux heures plus tard, Osghar est rentré avec des sacs, dont il a sorti deux couvertures et de la nourriture. À son arrivée, Azmier a dévalé l'escalier en hurlant son nom.

« Tiens, c'est pour toi, lui a dit Osghar en lui tendant un sac.

— Qu'est-ce qu'il y a dedans ? a-t-il demandé.

— Ouvre, tu verras bien. »

Osghar a croisé mon regard avec un sourire malicieux tandis qu'Azmier sortait du paquet une petite voiture, des crayons de couleur, un livre de coloriage et, cachés tout au fond, des bonbons et des chips.

« Qu'est-ce que tu dis à Osghar, Azmier ? lui ai-je soufflé.

— Je vais jouer dans ma chambre ! » a-t-il lancé, disparaissant dans l'escalier.

Je n'ai pas pris la peine de le corriger, me contentant de rire en essuyant quelques larmes de joie au coin de mes yeux.

« Merci. Merci de la part de nous deux.

— Tu dois avoir faim. »

Sans attendre ma réponse, Osghar est allé dans la cuisine, où il a déposé le sac de provisions sur le plan de travail.

« J'ai acheté des assiettes en carton et des couverts en plastique. Je n'ai pas pris de casserole, j'ai vu qu'il y en avait une ici. »

Il a ouvert une boîte de conserve de soupe de légumes, qu'il a réchauffée dans la casserole. Il a ensuite versé le potage dans les trois bols neufs, qu'il a portés sur la table du salon avec du pain.

« Viens manger.

— Mange, toi, ai-je répondu. Je n'ai pas très faim.

— À quoi penses-tu ? »

J'ai soupiré, tentant de mettre de l'ordre dans mon esprit.

« Je suis heureuse, mais perdue. Je m'interroge. Je sais que ce n'est qu'un premier pas et qu'il y a encore beaucoup de chemin à parcourir avant d'atteindre le bout. Les choses ne peuvent qu'aller en s'améliorant, mais j'ai un peu la frousse. »

Il m'a rejointe sur le canapé, nichant ma main entre les siennes.

« Tu n'es pas toute seule, je suis là, avec toi. Nous sommes ensemble. Ce sera dur, mais je te promets qu'on va y arriver. Où, je ne sais pas, mais on y arrivera. Viens maintenant, il faut manger. »

Il m'a tirée par la main pour me remettre sur pieds.

J'ai appelé Azmier de l'entrée, puis nous avons dîné tous les trois. Nous n'avons pris conscience qu'autour de la table de la faim qui nous tenaillait, avalant la soupe en quelques minutes et engloutissant la moitié de la miche de pain.

Après le repas, je suis montée faire les lits, couvrant le simple d'une couverture. Comme il était déjà tard, j'ai dit à Azmier de se coucher, ce qu'il a fait sans histoire, quoique en insistant pour dormir avec sa nouvelle petite voiture.

« Bonne nuit, mon chéri, ai-je dit en l'embrassant. Fais de beaux rêves.

— Maman, est-ce qu'on va rester ? J'aime bien ici.

— Oui. Il faudra bientôt déménager dans une nouvelle maison, mais on ne retournera pas à Glasgow. Et demain, on te trouvera une école maternelle pour que tu puisses te faire des copains. »

Après l'avoir couvert de baisers, je lui ai caressé les cheveux en lui fredonnant des berceuses. Lorsqu'il s'est endormi, je suis descendue sur la pointe des pieds. Osghar était assis sur le canapé, dans le salon.

« Je pensais aller chercher du travail demain, Iqbal est certain de pouvoir me trouver un poste dans une fabrique de vêtements, a-t-il souri avec un haussement d'épaules. C'est toujours mieux que rien. »

Il s'est ensuite levé pour me prendre dans ses bras. J'aurais dû éprouver de la gêne, voire un certain malaise, mais au contraire, ce geste m'a semblé tout naturel. Je me suis rapprochée de lui et ai renversé la tête pour le regarder dans les yeux. Il m'a embrassée.

« Comment te sens-tu, à présent ?

— Bien, ai-je répondu, tandis qu'il m'embrassait encore de ses lèvres douces et tendres. Très bien. »

À cet instant précis, je ne souhaitais qu'une chose : sentir de nouveau sa bouche sur la mienne.

« Et si on montait, on sera plus à l'aise là-haut. »

J'ai acquiescé de la tête.

Nous nous sommes pelotonnés l'un contre l'autre dans le lit. Ses bras m'offraient bien-être et sécurité. Je ne me rappelais pas m'être sentie ainsi chérie pour moi-même et non en échange de services. Cette impression a ravivé un torrent d'heureux souvenirs de ma petite enfance. Je n'ai pu retenir quelques larmes en songeant combien ma vie comptait peu d'épisodes joyeux. Blottie dans les bras d'Osghar, j'ai compris que mon amour pour Azmier n'était pas le seul qu'il y avait en moi, que je pouvais aussi aimer cet homme. Les temps où j'enfouissais mes sentiments au plus profond de mon être étaient révolus. Ma vie prenait soudain la tournure d'un rêve dont je ne voulais plus sortir.

Nous n'avons pas fait l'amour, mais Osghar m'a tendrement caressé le visage jusqu'à ce que je sombre dans le sommeil.

17

Le soleil brillait à travers les voilages lorsque j'ai ouvert les yeux. Je me suis d'abord demandé l'heure qu'il était, avant de maudire Mena de ne pas m'avoir réveillée avant de partir à la quincaillerie.

Osghar a alors roulé sur lui-même pour me faire face.

« Bonjour. Quelle heure est-il ? »

Comment avais-je pu oublier où je me trouvais ? Je me suis sentie emportée dans un tourbillon de griserie, à la fois troublée et émerveillée de m'éveiller dans une maison inconnue, au côté de l'homme de mes rêves.

« Comment te sens-tu ce matin ? s'est-il enquis, comme je ne répondais pas.

— En vie et en pleine forme !

— C'est l'amour qui fait ça », m'a-t-il répondu avec un clin d'œil.

Il a attrapé sa montre sur l'appui de la fenêtre. Comme il n'était que 8 heures, nous hésitions à sortir du lit, quand nous avons entendu Azmier crier.

« Maman, tu es où ?

— Je crois qu'il est temps de se lever », avons-nous conclu en chœur.

Je terminais d'accommoder un petit déjeuner sans prétention quand Osghar est descendu dans la cuisine. Nous avons mangé tous les trois ensemble, puis Iqbal est passé le prendre à 10 heures. J'ai fait le ménage et, curieuse de connaître le quartier où nous vivions, me suis préparée et ai pris Azmier par la main pour partir explorer les alentours.

Le calme régnait dehors, dans l'allée bordée d'arbres. Partout les oiseaux chantaient. De peur de me perdre, je ne me suis toutefois pas trop éloignée de la maison, où nous n'avons pas tardé à rentrer pour nous plonger dans le livre de coloriage d'Azmier. Pendant tout ce temps, je priais pour qu'Osghar trouve un travail.

Deux heures plus tard, ce dernier est revenu avec la bonne nouvelle que j'espérais tant.

« Et si on allait se promener ? a-t-il proposé. Je vais te montrer les magasins et les arrêts de bus pour aller en ville. »

Nous avons quitté l'allée et suivi une rue plus large.

« Tous les bus qui passent ici vont vers le centre, m'a-t-il expliqué. Et il y a quelques magasins dans le coin. »

Alors que nous descendions l'artère principale, j'ai repéré une école.

« Oh ! me suis-je exclamée, enchantée. Il faut absolument qu'on aille demander s'ils ont une place pour Azmier en maternelle. »

Ouvrant la marche, j'ai pénétré dans un établissement scolaire de taille modeste. Une pointe de nostalgie m'a transpercée à la vue des dessins enfantins de Jésus et de scènes bibliques qui ornaient l'entrée. Mon école maternelle ressemblait comme deux gouttes d'eau à celle-ci, même si dans mon souvenir elle paraissait beaucoup plus grande.

La personne qui nous a reçus à l'administration m'a conseillé de me renseigner directement auprès de l'institutrice de maternelle ; je suis donc allée frapper à la porte qu'elle m'a montrée du doigt. Celle-ci s'est ouverte sur une femme de haute taille, qui nous a étudiés tour à tour : d'abord moi, puis Osghar, et enfin Azmier, dont la vue a fait naître un sourire sur ses lèvres.

« En quoi puis-je vous aider ?

— Je voudrais savoir s'il reste une place pour mon fils. Nous venons d'arriver dans le quartier. »

Après nous avoir posé quelques questions, elle nous a invités à lui ramener Azmier le lundi suivant. Pour commencer, il ne resterait à l'école que le matin, mais cela lui permettrait déjà de partager les jeux d'enfants de son âge et de se faire des amis.

Ce n'est que sur le chemin du retour que j'ai commencé à prendre conscience que je ne rêvais pas. Osghar avait un travail, Azmier était inscrit à l'école maternelle et nous avions même un toit à transformer en nid familial. Mes prières avaient été entendues.

Notre union a été célébrée six semaines plus tard, à seulement quelques jours de Noël. Ce fut une cérémonie brève et intime, les uniques invités étant deux amis d'Osghar qui faisaient office de témoins. Dès que le mariage a été prononcé, Osghar est reparti au travail. Comme nous ne pouvions pas nous permettre de dîner au restaurant pour fêter l'événement, j'ai bordé Azmier plus tôt que d'habitude et préparé un dîner aux chandelles pour le retour d'Osghar.

Bien que nous partagions toutes les nuits le même lit, Osghar et moi n'avions pas encore fait l'amour. Après en avoir discuté, nous étions convenus d'attendre le mariage. Lorsque nous sommes montés dans notre chambre, ce soir-là, après le repas, nous n'avons donc pas tergiversé. Les rapports intimes ne m'effrayaient plus. Au contraire, une passion intense s'est emparée de tout mon être au moment où Osghar est venu à moi. Les mauvais souvenirs qui me hantaient depuis si longtemps ont été emportés dans un déluge de plaisir.

« Je t'aime, m'a-t-il dit ensuite, en me prenant tendrement dans ses bras.

— Moi aussi, je t'aime. »

Le lendemain matin, lorsque Osghar m'a réveillée pour m'informer qu'il partait au travail, le soleil inondait la chambre entre les rideaux ouverts.

« Tu dois vraiment y aller ? »

Il s'est penché pour me donner un baiser passionné qui a renforcé mon désir de le voir demeurer à mon côté.

« Oui. Et toi tu dois te lever pour emmener Azmier à l'école. Mais tu sais, j'aimerais bien pouvoir rester.

— Ce soir, alors » ai-je souri.

Ce fut le premier jour du reste de notre vie.

Au cours des mois suivants, nous avons pris nos repères dans notre nouvelle existence. Osghar travaillait six jours par semaine pour un salaire qui nous a permis de nous remettre à flot. Nous avons acheté un réfrigérateur, une télévision, des assiettes, des plats et des couverts, et établi notre petite routine. Après avoir emmené Azmier à l'école, je prenais une tasse de thé au calme devant un roman, savourant le bonheur de pouvoir lire sans craindre d'être accusée d'oisiveté ou de me voir arracher ma lecture des mains, puis je faisais le ménage. À midi, je préparais le déjeuner avant d'aller chercher Azmier.

Un soir, Azmier était couché et Osghar et moi nous câlinions sur le canapé quand un coup a été frappé à la porte. C'était Iqbal, qui voulait s'entretenir avec Osghar.

De l'étage, où je m'étais éclipsée pour repasser du linge, je n'entendais que le murmure de leurs voix. Jusqu'à ce qu'Osghar hausse légèrement le ton : « Mais où va-t-on aller ? On n'a pas encore trouvé de logement. Accorde-nous juste quelques semaines. » Mon cœur s'est serré. Ces mots se passaient d'explication.

Peu après, j'ai entendu la porte d'entrée s'ouvrir puis se fermer. Osghar a monté l'escalier et s'est assis sur notre lit, les épaules voûtées, l'air abattu.

« On doit quitter la maison demain à la première heure. On pourra mettre nos affaires chez lui en attendant de trouver un logement. Il va venir m'aider à tout déménager demain. »

Je me suis sentie gagnée par la peur, mais je n'ai pas voulu inquiéter davantage Osghar. Il avait fait énormément pour nous et je ne supportais pas de le voir tant découragé au premier obstacle. Après tout, nous aurions pu nous heurter à des tas de problèmes, mais tout nous avait souri.

« Ne t'inquiète pas, Osghar, l'ai-je tranquillisé de ma voix la plus rassurante. Nous allons trouver un logement. »

Incapable de fermer l'œil, j'ai passé la nuit à me demander où nous allions atterrir. Tout le salaire d'Osghar ayant été consacré à nos achats de première nécessité, nous n'avions pas d'argent de côté pour payer la moindre caution. À court de solution, je me suis tournée vers le seul être qui pouvait nous aider, priant jusqu'à tomber de sommeil.

Je me suis réveillée plus optimiste, persuadée que nous nous sortirions, d'une façon ou d'une autre, de cette mauvaise passe. Après nous avoir aidés à entreposer nos quelques biens dans son garage, Iqbal est parti au travail.

« Viens, allons à la mairie, ai-je dit à Osghar. Je suis sûre qu'ils nous trouveront un toit. Nous n'avons nulle part où aller. »

18

Un couple avec deux enfants patientait à l'accueil du service du logement. Osghar et moi nous sommes assis dans un coin au fond de la pièce tandis qu'Azmier se précipitait vers les jouets disposés à l'autre extrémité. Au bout d'un quart d'heure, une dame s'est présentée derrière le bureau des renseignements.

« Suivant, s'il vous plaît », a-t-elle appelé après s'être assise.

Comme je jetais un regard au couple arrivé avant nous, ils nous ont fait signe d'avancer.

« Allez-y, on s'occupe de nous. »

Osghar et moi avons donc pris place sur les chaises disposées devant le bureau.

« Puis-je vous aider ? »

Je l'espérais…

« Nous n'avons nulle part où habiter », ai-je expliqué.

L'employée s'est alors mise à me poser un tas de questions : depuis quand nous vivions à Manchester, où nous logions au cours des derniers mois, si nous étions mariés, pourquoi Osghar ne travaillait pas…

Je lui ai expliqué les circonstances qui nous avaient conduits à Manchester, taisant le fait qu'Osghar occupait un emploi car il ne détenait pas de permis de travail, une information que je ne pouvais pas non plus révéler. Le fait est que son visa expirait dans quelques mois et que nous n'avions pas encore eu le temps de nous pencher sur la question, qui restait pour l'instant le cadet de nos soucis. Lorsque nous aurions trouvé un toit, nous aurions tout le loisir de régler ces affaires. J'ai donc raconté à notre interlocutrice, Linda, que je m'étais enfuie de chez moi et qu'un ami avait proposé de nous accueillir ici, mais que nous nous retrouvions à présent à la rue. Après m'avoir écoutée d'une oreille compatissante, Linda nous a demandé de patienter un peu, le temps qu'elle voie ce qu'elle pouvait faire pour nous.

Nous avons donc regagné notre petit coin, où nous avons attendu ce qui nous a semblé une éternité. Quatre heures s'étaient déjà écoulées depuis notre arrivée, à 10 heures. Nous avions faim et, surtout, peur. Seulement quelques heures nous séparaient de la tombée de la nuit. Où allions-nous dormir si la municipalité ne pouvait pas nous héberger ? L'autre famille était partie une heure plus tôt, placée dans un logement provisoire en attendant une solution définitive. Je m'accrochais à l'espoir que Linda puisse en faire autant pour nous.

Pour passer le temps, j'ai raconté à Azmier des histoires sur la forêt de Cannock Chase, des récits qui me rappelaient les jours heureux de mon enfance. Quand il a commencé à s'agiter sur mes genoux, je l'ai laissé filer vers les jouets. Incapable de contenir plus longtemps mes larmes, je me suis penchée sur l'épaule d'Osghar, qui m'a adressé un regard surpris. Je l'ai rassuré d'un sourire : « Ce n'est rien, je suis juste fatiguée. Mais je suis contente d'être ici avec toi. » J'ai porté les yeux sur la salle d'attente : « Enfin, pas ici, mais avec toi. Nous allons nous en sortir, j'en suis certaine. Quelqu'un veille sur nous. Tout va bien se passer. »

Linda a enfin regagné son bureau, d'où elle nous a adressé un sourire : « J'ai une bonne nouvelle pour vous. Nous pouvons vous proposer un appartement. » Osghar et moi avons échangé un regard de soulagement tandis qu'elle expliquait : « C'est une résidence d'accueil pour sans-abri. Vous pourrez y rester le temps que nous vous trouvions un logement permanent. » Après nous avoir donné l'adresse et indiqué l'emplacement de l'immeuble sur un plan, elle nous a précisé que le gardien attendait notre venue.

L'appartement ne se situait qu'à quelques rues de l'ancienne maison d'Iqbal. En chemin, nous avons acheté une barquette de frites, qu'Azmier a mangées avec appétit. Lorsque nous sommes arrivés à notre nouvelle adresse, le gardien nous a énoncé les règles d'une voix sévère : « Vous devez être là avant 22 heures si vous ne voulez pas coucher dehors. Si vous recevez la visite d'amis ou de parents, ils doivent d'abord se présenter à mon bureau. » Il nous a ensuite guidés jusqu'au palier du premier étage, dont il a ouvert la porte de droite, et nous a remis les clés avant de disparaître.

L'appartement se composait de deux pièces, une chambre et un salon, ainsi que d'une minuscule cuisine. La chambre, seulement meublée de trois lits simples alignés contre le mur du fond, dégageait une impression générale de dépouillement. Le salon contenait un canapé à deux places couvert de taches et une table usée, calée dans un coin face à la fenêtre. La cuisine, qui offrait tout juste assez d'espace pour se retourner, était équipée d'une cuisinière électrique d'un côté et, de l'autre, d'un petit plan de travail avec un meuble de rangement. L'évier se trouvait sous la fenêtre en face de la porte. C'était un toit, mais ce n'était pas chez nous. Pas encore, même si c'était le premier endroit que nous pouvions dire nôtre, un endroit où personne ne pourrait venir nous chasser ou, pis, me tyranniser et me brutaliser, pas même ma mère. Je suis retournée dans la chambre et me suis étendue sur le lit, étourdie bien que forte d'un regain d'énergie. Enfin nous avions un lieu où vivre ensemble. Azmier s'est allongé à côté de moi. Un instant plus tard, Osghar nous a rejoints : « La journée a été longue. Reste ici avec Azmier, je vais aller nous chercher quelque chose à manger. »

J'ai acquiescé d'un hochement de tête avant de fermer les paupières, m'endormant aussitôt. J'ai rêvé que je flottais dans les airs avec Azmier et Osghar. Soudain, une secousse m'a déstabilisée. J'ai ouvert les yeux, sonnée. Penché sur moi, Osghar m'annonçait que des policiers me demandaient.

Dérangée en plein sommeil, j'ai titubé jusqu'à la porte, si désorientée que j'avais encore l'illusion de rêver.

Deux policiers, un homme et une femme, se tenaient sur le seuil de l'appartement.

« Vous êtes bien Sameem Aktar ? a demandé la femme.

— Oui.

— Pouvons-nous entrer ? Nous devons vous parler. »

J'ai senti mon cœur bondir dans ma gorge. Après une seconde d'hésitation, j'ai ouvert la porte en grand pour les laisser passer. Azmier, qui m'avait suivie dans le couloir, s'est carapaté dans la chambre dès qu'il a entrevu les uniformes. J'ai conduit les agents dans le salon.

« Que se passe-t-il ? ai-je demandé d'une voix discordante, la bouche asséchée par le sommeil.

— Nous sommes venus nous assurer que vous et votre fils vous portez bien. Où est-il ? Pouvons-nous le voir, s'il vous plaît ? » a demandé la femme policier.

Perplexe, je suis allée chercher Azmier dans la chambre. Trouvant la pièce vide, je me suis penchée pour regarder sous les lits, où il s'était tapi.

« J'ai rien fait de mal ! s'est-il écrié. Maman, s'il te plaît, dis-leur de ne pas m'arrêter. Je promets d'être sage. S'il te plaît, maman, s'il te plaît ! »

Le cœur serré au souvenir de la menace de mère, je me suis accroupie près de lui.

« Chut, chéri, chut... Ils ne sont pas venus t'arrêter, gros bêta, ils sont venus voir si tu allais bien, l'ai-je raisonné de ma voix la plus douce. Allez, sors d'ici. »

Azmier a rampé tout doucement hors de sa cachette pour attraper la main que je lui tendais. Je l'ai pris dans mes bras puis suis retournée dans le salon, le sentant se cramponner de toutes ses forces à moi, agité de tremblements de peur.

Lorsque j'ai expliqué aux agents la raison de sa terreur, la femme policier a secoué la tête et une expression furieuse a traversé son visage, comme si les paroles de mère la blessaient autant que moi. Elle a souri à Azmier.

« Oh, non, jeune homme, on n'arrête pas les enfants, sinon leurs parents seraient très tristes. Nous, ce qu'on aime, c'est aider les gens, et on est là pour aider ta maman. Tu es d'accord ? Est-ce qu'on peut aider ta maman ? »

Azmier a répondu par un imperceptible hochement de tête

« Super ! C'est très courageux de ta part de prendre aussi bien soin d'elle. Dis, est-ce que tu voudrais venir avec moi voir la voiture de police ? »

Azmier a remué la tête, intimidé, mais il s'était déjà détendu dans mes bras. Je ne pouvais pas en dire autant de moi, dont la nervosité augmentait au fil des minutes.

« Pourriez-vous me dire de quoi il s'agit ? ai-je demandé.

— Connaissez-vous quelqu'un du nom de Manz ? » a demandé l'autre agent.

Je me suis retournée pour jeter un regard à Osghar, mais il était parti refermer la porte d'entrée.

« Oui, c'est mon frère. »

Surpris, le policier a haussé les sourcils.

« Trois individus ont été appréhendés cet après-midi, à la sortie de Manchester. En fouillant leur voiture, nous avons trouvé votre nom et une adresse, ainsi que des cordes qu'ils comptaient utiliser pour vous maîtriser, vous et votre fils. Ils ont tout avoué. Ils nous ont dit avoir reçu de Manz l'ordre de vous ramener tous les deux à Glasgow par tous les moyens, quoi qu'il en coûte. Si jamais ils n'arrivaient pas à vous ramener, ils avaient d'autres plans. »

À ces mots, j'ai senti le sang quitter mon visage. Je me suis effondrée sur le canapé en serrant fort Azmier contre mon cœur.

« Est-ce que ça va, Sameem ? » a demandé la femme.

Osghar est revenu à cet instant. L'agent lui a alors répété ce qu'il venait de m'exposer, en nous précisant l'adresse exacte où les trois hommes s'étaient rendus pour nous trouver. Osghar s'est assis à côté de moi et a glissé un bras protecteur autour de mes épaules.

« Je n'arrive pas à y croire, ai-je lâché, tremblante. C'est l'adresse à laquelle nous vivions jusqu'à ce matin. Nous venons juste d'arriver ici, cet après-midi. »

J'ai fondu en larmes. Je n'osais pas imaginer ce qui serait arrivé si ces hommes nous avaient trouvés, si Iqbal ne nous avait pas demandé de partir le matin même.

« Comment ont-ils eu cette adresse ?

— Apparemment, c'est votre frère qui la leur a donnée », ont répondu les policiers en secouant la tête.

Osghar a laissé échapper une exclamation suffoquée.

« J'ai jeté mon vieux carnet d'adresses la veille de notre départ, j'avais tout recopié dans un nouveau. Il a dû fouiller dans la poubelle.

— Ce pourrait bien être ça, en effet, a reconnu l'agent avec un hochement de tête. Sameem, pouvons-nous vous demander de nous suivre au poste pour une déposition ? »

J'ai sursauté en entendant un nouveau coup frappé à la porte.

« Ce doit être l'inspecteur Blackly, m'a aussitôt rassurée la femme policier. Je vais lui ouvrir. »

L'instant d'après, un troisième policier pénétrait dans le salon et se présentait à nous.

« Nous sommes soulagés de voir que vous allez bien, Sameem. Manz a été appréhendé en Écosse, il est en route pour Manchester.

— Je ne veux pas le voir ! me suis-je exclamée.

— Rien ne vous y oblige, a précisé l'inspecteur. Nous aurions juste besoin que vous nous suiviez au commissariat afin de recueillir votre déclaration. »

J'ai fini par éclater. Les événements de la journée – le déménagement, l'attente au service du logement, l'installation dans cet endroit temporaire et le réveil-surprise par la police – m'avaient tant pompé d'énergie que je ne tenais plus debout. Harassée, je n'avais plus la force d'affronter le monde, et le récit des policiers venait de me porter le coup de grâce. J'avais fui ma famille, ainsi que la haine et la crainte qu'elle m'inspirait, mais il fallait croire que je ne pourrais jamais lui échapper.

« Quelle déclaration ? ai-je hurlé. Je veux juste qu'on me fiche la paix, qu'on me laisse vivre ma vie comme je l'entends. C'est si difficile à comprendre pour eux ? »

Effrayé par mon explosion de colère, Azmier a éclaté en sanglots. Osghar l'a dégagé de mon étreinte pour l'emmener dans la chambre, fermant la porte derrière lui.

La femme policier s'est assise à la place qu'il avait libérée et m'a pris la main tandis que je me faisais violence pour retrouver mon sang-froid. Lorsque j'ai réussi à calmer mes pleurs, elle m'a tendu un mouchoir, avec lequel je me suis tamponné les yeux.

« Sameem, nous allons vous protéger, m'a-t-elle rassurée. Personne ne vous obligera à voir qui que ce soit si vous ne le voulez pas, mais il faut que vous nous accompagniez au poste pour nous aider à éclaircir cette affaire. C'est mieux de le faire là-bas, ce sera moins traumatisant pour votre fils. D'accord ? m'a-t-elle demandé avec un sourire encourageant.

— D'accord, ai-je acquiescé avec un hochement de tête en essuyant mes dernières larmes. Je vais juste leur dire que je pars avec vous. »

Je me suis levée pour aller voir comment se portait Azmier. Il jouait gaiement avec un ours en peluche et un camion-jouet, apaisé par un biscuit qu'Osghar lui avait donné. Ce dernier m'a lancé un regard interrogateur.

« Je dois aller faire une déposition, il ne devrait pas y en avoir pour longtemps. Reste ici avec Azmier.

— Pas question, on vient avec toi.

— Je ne veux pas infliger ça à Azmier. Il est bien ici, avec ses jouets. Il en a assez vu pour aujourd'hui. Il sera en sécurité avec toi, tu sais t'occuper de lui. »

À contrecœur, Osghar a accepté de rester. L'inspecteur Blackly m'a escortée jusqu'à une voiture de police banalisée tandis que les deux agents en tenue regagnaient leur véhicule de patrouille. J'ai gardé le silence pendant tout le trajet, tournant et retournant dans mon esprit ce que je venais d'entendre. Comment Manz avait-il pu nous faire ça ? Que lui était-il passé par la tête ? Que dirait mère lorsqu'elle l'apprendrait ? Si Manz avait des ennuis, qui tiendrait les magasins ?

Comme nous descendions de voiture devant le commissariat, l'inspecteur Blackly a brisé le silence.

« Savez-vous pourquoi votre frère a engagé ces hommes ?

— Il veut me renvoyer au Pakistan. Si j'avais refusé d'y aller de mon plein gré, il m'aurait probablement droguée et mise dans l'avion. Je me serais réveillée au milieu de nulle part, à des milliers de kilomètres d'ici.

— Mais pourquoi ? Vous avez dix-huit ans, vous êtes en âge de décider par vous-même de votre vie.

— C'est ce qu'il manigançait avant que je m'enfuie », ai-je répondu avec un haussement d'épaules.

J'ai bien vu qu'il désirait me poser d'autres questions, mais il a sans doute jugé qu'il valait mieux attendre d'être au calme dans une salle d'interrogatoire. Je l'ai suivi dans un couloir, les yeux rivés au sol et la tête basse. Je ne tenais pas à voir, même par hasard, les hommes que Manz avait envoyés me traquer. L'inspecteur m'a invitée à entrer dans une pièce.

« Je vais envoyer un officier prendre votre déclaration », m'a-t-il annoncé en ressortant aussitôt.

Je me suis assise sur l'une des deux chaises qui constituaient le seul mobilier de la pièce en dehors d'une petite table. Aucune fenêtre n'agrémentait les murs, couverts d'une peinture grise maussade. Quelques minutes plus tard, une femme est entrée, un dossier dans les mains.

« Bonjour, Sameem. Je m'appelle Theresa. Comment allez-vous ? s'est-elle enquise avec chaleur.

— Bien, merci, ai-je menti.

— On m'a demandé de recueillir votre déposition, mais avant de commencer, je vais vous expliquer tout en détail. Un collègue a arrêté trois individus sur l'autoroute pour un contrôle de routine. Dans leur coffre, il a trouvé des nunchakus, des battes de base-ball et des couteaux. »

J'ai retenu ma respiration en l'entendant dresser cette liste.

« Nous les avons appréhendés et amenés au poste, a-t-elle continué. Au cours de l'interrogatoire, il a été établi qu'ils avaient été payés pour vous kidnapper, vous et votre enfant, et vous ramener en Écosse. Ils devaient recevoir le reste de l'argent à leur retour. Le premier paiement leur aurait été remis par un certain Manz. Nous avons trouvé votre nom et votre adresse, ainsi que le prénom de votre fils, dans la poche de l'un d'eux. S'ils n'arrivaient pas à vous faire revenir, ils avaient ordre de s'occuper de vous et de ramener l'enfant. »

J'ai frissonné en songeant à la catastrophe que nous avions frôlée et aux armes dont ils se seraient servis s'ils nous avaient trouvés, car jamais je ne les aurais laissés emmener Azmier, et jamais je n'aurais accepté de retourner à Glasgow.

« Ça va ? m'a demandé Theresa d'une voix pleine de compassion. Vous voulez quelque chose à boire ?

— Nous avons quitté cette adresse ce matin même. »

Secouée de tremblements convulsifs, j'ai levé les yeux au ciel, où quelqu'un veillait forcément sur nous.

« Êtes-vous sûre d'être prête pour la déposition ? a-t-elle insisté. Attendez, je vais vous chercher un peu d'eau avant de commencer. »

L'instant d'après, elle a réapparu avec un verre d'eau.

« Bon, allons-y, si vous le voulez bien.

— Je ne sais pas ce que vous désirez savoir, au juste. Je ne peux pas vous dire grand-chose, mis à part ceci : comme je l'ai dit à l'inspecteur Blackly, ils voulaient que je retourne au Pakistan, et moi, non. »

Je pensais que ma déposition ne serait qu'une simple formalité, mais deux longues heures se sont écoulées avant que je ne sorte du commissariat. Theresa est revenue sur le moindre petit détail, écrivant tout consciencieusement avant de soumettre le document à mon approbation. Épuisée, je n'ai pas prononcé un mot dans la voiture de police qui m'a ramenée à la résidence pour sans-abri.

Azmier dormait quand je suis revenue. Je me suis étendue dans son lit et l'ai serré fort dans mes bras. Après être restée un moment blottie contre lui, je l'ai bordé et j'ai regagné le salon pour tout raconter à Osghar.

À la fin de mon récit, il m'a enlacée : « Ça va aller ? Ça a dû être dur de remuer tout ça. J'étais malade d'inquiétude pour toi. Je t'aime. Et tu sais, tu as raison : quelqu'un veille sur nous. J'espère qu'il en sera toujours ainsi. »

19

J'avais mal au cœur lorsque je me suis réveillée, le lendemain matin. Cela ne me surprenait guère, après les événements de la veille, mais Osghar, inquiet, a insisté pour m'accompagner chez le médecin.

Après m'avoir interrogée sur mes symptômes, la doctoresse m'a fait passer derrière un panneau mobile et allonger sur une table d'examen.

« Vous savez que vous êtes enceinte ? a-t-elle demandé après m'avoir palpé le ventre.

— Quoi ? me suis-je exclamée en même temps qu'Osghar, de l'autre côté du paravent.

— J'imagine que cela répond à ma question, a-t-elle ri. Je vais devoir faire des examens plus approfondis pour le confirmer, mais je dirais que vous en êtes à environ trois mois. Je ne peux donc pas vous prescrire de médicaments. Mais sachez que tous vos symptômes correspondent aux manifestations habituelles d'une grossesse. »

Tout sourire, Osghar a contourné le panneau pour me serrer dans ses bras.

« Nous allons avoir un autre enfant ! »

Je me suis blottie contre lui, à la fois terrifiée et heureuse, mais surtout éprise comme jamais. « Un autre enfant »... Je n'avais jamais douté de l'amour d'Osghar pour Azmier, mais il venait, par ces mots, de m'en donner la preuve infaillible.

Nous avons passé les mois suivants à tout organiser. Moi qui m'inquiétais de voir grandir Azmier dans un logement temporaire, j'ai vu mes préoccupations multipliées par deux. J'ai pris de plus en plus de volume et commencé à souffrir d'enflures des pieds et de fréquents saignements de nez.

L'interdiction de mère, qui m'avait défendu d'avaler les comprimés prescrits par le docteur Walters pendant ma première grossesse, avait laissé une telle empreinte sur moi que je n'ai pas osé prendre le fer que le médecin m'a donné, de peur d'avoir un bébé trop fort et un accouchement difficile. J'avais beau ne plus être sous la férule de ma mère, je croyais encore qu'elle disait vrai. En revanche, je me suis rendue à tous mes rendez-vous prénatals, généralement avec Osghar, quand il ne restait pas à la maison pour s'occuper d'Azmier.

J'ai vécu différemment cette nouvelle grossesse. Je n'avais plus l'impression d'être jugée par les infirmières, qui me traitaient à présent comme n'importe quelle future maman. Osghar me couvrait d'attentions avec un zèle presque insupportable. À la moindre petite indisposition, il me forçait à m'asseoir, les pieds surélevés, et m'interdisait de m'acquitter des tâches ménagères. Au lieu de me combler, son attitude instillait en moi un léger sentiment d'insécurité. Personne n'avait jamais été aux petits soins pour moi et je ne voulais pas qu'il en soit ainsi en permanence. Curieusement, toute cette agitation autour de moi me donnait l'impression de perdre le contrôle. Je lui assurais donc que j'allais bien quand je me sentais mal : je m'imposais de briquer l'appartement, d'aller chercher Azmier à la maternelle puis de lui servir son goûter avant de m'effondrer sur le canapé, éreintée. J'étais trop habituée à travailler en faveur des autres pour lever le pied et penser à moi. Cela m'était tout simplement impossible. Je voulais être assez forte pour tout gérer, ou je pensais qu'il était de mon devoir de l'être, comme il l'était de frapper à toutes les portes de l'administration pour obtenir un logement, de m'occuper de la demande de titre de séjour d'Osghar et de subvenir aux besoins de ma famille.

Chaque semaine, je marchais jusqu'au centre-ville, faute de pouvoir me payer un ticket de bus, afin de me renseigner sur l'avancée de notre dossier de logement. Toutes les semaines, j'étais accueillie par un : « Non, je suis désolé, madame, il n'y a encore rien de disponible. »

M'entendre ainsi rabâcher la même réponse me causait une déception amère. D'autant qu'Osghar, qui avait déposé une demande de carte de résident permanent en qualité d'époux d'une citoyenne britannique, devait fournir une adresse fixe aux services de l'immigration. Je redoutais qu'un titre de séjour ne lui soit refusé et qu'on le renvoie au Pakistan. Que se passerait-il alors ? Comment m'en sortirais-je, seule avec mes enfants, un logement de fortune et tout juste assez d'argent pour joindre les deux bouts ? Je priais chaque jour pour que la situation s'améliore. Je ne réclamais rien d'autre qu'un toit et le coup de tampon qui permettrait à Osghar de rester auprès de moi. Était-ce trop demander ?

Deux semaines avant le terme de ma grossesse, nous avons enfin reçu l'appel téléphonique que nous espérions depuis si longtemps.

« Une maison s'est libérée. Elle ne se situe pas loin de l'endroit où vous logez actuellement, à Moss Side. Un employé de nos services vous y attendra à 11 heures afin que vous puissiez voir si elle vous convient, m'a expliqué une voix de femme.

— Je la prends ! me suis-je exclamée, contenant difficilement un cri de joie. Peu importe où elle se trouve pourvu qu'elle ait un toit et quatre murs ! »

J'avais tellement hâte d'avoir un chez-moi que nous sommes arrivés avec plus d'une demi-heure d'avance à l'adresse indiquée. Il s'agissait d'une petite maison mitoyenne dont la porte d'entrée ouvrait directement sur le trottoir. D'un coup d'œil par la fenêtre, nous avons découvert un salon de taille réduite aux murs décorés de papier peint noir et blanc. L'intérieur paraissait d'une propreté irréprochable. Dès que nous avons visité les lieux, nous avons su que nous y connaîtrions le bonheur. La maison se composait de deux chambres situées à l'étage – une grande pouvant recevoir un lit double et une plus petite, parfaite pour un enfant en bas âge – ainsi que d'un salon avec coin-cuisine ménageant assez d'espace pour une table et un canapé.

Enfin un logement qui ne serait pas temporaire, un vrai foyer dans lequel accueillir le bébé à sa sortie de la maternité ! Un seul problème se posait : la maison n'était pas meublée, à l'inverse de tous les endroits où nous avions habité jusqu'à présent.

« Où va-t-on dormir ? ai-je demandé.

— Je reçois ma paye demain, m'a rassurée Osghar. J'irai acheter un lit d'occasion. Nous ne sommes pas obligés de quitter l'appartement sur-le-champ, tu sais. Je suis sûr qu'on nous laissera quelques jours pour nous retourner. »

Nous avons donc retrouvé la résidence d'hébergement temporaire ce soir-là. Au moment de me coucher, je ressentais une fatigue inhabituelle.

Le lendemain, à l'heure de partir pour le travail, Osghar m'a promis de revenir pour le déjeuner. J'ai chargé Azmier de rassembler ses jouets dans des sacs pendant que je rangeais tous nos vêtements dans une valise. Ce n'était pas une tâche harassante, mais j'ai terminé aussi exténuée que si je m'étais activée toute la matinée. Lorsque Osghar est rentré, il m'a trouvée étendue sur le lit.

« C'est l'excitation du déménagement ! » a-t-il remarqué lorsque je lui ai dit que je ne me sentais pas dans mon assiette.

Je n'en étais pas si sûre : j'avais reconnu les contractions. J'ai chronométré l'intervalle entre chaque crampe : sept minutes environ. À 12 h 30, j'ai prévenu Osghar.

« Je crois que le bébé arrive. »

Son visage, d'ordinaire si serein, a trahi les premiers signes d'affolement.

« Tu es sûre ? Il arrive, là, tout de suite ? »

J'ai songé au long travail qui avait précédé la naissance d'Azmier.

« Non, l'ai-je rassuré. Il y a encore du temps, je crois. »

Rongé par l'inquiétude, Osghar a filé appeler un taxi d'une cabine téléphonique. La voiture est arrivée seulement quelques minutes plus tard, une chance car il s'en fallait de peu que je n'accouche à domicile. Les contractions se sont intensifiées à proximité de l'hôpital, à tel point que j'arrivais à peine à me tenir debout lorsque nous y avons pénétré, à 12 h 45.

« Je crois que je vais accoucher, ai-je haleté à l'accueil. Les contractions restent supportables, mais elles augmentent. »

Une infirmière est aussitôt accourue : « Vous pouvez marcher, madame ? » Sans attendre la réponse, elle s'est éloignée à toute vitesse : « Je reviens tout de suite. » De fait, quelques secondes plus tard, elle réapparaissait derrière un fauteuil roulant : « Asseyez-vous, ma jolie, je vous conduis de ce pas à la maternité. »

Osghar et Azmier nous ont suivies à pied, les traits légèrement tirés par l'inquiétude. En chemin, j'ai expliqué à Azmier qu'il allait avoir un petit frère ou une petite sœur avec qui s'amuser. Il a souri, le visage illuminé par la joie, et m'a chuchoté, juste avant que l'infirmière ne me pousse dans la salle de travail : « J'espère que ce sera un petit frère. » Je lui ai souri avant de disparaître derrière les portes.

À l'intérieur, une autre infirmière m'a tendu une blouse tandis que deux de ses collègues branchaient des machines et tiraient des fils. Je me suis changée, puis l'une m'a aidée à m'installer sur le lit pendant que l'autre me raccordait à un appareil. Les contractions s'étaient tant amplifiées que je ressentais à présent le besoin de pousser.

« Vous ne pouvez pas être déjà prête ! a lancé une infirmière. Je n'ai pas encore vérifié que vous étiez bien dilatée. Attendez ! Attendez !

— Impossible ! » ai-je crié.

Juste au moment où l'une de ses collègues partait chercher la sage-femme au pas de course, j'ai perdu les eaux. La douleur des contractions est alors devenue insoutenable. J'ai ressenti un atroce tiraillement à l'intérieur, comme si on m'empoignait la colonne vertébrale pour la tordre dans tous les sens. Je ne me souvenais pas d'avoir autant souffert pour la naissance d'Azmier.

« Ça fait mal ! ai-je hurlé. Donnez-moi quelque chose contre la douleur. Vite !

— C'est trop tard, le bébé arrive déjà. Poussez, Sam, poussez ! »

La sage-femme est entrée dans la salle. Après avoir jeté un coup d'œil entre mes jambes, elle a levé les yeux vers moi.

« Vous aviez prévu d'accoucher à domicile ?

— Non. »

J'avais l'impression que mon ventre se déchirait.

« J'aperçois la tête. Poussez encore, vous n'en avez plus pour longtemps. »

J'ai inspiré et poussé, inspiré et poussé. Tout à coup, j'ai entendu un hurlement dont je n'aurais su dire s'il était sorti de ma bouche, suivi d'un petit cri.

« C'est un garçon ! »

À 13 h 10, je tenais Asim dans mes bras. Les infirmières avaient tout juste eu le temps de me conduire en salle d'accouchement. Bien qu'à bout de forces, j'ai compris combien je m'étais trompée en imaginant ne posséder qu'une réserve limitée d'amour. Au contraire, lorsque j'ai pris ce petit être dans mes bras, j'en ai été submergée. Moi qui pensais devoir diviser mon amour entre mes chers garçons, j'ai découvert, époustouflée, que ce nouveau bonheur m'insufflait de l'amour à revendre, autant pour Azmier que pour Asim ou Osghar.

Ce dernier est venu me retrouver peu après et m'a serrée contre lui, les joues ruisselantes de larmes.

« L'infirmière m'a dit que c'était un garçon. »

Je me suis contentée d'un hochement de tête, soulagée de sentir, cette fois, une présence réconfortante à mon côté.

« Je peux le voir, maman ? Je peux le voir ? a demandé Azmier, enthousiaste, en pointant sa tête au-dessus du lit.

— Oui, viens ici, l'ai-je invité en tendant les bras. Viens me faire un câlin. Ton vœu s'est exaucé, tu as un petit frère. »

Après de nouvelles embrassades, une infirmière a posé la main sur l'épaule d'Osghar.

« Pourriez-vous sortir le temps que nous la nettoyions ? Nous la conduirons dans sa chambre dès que ce sera fini. Vous pouvez l'attendre là-bas. »

Osghar et Azmier se sont donc éloignés en agitant la main.

« On t'aime, m'a lancé Osghar, tandis qu'Azmier m'envoyait un baiser.

— À tout de suite », leur ai-je souri avec des petits signes d'au revoir.

Quand je suis arrivée dans la chambre, ils m'y attendaient déjà avec Asim, endormi dans son berceau au pied du lit. Après avoir embrassé mon dernier-né, je me suis étendue. Osghar a balayé d'une main tendre une mèche sur ma joue : « Tu as l'air fatiguée. Pendant que tu te reposes, on va aller acheter des vêtements pour le bébé. On repassera ce soir. »

J'ai tout juste eu le temps d'acquiescer de la tête avant de sombrer dans un profond sommeil, dont une infirmière m'a sortie pour me prévenir que mon fils pleurait.

« Il doit avoir faim. Avez-vous fait votre choix pour l'allaitement ? Sein ou biberon ?

— Sein, sans hésitation. »

Elle a déposé Asim dans mes bras puis tiré le rideau autour de mon lit.

J'ai reçu la visite quotidienne d'Osghar et d'Azmier jusqu'à ce qu'on me donne l'autorisation de quitter la maternité, le quatrième jour. Un taxi nous attendait tous devant l'hôpital.

Quelques instants plus tard, je découvrais qu'Osghar avait profité de mon absence pour meubler la nouvelle maison. Il avait acheté un canapé d'occasion pour vingt livres, un vieux lit de camp pour Azmier et un matelas à deux places neuf qu'il avait posé à même le sol dans un coin de notre chambre.

« Je ne pouvais pas faire de grosses dépenses, mais on a l'essentiel, a-t-il remarqué.

— Et moi, j'ai acheté des habits pour Asim, maman, a annoncé avec fierté Azmier en vidant un sac de courses. Regarde !

— C'est très joli, mon ange. Tu as très bien choisi. »

Osghar a passé un bras autour de ma taille et m'a attirée à lui tandis qu'Azmier s'agrippait à mes genoux, tête renversée, pour contempler avec un grand sourire son petit frère endormi dans mes bras. Nous formions une famille unie. Ma famille.

À la naissance d'Azmier, j'avais souffert de n'avoir rien à lui offrir. Pour Asim, je n'avais pas à m'inquiéter car Osghar était là pour s'occuper des détails pratiques. Je me réjouissais plus que tout de ne plus être seule. Sa présence à mon côté me remplissait d'un bonheur aussi inouï qu'inédit. Je me suis blottie contre lui et l'ai embrassé sur la joue.

« Tout est merveilleux. »

Une nouvelle épreuve m'attendait néanmoins avec l'ouverture du procès de Manz, prévu deux mois après la naissance d'Asim. Je suis restée à l'écart de l'affaire, exception faite du jour où il m'a fallu témoigner à la barre. Le policier chargé de m'accompagner au tribunal m'a rendu visite la veille pour me dispenser ses derniers conseils : « Nous savons que des membres de votre famille assistent au procès. Ils seront probablement là demain, ils étaient présents à toutes les audiences. À votre arrivée, faites profil bas, ne leur parlez pas et ne les regardez pas. D'accord ? » J'ai acquiescé en silence. J'avais, pour ma part, conçu d'autres projets.

Le lendemain matin, j'ai enfilé la tenue la plus élégante et la plus neuve de ma garde-robe, un vêtement que mère ne m'aurait jamais acheté. Je savais qu'elle serait là, alors, au moment de pénétrer dans le palais de justice, j'ai tendu le cou pour m'assurer qu'elle me voyait bien. Elle m'a dévisagée. J'ai soutenu son regard et, la tête haute, ai suivi mon escorte dans la salle d'attente avec fierté. La fierté d'être là et de lui faire front, à elle ainsi qu'à tous les autres, mais aussi celle d'être attendue à la maison par ma famille à moi, une famille nourrie d'amour.

Reconnu coupable d'association de malfaiteurs et de tentative d'enlèvement, Manz a été condamné à quatre ans d'incarcération dans la célèbre prison de Manchester, Strangeways.

20

J'aimais être maman. Je chérissais les liens étroits qui m'unissaient à mes fils. Les deux ou trois années qui ont suivi sa naissance, Asim suscitait souvent des commentaires de mères d'élèves qui bavardaient devant la porte de l'école d'Azmier. Lorsque je les saluais de la tête, elles montraient du doigt sa poussette : « Celui-là, on parie que vous attendez avec impatience qu'il entre en maternelle pour retrouver votre liberté. » Je répondais à leurs rires par un sourire et un hochement de tête polis, mais en réalité elles se trompaient sur toute la ligne. Je n'étais pas pressée de voir Asim aller à l'école. Au contraire, j'aurais voulu passer chaque minute avec lui.

Le procès de Manz derrière moi, j'ai pu embrasser ma nouvelle vie. Non seulement je n'avais plus à craindre mon frère, sous les verrous, mais l'occasion m'avait été donnée, le jour de mon témoignage, de soutenir le regard de ma mère en femme libre.

Azmier s'est rapidement fait des amis à l'école. En rentrant, il me racontait sa journée de classe et ses activités. Je lui consacrais toujours du temps le soir, pour l'aider à faire ses devoirs. Petit à petit, j'ai engagé la conversation avec les autres mamans, qui parlaient de choses et d'autres: de leurs occupations une fois rentrées, des activités des enfants la veille au soir ou de leurs folles sorties au pub. Bien que consciente du fossé qui nous séparait, j'ai recherché leur compagnie et me suis jointe aux discussions, au point de devenir très proches de certaines d'entre elles. Au fil du temps, j'ai commencé à me sentir intégrée au quartier et à développer un sentiment d'appartenance. J'ai enfin trouvé ma place.

Osghar et moi avons travaillé dur pour offrir à nos enfants la meilleure vie possible. Il a appris l'anglais et a obtenu la nationalité britannique. Nous avons réussi à économiser suffisamment d'argent pour acheter une maison près d'un grand parc, où les enfants pouvaient se livrer aux jeux que je partageais avec Amanda à Cannock Chase. Bons élèves, Azmier et Asim m'ont donné d'innombrables joies. Nous avons traversé des moments difficiles, certes, mais ma vie d'adulte n'a jamais approché du cauchemar qui a marqué la majeure partie de mon enfance.

Environ cinq ans après la naissance d'Asim, j'ai reçu un coup de téléphone inattendu.

« Allô, Sam ? »

J'ai acquiescé, notant un accent écossais très prononcé sans pour autant réussir à identifier la voix à l'autre bout du fil.

« Sam, c'est moi, Saber. »

Des tremblements ont agité mes doigts et mes yeux se sont gonflés de larmes. Je n'avais pas reconnu mon propre frère. J'ai esquissé un sourire mouillé.

« Comment vas-tu ? ai-je demandé d'une voix entrecoupée par l'émotion. Comment as-tu eu mon numéro ?

— Tanvir l'a demandé à la famille d'Osghar, au Pakistan. Je t'appelle au sujet de papa. »

Mon cœur s'est serré. Si ma famille prenait la peine de me contacter au sujet de mon père, ce ne pouvait être que pour m'annoncer une mauvaise nouvelle.

« Il est très souffrant, a repris Saber. Il était à Glasgow quand il est tombé malade. Il a été hospitalisé. Il te réclame. Je pense que tu devrais venir le voir.

— Bien sûr. Dans quel hôpital est-il ?

— Victoria, unité quatre.

— C'est très grave ? ai-je difficilement articulé, la gorge nouée.

— Fais vite. »

Il a raccroché sans même un mot d'au revoir.

Lorsque Osghar est rentré à la maison, le soir, je lui ai expliqué que je devais partir à Glasgow dès le lendemain.

« Pourquoi y vas-tu ? m'a-t-il demandé. Et si tu croisais Manz à l'hôpital ? Ou pire, ta mère ? »

J'ai frissonné à cette idée, mais ma décision était prise.

« Je m'en fiche. Je dois voir papa avant qu'il ne soit trop tard. Si je tombe sur eux, tant pis. »

Le lendemain, j'ai pris le train de 6 h 07 à destination de Glasgow. Tandis que l'on roulait vers le nord, je me suis mise à imaginer le pire. Et si Osghar avait raison ? Si je croisais Manz ? Il avait purgé une peine carcérale pour tentative d'enlèvement et, bien que je n'aie revu personne depuis le procès, ni lui ni aucun membre de la famille, je savais qu'il me tenait pour responsable de ses déboires. Je n'en attendais pas moins de lui. Et mère ? Que ferais-je si je la voyais, elle ou les autres, d'ailleurs ? Et s'ils me couvraient d'injures et me traînaient jusqu'à une ruelle et m'y laissaient pour morte ? Effrayée par mes propres réflexions, je suis allée m'acheter un café au chariot-bar en queue de train. De retour à ma place, j'ai sorti un magazine de mon sac, mais j'avais beau essayer de me concentrer sur ma lecture, les mots se brouillaient sur la page. J'ai passé le restant du voyage à gigoter sur mon siège.

J'ai pris un taxi de la gare de Glasgow jusqu'à l'hôpital, où il m'a fallu une éternité pour parcourir les couloirs et monter les divers escaliers menant à l'unité 4. Je me suis immobilisée un moment devant l'entrée, rassemblant tout mon courage avant de pousser les portes et me diriger vers le bureau des infirmières, où j'ai demandé mon père.

« Avant-dernier lit », m'a répondu l'une d'elles avec un geste de la main et un sourire réconfortant.

Je suis passée devant quatre lits occupés par des personnes âgées somnolentes avant de m'immobiliser au pied de celui que l'infirmière m'avait indiqué. Un vieillard frêle et agonisant y recevait une perfusion. Il devait y avoir une erreur. Je m'apprêtais à retourner au bureau quand le vieil homme a ouvert les yeux. Sa bouche s'est alors étirée en ce sourire lumineux que j'avais toujours aimé.

« Je savais que tu viendrais. »

Il avait parlé d'une voix à peine audible. Je me suis approchée pour me blottir contre lui dans une longue étreinte silencieuse, refoulant d'un battement de paupières les larmes qui me montaient aux yeux pour ne pas qu'il les voie. Nous avons fini par nous détacher.

« Tu as l'air si malade, papa. Que t'est-il arrivé ? »

Il avait l'air décrépit et accusait trente ans de plus que ses cinquante-cinq ans.

« Non, je vais mieux maintenant, a-t-il corrigé avec un hochement de tête affaibli. Tu aurais dû me voir la semaine dernière. »

Il a marqué une pause, comme pour prendre le temps de m'étudier attentivement.

« Tu n'as pas changé, Sam. Es-tu heureuse ?

— Oui, papa. »

Je regrettais de ne pas lui avoir apporté de photographies d'Azmier et d'Asim. Contrairement à mère, je ne manquais jamais une occasion de photographier mes enfants à chaque étape d'une vie qui n'en était encore qu'à ses débuts. Il m'arrivait parfois de contempler les clichés lorsqu'ils étaient à l'école, déplorant de ne pouvoir me voir au même âge.

« Je suis très heureuse maintenant », lui ai-je assuré.

Nous avons parlé pendant des heures, évoquant tous les instants que nous avions partagés, notamment nos mémorables expéditions secrètes au zoo, à la fête foraine ou à la bibliothèque, qui lui attiraient toujours les foudres de mère.

Au bout d'un moment, il a pointé son index sur la table de nuit.

« Donne-moi la radio qui est là-dedans. »

J'ai ouvert la petite porte pour sortir une radio portative bleue. Quand je la lui ai tendue, il l'a refusée.

« Non, garde-la. Tu la donneras à mon petit-fils préféré. »

J'ai rangé l'appareil dans mon sac, les yeux remplis de larmes. Cela ressemblait fort à un cadeau d'adieu. Je serais restée plus longtemps s'il n'avait insisté pour que je parte dans le souci d'éviter Manz, qui passait le voir l'après-midi. Après l'avoir serré dans mes bras et embrassé, je me suis éloignée, me retournant tous les deux pas pour lui adresser un dernier regard, un dernier au revoir.

J'avais davantage vu mon père lorsque je vivais au foyer qu'à toute autre époque de ma vie. Or c'était là-bas que j'avais connu les moments les plus heureux de mon enfance. Je savais que ce n'était pas une coïncidence.

Comme je m'y attendais, Saber ne m'a rappelée que pour m'annoncer le décès de papa.

« Les obsèques ont lieu mardi. Nous aurions préféré demain, mais l'hôpital refuse de nous remettre la dépouille aussi tôt.

— Je prendrai le premier train mardi, l'ai-je informé, la gorge serrée. Je devrais arriver aux environs de 10 heures.

— Oui, je crois que c'est ce qu'il y a de mieux. Je te conseille de repartir le jour même. Tout le monde aura déjà beaucoup de peine, inutile d'aggraver les choses en restant plus longtemps que nécessaire. »

Sans ajouter un mot, il a raccroché. J'ai reposé le combiné d'une main tremblante, secouée d'incontrôlables sanglots. Osghar m'a prise dans ses bras pour me bercer comme je dorlotais Azmier et Asim lorsqu'ils avaient du chagrin. Nous sommes convenus qu'il valait mieux qu'il ne m'accompagne pas aux funérailles. Certain que Manz ne serait pas heureux de le voir, il craignait que sa présence ne contribue qu'à échauffer les esprits et préférait éviter de provoquer un scandale en pareilles circonstances.

Je suis donc arrivée seule en gare de Glasgow, où j'ai pris un taxi jusque chez ma mère. Saber m'avait expliqué qu'elle avait déménagé dans la foulée de mon départ et de la condamnation de Manz, trop honteuse de rester dans le quartier qu'elle surnommait « *Little Pakistan* », où tout le monde avait eu vent de nos affaires de famille.

Mon frère cadet se tenait dans l'entrée lorsque j'ai pénétré dans la maison. Alors que je tendais les bras pour l'enlacer, il s'est écarté de moi et, les yeux cloués sur ses pieds, a pointé l'index sur une porte : « Les femmes sont là. »

Refoulant un sanglot, j'ai ajusté mon voile autour de mon visage avant d'entrer dans la pièce qu'il m'avait indiquée. Assises par terre, une douzaine de femmes en pleurs psalmodiaient des prières. Tara, Hanif et Mena se trouvaient au centre. Mon cœur a bondi dans ma poitrine à la vue de ma sœur cadette. Je me suis approchée, les joues ruisselantes de larmes. Lorsque Tara a levé les yeux sur moi, j'ai ressenti une douleur physique tant je désirais qu'elle me serre dans ses bras. Nous n'avions jamais été proches, soit, mais nous n'en restions pas moins des sœurs. Des sœurs qui venaient de perdre leur père. Je voulais le pleurer avec elles, partager la douleur qui nous rapprochait en cet instant. Mais elle m'a arrêtée, désignant de la main un coin vide près de la cheminée : « Pas ici. Va t'asseoir là-bas. »

Je l'ai dévisagée un instant, mais, me heurtant à son regard furieux, j'ai obéi avec un lent hochement de tête. Mal à l'aise, les autres femmes ont remué à leur place et fixé le sol lorsque j'ai promené les yeux sur elles.

Tara ne pouvait m'empêcher de pleurer mon père, de prier pour qu'il rejoigne un monde meilleur et trouve la paix.

Bientôt, les hommes de la famille – Manz, Saber, Salim, Bashir et quelques autres que je n'ai pas reconnus – ont apporté le cercueil pour que nous puissions faire nos adieux à papa, les femmes n'étant pas autorisées à se rendre au cimetière. Aucun d'eux ne m'a accordé un regard. Se soutenant les unes les autres, Tara, Hanif et Mena se sont regroupées autour de la bière avec des pleurs bruyants.

Tête inclinée, je n'apercevais que le menton de Manz du coin de l'œil. Je ne voulais surtout pas croiser son regard, de peur qu'il ne s'emporte. Je craignais ce dont il serait capable, misant tout sur la présence des amies et des connaissances de mère, devant lesquelles il n'oserait certainement pas causer un scandale.

Je me suis levée, tremblante, pour m'approcher du cercueil. Des larmes ont glissé lentement sur mes joues quand j'ai vu la sérénité du visage de mon père. Il semblait avoir rajeuni depuis ma visite à l'hôpital. Devant ce spectacle, je n'ai pu que noter la vitesse à laquelle les dix dernières années avaient filé et regretter que nous n'ayons pas fait l'effort de garder contact avant qu'il ne soit trop tard.

Les femmes ont passé des bras réconfortants autour de Tara et Mena, puis nous nous sommes toutes mises à réciter des prières tandis que les hommes emportaient le cercueil. J'ai détourné le regard pour ne pas voir Manz.

« Adieu, papa », ai-je murmuré, lorsque la bière a disparu.

Quelques minutes plus tard, Tanvir est venue me trouver.

« Je crois que tu devrais partir, maintenant.

— Mais… ai-je objecté d'une voix étranglée. Je pensais rester pour les trois jours de prières.

— Il n'y a pas de place pour te loger. »

J'ai rassemblé mon courage et fait appel à toute ma sincérité.

« Merci de m'avoir prévenue pour papa et de m'avoir permis de lui dire au revoir. »

Puis je suis partie.

Je suis retournée à Glasgow à plusieurs reprises après la disparition de papa. Malgré le sentiment d'être une étrangère dans ma propre famille, je tenais à faire la démarche de découvrir ma mère, mes frères et mes sœurs sous un autre jour : en tant qu'égale, et non comme le souffre-douleur de service.

Mère, qui avait repris contact avec moi à la suite des funérailles de papa, avait exprimé l'envie de me revoir. Il m'a fallu un moment pour comprendre que ce n'était pas seulement par peur de la mort ou par désir de rencontrer ses petits-enfants avant de quitter ce monde. Lors de ma première visite, environ six mois après les obsèques, elle m'a exposé ses véritables motivations : elle voulait me persuader de quitter Osghar et de rentrer à la maison.

« Nous t'avons pardonné. Reviens, va retrouver ton mari au Pakistan, insistait-elle.

— Pardonné ? Pardonné quoi ? demandais-je, incrédule.

— D'avoir fugué.

— Je n'ai rien fait de mal. »

Ces conversations me bouleversaient et je sortais toujours dépitée de ces visites. Envers et contre tout, mère continuait à penser que je ne valais rien, à me considérer comme une fille ingrate. Osghar m'apportait un précieux soutien chaque fois que je revenais de Glasgow. Il savait non seulement ce qu'on m'y avait dit, mais aussi comment m'apaiser.

Mère habitait avec Salim, son épouse et leurs deux enfants. Mon petit frère possédait une boucherie dont les affaires prospéraient. Mes deux premières visites ont mis tout le monde mal à l'aise, tant l'atmosphère était tendue entre mère et moi. Celle-ci ne m'adressait d'ailleurs que quelques mots, prenant brièvement de mes nouvelles avant de se retirer dans sa chambre en se plaignant d'une migraine.

La femme de Salim, Shahad, était une cousine éloignée du Pakistan, une jeune femme gentille qui m'accueillait toujours avec le sourire. Lors de ma troisième visite, alors que le reste de la famille était à l'école ou au travail et que mère s'était éclipsée comme à son habitude dans sa chambre, elle est venue me retrouver dans le salon. S'asseyant à côté de moi, elle m'a demandé ce qui s'était produit pour que toute la famille se montre si froide à mon égard.

« Ils t'ont forcément raconté…

— … leur version, a-t-elle précisé avant de baisser les yeux sur sa tasse de thé. Mais j'ai du mal à voir en toi la personne qu'ils décrivent.

— Qu'est-ce qu'ils t'ont dit ? ai-je demandé, déglutissant péniblement.

— Que tu n'es pas quelqu'un de bien, que tu ne vaux pas la peine d'être connue, m'a-t-elle rapporté avant de plonger son regard dans le mien. Mais je n'y crois pas.

— Chut… ai-je soufflé en posant mon index sur mes lèvres. Tu vas avoir des ennuis si mère t'entend. »

Nous avons ri et nous sommes immédiatement liées d'amitié. Je lui ai raconté que j'avais passé les sept premières années de ma vie dans un foyer pour enfants, puis que j'avais été mariée à treize ans et maman à quatorze. Comme je l'imaginais, personne n'avait jugé utile de préciser tout cela à ma belle-sœur.

« Tu es très courageuse de revenir, a-t-elle remarqué à la fin de mon récit.

— Je voulais leur donner une nouvelle chance de me connaître, moi et mes enfants. Mais s'ils ne le veulent pas, tant pis pour eux. Ce sont eux les perdants dans l'histoire. »

Un peu plus tard, alors que mère s'était jointe à nous, Shahad a mentionné Manz. Mère m'a alors surprise en remarquant : « Oh, tu le connais, il ne réfléchit qu'après avoir agi. » J'ai compris, au regard qu'elle m'a lancé en prononçant ces mots, que ce serait l'unique semblant d'explication auquel j'aurai droit sur les événements qui avaient donné lieu au procès. Mon frère s'était juré de me ramener, même si ce devait être dans un cercueil, et personne n'avait pu l'en dissuader.

« Ta mère est très malade, m'a confié Shahad, en l'absence de mère. Elle ne passe pas beaucoup de temps à Glasgow, son asthme la fait trop souffrir. Elle reste au Pakistan la majeure partie de l'année et ne revient que les mois les plus chauds. »

Je savais depuis toujours que mère était malade. Il faut dire qu'entre ses crachats et ses migraines personne ne pouvait l'ignorer. Cependant, je ne savais pas de quoi elle souffrait réellement. Devenue diabétique, elle avalait des barres chocolatées pour satisfaire d'irrépressibles envies de sucré. Sa santé s'était tant détériorée qu'une bouteille d'oxygène restait constamment près de son lit, prête à l'emploi en cas de besoin.

« Je crois vraiment qu'elle devrait tourner la page, a soupiré Shahad. Si elle fait un pas vers toi, toute la famille en fera autant. »

C'est ce qui s'est produit, petit à petit, au fil des trois années suivantes. Lorsque mère revenait du Pakistan, l'été, je montais à Glasgow et passais parfois la nuit là-bas avant de retourner à Manchester. Maintenant que je savais ce que je valais, confortée par l'amour que me témoignaient Osghar et mes deux fils, je tirais de ces rencontres une force nouvelle. Même si, comme toujours, son regard se faisait fuyant dans ces moments-là, le seul fait d'observer ma mère dans les yeux me donnait la mesure du chemin parcouru. Je sentais alors la peur et la haine se dissiper en moi.

Mes visites chez mère me donnaient également l'occasion de revoir Mena, qui avait acheté une maison sur le trottoir d'en face. Lors de nos premières retrouvailles, elle s'est montrée réticente à parler, bien que nous soyons seules, comme si elle redoutait de vider son cœur.

« Tu m'as beaucoup manqué, et à Azmier aussi », ai-je commencé.

Elle m'a considérée un instant avant de répondre.

« Toi aussi, tu m'as manqué », a-t-elle fini par avouer dans un murmure de conspirateur.

Par la suite, elle m'a expliqué que tout le monde avait changé après mon départ, notamment mère, qui s'était beaucoup adoucie. Craignant une nouvelle fugue, elle avait préféré attendre un peu avant de la donner à son tour en mariage.

« Je me suis mariée à vingt et un ans », m'a-t-elle annoncé avec fierté.

J'ai souri, heureuse d'avoir modifié la donne.

Le moment d'emmener Azmier voir sa grand-mère a fini par arriver, mais avant la rencontre, je tenais à lui parler de son père biologique. Si Osghar avait toujours traité Azmier comme son propre fils, j'estimais qu'il était temps, maintenant que ce dernier entrait dans l'adolescence, de lui révéler la vérité. De surcroît, je devinais que mère prendrait un malin plaisir à l'évoquer devant lui et je préférais qu'il l'apprenne de ma bouche.

Peu avant notre départ pour Glasgow, j'ai profité d'un après-midi où Osghar travaillait et Asim jouait dehors avec ses copains pour lui annoncer que je voulais lui parler.

Lorsqu'il s'est assis, curieux d'entendre ce que j'avais de si important à lui confier, le doute s'est emparé de moi. Comment allais-je lui dire qu'il était le fils d'un inconnu qui vivait au Pakistan et n'avait jamais essayé de le contacter ? Prenant une profonde inspiration, je me suis lancée. Azmier n'a pas vraiment paru étonné d'apprendre que j'avais été donnée en mariage très jeune et étais tombée enceinte peu après, mais il est vrai qu'il avait depuis longtemps l'âge de faire le calcul par lui-même. Je lui ai alors expliqué qu'il était l'ange qui m'avait sauvée, que j'avais, grâce à lui, renoncé au suicide et trouvé la force de quitter ma famille.

« Je suis désolée de ne pas t'avoir dit tout cela plus tôt, ai-je conclu. Je comprendrai parfaitement si tu voulais aller voir ton vrai père.

— Nan, pour quoi faire ? a-t-il répondu avec un sourire, avant de hausser les épaules. Plus tard, peut-être, si j'en ressens le besoin. »

Il m'a alors serrée fort contre lui, puis est reparti jouer au football avec les gamins du quartier.

Lorsque nous avons rendu visite à mère, quelques semaines plus tard, nous étions à peine arrivés qu'elle a craché son venin.

« Ton vrai père est au Pakistan.

— Ouais, et alors ? » a rétorqué mon fils, avec un haussement d'épaules.

J'ai ressenti une immense fierté… et une terrible envie de rire en voyant l'expression de ma mère. Privée du plaisir de faire le mal, elle s'est retrouvée désemparée.

Mère ne manquait jamais une occasion de mentionner Afzal : « Il s'est marié maintenant, tu as raté ta chance. Mais tu sais, si on arrive à le convaincre, il te reprendra. » Comme je ne daignais pas répondre, elle revenait à la charge : « Tu sais, il n'a que des filles, aucun fils. » À force de se heurter à un mur, elle a toutefois fini par rendre les armes.

J'ai poursuivi mes visites. Azmier m'accompagnait de temps à autre en Écosse, mais nous n'y allions jamais que tous les deux. Mère m'avait bien fait comprendre qu'elle refusait tout contact avec Osghar et Asim. Je ne sais pas pourquoi je persistais à retourner la voir, malgré le perpétuel sentiment qu'elle ne m'acceptait pas pour ce que j'étais, pour ce que j'étais devenue.

Asim avait presque douze ans lorsque je me suis décidée à l'emmener avec Azmier. Il voulait connaître sa grand-mère et savoir ce que nous faisions lorsque nous lui rendions visite à Glasgow. Je n'ai pas eu le cœur de lui dire qu'il n'était pas le bienvenu là-bas. Nous sommes donc partis tous les trois, avec un bouquet de fleurs. Bien que je n'en aie rien laissé paraître, j'ai passé tout le voyage en train à me tracasser. Certaine de me heurter à un refus, je n'avais pas annoncé la venue d'Asim à mère et ne savais donc pas à quoi m'attendre de sa part. En revanche, je savais que si mon fils recevait un mauvais accueil je le protégerais et défendrais sa cause coûte que coûte, comme l'exigeait mon rôle de mère.

Aucun des scénarios que j'avais imaginés ne m'avait toutefois préparée à ce que me réservait mère. À notre arrivée, je me suis avancée vers elle avec mon benjamin en lui jetant des coups d'œil inquiets.

« Voici ton petit-fils, Asim. »

Mère l'a observé un moment.

« Eh bien quoi ? Approche ! a-t-elle fini par s'exclamer. Tu ne vas pas embrasser ta grand-mère ? »

Elle l'a serré dans ses bras, cherchant mes yeux par-dessus son épaule. Bien qu'aucun mot ne soit sorti de sa bouche, tout a été dit à cet instant. Par ce regard, elle m'a acceptée. Par ce regard, elle m'a reconnue.

J'ai ressenti, plus que de la satisfaction, le sentiment du devoir accompli. J'avais obtenu ce que je désirais. J'ai alors compris que si je retournais sans cesse à Glasgow c'était dans l'attente de cette sanction. Je voulais la reconnaissance de ma mère, je voulais la savoir un tant soit peu fière de moi. À présent, rien ne me paraissait plus impossible.

J'ai continué à rendre de temps en temps visite à ma famille. J'ai même réussi, d'une certaine manière, à aimer ma mère. Les liens qui unissent une mère et sa fille n'ont jamais existé entre nous, mais nous avons trouvé une sorte de paix. J'ai pris conscience que je devais, moi aussi, laisser le passé derrière moi. Sans ce cruel mariage, je n'aurais pas eu mon formidable fils Azmier et, dans la logique des choses, je n'aurais probablement pas épousé Osghar et donné naissance à Asim. Qui sait ? Peut-être n'aurais-je jamais goûté au bonheur.

C'est Tara qui m'a téléphoné, en janvier 2001, pour m'informer de la mort de mère. Incapable d'articuler un mot entre deux sanglots, elle a passé le combiné à sa fille aînée, qui m'a annoncé la nouvelle et expliqué que l'ensemble de la famille partait pour le Pakistan, où auraient lieu les obsèques.

« Tu dois venir toi aussi », m'a-t-elle dit.

Après avoir raccroché, j'ai pleuré, remplie d'un sentiment de vide inattendu. Je me suis souvenue d'une pensée que j'avais lue un jour : « Ce n'est pas parce que quelqu'un ne nous aime pas comme on le voudrait qu'il ne nous aime pas de tout son cœur. » J'ai alors compris que mère n'avait tout simplement pas beaucoup d'amour à donner.

Après en avoir discuté, Osghar et moi nous sommes accordés sur le fait que je devais me rendre au Pakistan.

« Vas-y, m'a-t-il dit. Va lui rendre un dernier hommage. C'est ce qu'il faut faire. »

Outre mon chagrin, je ressentais une certaine inquiétude. Je devais y aller, je le voulais, mais j'étais terrifiée à l'idée de retrouver le théâtre de mes pires cauchemars.

Osghar s'est chargé d'organiser mon séjour avec son frère resté sur place.

« J'ai tout arrangé, m'a-t-il expliqué. Tu logeras chez lui. Un chauffeur te conduira tous les jours en voiture chez ta mère. Il t'attendra là-bas, comme ça nous saurons tous où tu es et tu ne seras pas coincée si tu te sens mal à l'aise. »

J'ai réussi à obtenir un visa d'urgence pour le Pakistan et à trouver un billet pour un vol le jour même. Manz, qui avait accompagné mère dans ses derniers instants, se trouvait déjà sur place. Quant à Mena, Tara, Saber et Salim, ils se sont entraidés pour orchestrer le voyage et, avec la contribution de chacun, sont arrivés à temps pour l'enterrement. Il en est allé autrement pour moi, condamnée à me débrouiller seule. Pendant tout le vol, j'ai écouté des CD de développement personnel pour trouver la force de traverser l'épreuve qui m'attendait. Lorsque l'avion a atterri, je venais d'en terminer un sur les diverses façons d'affronter ses peurs, une écoute qui m'a beaucoup servi au cours des jours suivants.

Je suis arrivée chez mon beau-frère dans la soirée. Je n'aurais peut-être pas dû m'accorder la première journée pour me reposer, car cela m'a donné tout le loisir de gamberger. Sur le moment, je me suis demandé ce que je faisais là. Et si je croisais le père d'Azmier ? S'il cherchait à me parler ? Deux décennies s'étaient écoulées depuis notre dernière rencontre et je n'avais pas le moindre contact avec lui. Il était totalement sorti de ma vie et de mon esprit. Mes pensées se sont emballées. Après quelques heures sombres, j'ai résolu d'aller au-devant de mes peurs avec courage et de gérer chaque problème en son temps.

La religion islamique veut que la dépouille soit inhumée le plus tôt possible, mais les cérémonies funéraires se prolongent pendant tout le mois suivant l'enterrement. Bien que je ne sois pas arrivée à temps pour la mise en terre, j'ai donc pu assister aux rites, qui commençaient le lendemain. La principale période de deuil, réservée aux proches parents, s'étend sur les trois jours suivant l'inhumation. Les dix jours d'après, c'est au tour de la famille éloignée et des amis, qui parcourent généralement plus de kilomètres, de venir se recueillir. Toutes les connaissances s'asseyent alors à même le sol pour prier : les hommes à l'intérieur, sous les ventilateurs ; les femmes dehors, où elles consacrent souvent plus de temps au bavardage qu'au recueillement.

La sœur d'Osghar est venue passer la nuit avec moi, prenant soin de me distraire en me racontant les dernières nouvelles de la famille. J'étais si fatiguée que je me suis endormie en l'écoutant.

Le lendemain, alors que je m'apprêtais à partir, elle m'a rattrapée en courant : « N'y va pas toute seule. Prends Nura, la bonne, avec toi. Il te faut quelqu'un, tu sais, ce sera mieux pour donner l'alerte en cas de problème. »

Après l'avoir remerciée, je suis montée en voiture avec Nura. Le chauffeur, qui avait lui aussi reçu la consigne de veiller sur moi, ne s'est pas fait prier pour faire la conversation, ce dont je me suis réjouie, l'anxiété m'asséchant trop la gorge pour me permettre de prononcer un seul mot.

« Ne t'inquiète pas, ma sœur, je sais où je vais. Si tu as besoin de quoi que ce soit, je serai là à tout moment. Est-ce qu'il faut qu'on s'arrête en chemin pour acheter des pétales de rose et de l'encens ?

— Pardon ?

— Tu veux aller sur la tombe de ta mère avant ? Ne t'inquiète pas, je serai avec toi.

— Oui.

— Dans ce cas, on va acheter des pétales de rose sur la route. Vous autres, les Anglais, vous ne connaissez rien aux coutumes, mais ne t'en fais pas, je suis là pour t'aider. »

Ne comprenant pas où il voulait en venir, j'ai hoché la tête en silence. Nous avons bientôt traversé un bazar, où il a fait halte près de deux éventaires pour acheter des pétales de rose et des bâtonnets d'encens. Nous avons ensuite roulé pendant une vingtaine de minutes. Tout en écoutant les commentaires du chauffeur qui s'improvisait guide, j'ai cherché à me repérer dans le paysage défilant derrière la vitre.

Après avoir tourné au coin d'une rue, il a pointé l'index sur un bâtiment : « C'est la maison de ta mère, mais elle est enterrée un peu plus loin. » Il ne s'est arrêté que quelques minutes plus tard, à droite d'une petite zone dégagée devant des champs. Trois monticules s'y détachaient.

Il m'a remis les pétales en indiquant du doigt une des buttes : « Celle-ci est encore fraîche, ce doit être là que ta mère est enterrée. Tu peux les éparpiller sur elle. Ses pieds sont de ce côté, sa tête de celui-ci. »

La réalité m'a subitement rattrapée : ce tas de terre, devant mes yeux, c'était ma mère. En proie à une étrange torpeur, je n'ai rien ressenti sur le moment, espérant seulement du fond du cœur qu'elle puisse trouver une place au paradis. Si tyrannique qu'elle eût été, dans la mort elle n'était plus rien. Née poussière, elle était retournée poussière. Je n'ai pas versé une larme sur sa tombe. Je n'ai éprouvé qu'une grande pitié pour elle au moment de disperser les pétales de rose sur l'insignifiant monticule de terre qui l'abritait à présent. J'ai allumé l'encens, puis le chauffeur et la servante se sont éloignés pour me laisser seule quelques minutes. Je me sentais désormais plus forte, prête à affronter tout ce qui m'attendait et décidée à me défendre. Ces pensées en tête, j'ai rejoint la voiture.

Lorsque j'y ai pénétré sous le soleil du plein après-midi, le village m'a paru plus petit que vingt ans plus tôt. Moins impressionnant, aussi. Après avoir poussé le portail ouvrant sur la cour de mère, je n'ai reconnu aucune des femmes qui, assises par terre, psalmodiaient des prières. Mes yeux se sont posés sur l'arbre aux branches ballantes, encore plus grand que dans mon souvenir. La cour n'avait pas changé, en dehors d'une annexe construite à côté de la maison. Je suis entrée à l'intérieur, aussi immuable que l'extérieur, avec sa lampe pendue dans un coin et ses deux lits.

Assises sur l'un d'eux, Tara et Mena ont posé les yeux sur moi puis éclaté en sanglots. J'hésitais à les enlacer quand ma sœur aînée s'est levée et a écarté les bras. Je me suis nichée dans son étreinte, les yeux secs. J'avais beau ressentir une tristesse sincère et profonde, je n'arrivais pas à pleurer. Après avoir serré Mena contre moi, je me suis assise à côté d'elle.

« Où est Manz ?

— Sûrement pas loin », m'a répondu Tara.

Bien que certaine que je ne risquais rien en présence de Saber, de Nura et du chauffeur, j'appréhendais mes retrouvailles avec mon frère aîné. Je n'ai pas beaucoup parlé, à l'instar de Tara et Mena, qui se sont contentées de me demander comment s'était passé mon vol, où je logeais et quelques autres détails pratiques. Il s'agissait toutefois plus d'un silence de circonstance que provoqué par la gêne.

Manz est arrivé quelques heures plus tard. À ma vue, il s'est immobilisé un instant. Je me suis levée, hésitante, et ai dû réprimer un tressaillement en le voyant approcher. J'ignorais quel accueil il allait me réserver, mais il s'est contenté de déclarer : « Je suis content que tu aies pu venir. Mère est morte dans mes bras et, juste avant de rendre son dernier souffle, elle m'a dit qu'elle souhaitait qu'on se réconcilie. Tu peux rester aussi longtemps que tu voudras. » Il a alors comblé l'espace entre nous par une étreinte gauche. J'ai hoché la tête. Je savais que nous ne serions jamais amis, mais nous pouvions au moins entretenir des rapports civilisés. Désormais, je n'avais plus à le craindre.

Saber et Salim sont entrés à ce moment.

« Hé, tu as pu venir ! » se sont-ils exclamés.

Tous les deux semblaient contents de me voir, notamment Saber, qui m'a même surnommée « Sid ».

Peu de femmes sont venues à la prière ce jour-là, mais nous nous attendions à recevoir beaucoup de monde le lendemain, le troisième jour marquant la cérémonie la plus importante de la période de deuil. Lorsque j'ai pris congé, Tara m'a donc demandé de revenir aux environs de 8 h 30. Le soleil se couchait, chassé par le crépuscule, lorsque le chauffeur m'a ramenée chez mon beau-frère. Sur la route, où chevaux et chariots avançaient de leur pas pesant, les travailleurs se traînaient vers leur maison après une longue journée de labeur. J'avais l'impression de rentrer du travail avec eux tant j'étais exténuée.

Le lendemain, une poignée de femmes avaient déjà commencé à prier dans la cour lorsque je suis arrivée, à 8 h 15. J'ai trouvé Tara assise sur le lit, visiblement épuisée. Elle a levé les yeux vers moi : « J'aime bien ta tenue. Nous allons passer la journée assises dehors, ça te tiendra chaud au moins. » Je portais un *shalwar kameez* bleu, complété par un gilet de laine et un grand châle noir. Son commentaire m'a tellement surprise que je n'ai réussi qu'à marmonner un vague remerciement.

La cour s'étant un peu remplie après le petit déjeuner, nous avons chacune mis notre voile avant de nous diriger vers les trois chaises qui nous étaient réservées à l'extérieur, dans un coin. Mena s'est assise sur celle du milieu tandis que Tara et moi nous installions aux extrémités. D'un regard alentour, j'ai remarqué que les femmes me dévisageaient. Mal à l'aise, je me suis penchée vers Mena.

« Elles nous fixent comme si on était des extraterrestres ou un truc du genre, lui ai-je chuchoté.

— Tais-toi, tu vas me faire rire.

— Qu'est-ce qu'elle dit ? a demandé Tara de l'autre bout.

— Qu'elles nous regardent comme des extraterrestres.

— À qui le dis-tu ! » m'a répondu Tara, s'inclinant en arrière pour dissimuler son sourire derrière le dos de Mena.

Peu après, quelqu'un s'est approché de moi.

« Ta mère a dit que nous pourrions voir le garçon. »

J'ai levé la tête, découvrant une vieillarde.

« Tu sais très bien qui je suis. Je suis Fozia, la sœur d'Afzal. »

Sur le point de rétorquer que je ne la reconnaissais vraiment pas, j'ai jugé plus sage de ne pas insister.

« Pardon ?

— Ta mère a dit que nous pourrions voir le garçon, a-t-elle répété d'une voix glaciale.

— Quel garçon ? ai-je demandé, perplexe.

— Notre garçon. »

J'ai soudain compris qu'elle parlait d'Azmier. J'ai jeté un regard à Tara, qui m'a répondu par un haussement d'épaules.

« S'il te plaît, pas ici, ai-je prié Fozia.

— Nous voulons voir le garçon », s'est-elle obstinée.

J'ai soupiré.

« Tu veux faire un scandale, c'est ce que tu veux ? ai-je rétorqué, haussant un peu plus le ton à chaque mot. Tu veux bouleverser tout le monde ? Maintenant ? Non, je ne crois pas. »

Avec un regard surpris, elle a reculé d'un pas. Elle ne s'attendait sans doute pas à me voir lui tenir tête.

« Et mon fils s'appelle Azmier », ai-je murmuré en la regardant s'éloigner.

Deux semaines durant, je me suis rendue chaque jour chez mère, d'où je repartais avant la tombée de la nuit.

Cette expérience m'a tant vidée que j'ai dormi des heures et des heures à mon retour en Angleterre. Jamais je n'aurais cru revenir dans le village de mes pires cauchemars, mais je ne regrettais pas ce voyage. En outre, j'étais heureuse d'avoir fait la paix avec ma mère avant sa mort.

Je sais que le vide laissé en moi par le manque d'amour inconditionnel d'une mère ne sera jamais comblé, mais, bien qu'il m'ait fallu longtemps pour l'identifier, ainsi que ses causes, j'apprends chaque jour à vivre un peu mieux avec. Malgré tout, mère était une part de moi et moi une part d'elle. C'est la raison pour laquelle je suis allée au Pakistan. Je tenais à lui dire adieu, à tourner la page une bonne fois pour toutes.

Ma mère savait ce qu'elle m'infligeait lorsqu'elle me frappait, car pas une fois ses coups ne se sont abattus sur mon visage. Était-elle malfaisante ? Je ne le crois pas. Elle était malade. Très malade. J'imagine que, comme elle ne s'était pas attachée à moi dans ma petite enfance, rien ne la retenait de me traiter comme une esclave désobéissante. Je n'étais pour elle que tracas et désagréments. Elle ne m'aimait pas.

La haïssais-je ? Non. Est-ce que je la hais à présent, pour tout ce qu'elle m'a fait ? Pas vraiment. Maintenant qu'elle est morte, elle ne peut plus m'atteindre. L'ai-je aimée ? Pas vraiment non plus, en tout cas pas de cet amour que je ressens pour mes enfants. J'aurais voulu, mais elle ne m'en a pas laissé la chance. En revanche, je l'ai crainte.

Une dernière surprise abominable m'attendait après la disparition de mère. J'ai appris par Tara, qui a bien entendu pris un malin plaisir à partager l'information, que mon mariage au Pakistan n'était pas le seul fait de mère. Mon oncle avait perdu de l'argent au jeu, beaucoup d'argent, et pour rembourser sa dette, il avait proposé à son créancier une gentille Anglaise d'origine pakistanaise. Ma mère se souciait tout simplement davantage de son frère que de moi. Mais, après tout, il n'y avait là rien de très étonnant.

21

Mon corps garde les stigmates de mon enfance, quoique insignifiants à côté des cicatrices que cette période a laissées au plus profond de moi. Je vois en eux une carte, un guide du passé qui retrace le chemin parcouru pour arriver où j'en suis. Toutes ces épreuves m'ont rendue plus forte, elles m'ont appris à me battre pour arriver à mes fins. C'est pourquoi je me suis lancé le défi d'écrire mon histoire alors que je n'ai pas fréquenté les bancs de l'école depuis l'âge de douze ans.

J'ai appris à aimer auprès d'Osghar. J'ai réappris à accorder ma confiance auprès de mes nouveaux amis de Manchester. L'une de mes amies les plus chères s'est assurée que je reçoive un accueil chaleureux de la communauté pakistanaise et que je me sente en sécurité en son sein. J'ai fait quelque chose de ma vie.

J'ai eu de la chance de passer les sept premières années de mon existence dans un foyer pour enfants. L'amour que j'y ai reçu m'a donné les bases solides qui m'ont permis de franchir les obstacles que la vie a, par la suite, dressés sur mon chemin. J'ai appris à aimer plutôt qu'à haïr, à pardonner et à avancer. Je me réjouis de ce qui m'est arrivé, même si j'aurais préféré un scénario différent. Avec le recul, je pense que mon père m'aurait laissé plus de liberté et traitée comme l'enfant que j'étais, mais ma mère savait qu'elle n'aurait alors plus de contrôle sur moi, ce qu'elle voulait éviter à tout prix. Pour elle, un enfant devait obéir et respecter les traditions, qu'il le veuille ou non. Cette vision explique l'existence de communautés indo-pakistanaises soudées qui refusent de s'ouvrir au monde occidental. Par le passé, des organismes comme la police et les services sociaux et sanitaires ont adopté face à elles une distance prudente, mais les choses commencent à bouger. Je regrette qu'il ait fallu tant de temps. Comment peut-on connaître les besoins d'une communauté sans la voir de l'intérieur ?

Le mariage forcé est encore une réalité aujourd'hui. Des vies s'éteignent encore au nom de l'honneur. Je fais partie des chanceuses qui ont fui et survécu pour témoigner. Même si le gouvernement a sensibilisé la population à ce grave problème, davantage d'actions doivent être entreprises au sein des communautés qui admettent cette pratique.

En 1990, j'ai décroché mon premier travail rémunéré, au sein d'un bureau d'immigration local. Dans les années qui ont suivi, je suis retournée en classe pour la première fois depuis mes douze ans et j'ai obtenu un GNVQ[1]

1. Le GNVQ *(General National Vocational Qualification)* est l'équivalent du baccalauréat professionnel au Royaume-Uni. (N.d.T.)

en tourisme. Ce diplôme en poche, j'ai travaillé à l'enregistrement des bagages à l'aéroport de Manchester. Plus récemment, j'ai mis sur pied une association de riverains, ce qui m'a permis de connaître la plupart des conseillers et responsables municipaux. Mon engagement auprès de la municipalité nous a permis de réunir des millions de livres pour que le quartier fasse peau neuve.

En mai 2007, je me suis présentée comme candidate du Parti travailliste pour ma circonscription aux élections municipales, que j'ai remportées avec le double des voix de tous les autres candidats réunis. Je ne précise pas cela pour me vanter, mais pour souligner la distance parcourue, car je reviens de loin.

Il m'arrive parfois, en me coiffant, de laisser mes cheveux tomber par-dessus mes oreilles, mais je m'empresse de les ramener en arrière lorsque j'en prends conscience. Mère insistait toujours pour que je me coiffe ainsi, comme elle, sous prétexte que nous avions la même nature de cheveux. Or, je ne tiens pas à penser à elle en apercevant mon reflet dans une vitrine.

Une phrase de mon dossier aux services sociaux m'a particulièrement ébranlée. Dans un rapport sur Mena et moi, un auteur anonyme restituait les préoccupations d'une assistante sociale – certainement Tatie Peggy, quoique je ne puisse l'assurer – en ces termes : « Le travailleur social s'inquiète de voir les enfants de plus en plus anglicisées, ce qui rendra très difficile la réinsertion dans leur famille si celle-ci était à envisager. »

J'avais environ trois ans lorsque ce rapport a été rédigé. Quatre ans se sont encore écoulés avant que je ne sois « réinsérée » dans ma famille. L'utilisation du terme « difficile » pour qualifier cette période de ma vie m'a paru insultante lorsque j'ai lu ce document pour la première fois. Aujourd'hui, cependant, après tout le chemin parcouru, lorsque je regarde en arrière, c'est avec le sentiment d'être arrivée à bon port, sauve, heureuse et triomphante.

Il y a quelques semaines, Osghar, Azmier, Asim et moi sommes allés nous promener près de chez nous. Laissant les garçons à leur ballon de football, Osghar et moi avons escaladé une petite colline au centre du parc. Au sommet, je me suis rappelé les nombreuses fois où j'étais venue chercher refuge au sein de la nature, que ce soit dans l'isolement des collines des singes, à Walsall, ou dans les arbres, au Pakistan, revoyant la petite fille terrifiée, esseulée et malheureuse que j'étais. Je me suis tournée vers Osghar et me suis blottie contre lui sous les rires joyeux de nos fils, auxquels je me suis jointe. Heureuse, enfin.

REMERCIEMENTS

Je voudrais remercier tout particulièrement Tatie Peggy, Amina Khan, Sarah, Terie Garrison, Judith Jury, Denis Pelletier, le groupe d'écriture de Manchester Sud, Broo Doherty, Humphrey Price, Eleanor Birne, Helen Hawksfield et Nikki Barrow.

Merci de m'avoir apporté les encouragements et le soutien dont j'avais besoin pour écrire mon histoire.

Composition : Soft Office (38)

Achevé d'imprimer par GGP Media GmbH, Pößneck
en avril 2010
pour le compte de France Loisirs,
Paris

N° d'éditeur : 59027
Dépôt légal : mai 2010
Imprimé en Allemagne